はじめに

カーポートの耐用年数

　実務上での耐用年数の決定には、頭を悩ませることが多々あります。実は今回この本の企画を出版社に提案する前に、編集担当者から受けた質問があります。

　　担当者「カーポートの耐用年数って何年が正しいのですか？」
　　小　谷「そんなの耐用年数表に載ってるでしょ？」
　　担当者「いやぁ、それが結構難しくって…」
　　小　谷「ん？どれどれ…わからない…」

　実際に調べてみると、カーポートという名称ではいくら調べても、耐用年数省令にもその記載はなく、カーポートの形をもとにしてどれに該当するのかを考えてみても、これは建物に該当するのか？それとも構築物に該当するのか？という基本的なことから、器具備品となるのか？などなど、考えれば考えるほど、迷宮してしまうことになりました。

　その資産に関するひとつひとつの定義を考察し直して、再度考えてみると、まず、建物とは「柱・壁・屋根」がある建築物をいいますので、カーポートには、屋根らしきもの、柱らしきものはありますが、壁については無いという結論に達します。つまり建物ではないことになります。
　次に構築物として考えてみると、「構造又は用途」の「金属造のもの」に該当しますが、「細目」にはそれらしきものがありませんので、「その他のもの」……45年となります。いやいや、そのすぐ上に「露天式立体駐車設備」としてカーポートよりもどうみても強固な構築物が15年として掲げられている以上、45年の耐用年数はいささか、長すぎるように感じます。

建物附属設備の「構造又は用途」に「アーケード」があります。こちらの耐用年数は「主として金属製のもの」が15年。しかし、カーポートはアーケードではありませんので、「前掲のもの以外のもの」で「主として金属製のもの」になると、アーケードよりも長い18年となります。

最後に器具及び備品を調べてみると、「構造又は用途」の「11前掲のもの以外のもの」の「その他のもの」「主として金属製のもの」が10年となります。

カーポートの形状について、建物に附属して建築されているものである場合には建物附属設備として、そうでなければ、土地に定着した建築物になりますので、構築物に該当することになります。しかし、構築物である場合には、常識に照らして長すぎる耐用年数を選択することになります。

ここで、該当しそうな耐用年数を種類ごとに列挙してみますと、次のようになります。

建物・・・・・・・・・該当せず

建物附属設備の場合・・・18年

構築物の場合・・・・・・45年

器具及び備品の場合・・・10年

さて、どの耐用年数が正しいのか？　実はその答えは明確には存在していません。

このカーポートの場合には、実際には耐用年数省令やその通達で定められたルールに鑑みて、別表第一などに掲げられたヒントを頼りに、それに当てはめながら、該当する年数を上記のように判断しながら列挙してみました。カーポートはその形状や設置状況から判断すると、構築物に該当します。しかし、明らかにカーポートよりも強固な構築物である「露天式立体駐車設備」が15年となっていますので、カーポートを45年の耐用年数としてしまうことは公平性を欠く判断となります。

しかし、このような場合には、他に掲載されている外部の資料などからカーポートの実際の使用可能期間が短いと判断されるときには、税務署長の確認をうけて、耐用年数の短縮申請又は確認届出の提出等の方法もありますので、最終的にはそちらにゆだねるのが保守的な判断となります。

もちろん、法人の見解として、「カーポートを総合判断したことによって、アーケードと類似するものだと判断し、15年の耐用年数とした。」という判断も決してそれは間違いではありません。

　耐用年数の決定は、ときにして非常に難しい判断を要する資産にぶつかることもあります。しかし、そのような場合でも、できるかぎり論理的に、そして公平に適正な判断をすればそれでよいかと思います。税務署からの指摘があったときには、なぜそのような判断をしたのかを理論的に説明して、お互いに納得できるように話し合えばそれでよいのです。税務署側も納税者側も常に向いている方向は同じです。

　本書では第一章においては、基本的な耐用年数の調べ方から、特殊な耐用年数の決定まで、第二章においては、耐用年数省令に掲載されている各資産を選ぶ際に、それぞれの資産がどういったものなのかを細かく、イラストを交えながら解説をしています。そして第三章では耐用年数省令で掲載されている別表や通達の付表の使い方をそれぞれ説明しています。各章を通じて耐用年数を判断する際の参考にしていただければ幸いです。本書が我が国の納税義務の適正な実現を図る指針になればと願います。

　　令和元年11月

　　　　　　　　　　　　　　　　　　　　　　税理士　　小谷羊太

目 次

第1章　耐用年数の調べ方

❶ 耐用年数を調べる前に

取得価額と耐用年数は特別な判断が必要 ･･････････････････････ 2

減価償却資産でなければ耐用年数の選定は必要ない ････････････ 2

減価償却資産となる資産 ･･････････････････････････････････ 3

減価償却できる固定資産、減価償却できない固定資産 ･･････････ 3

有形減価償却資産と無形減価償却資産 ････････････････････････ 4

減価償却資産の区分 ･･････････････････････････････････････ 4

耐用年数は参照して決定する ･･････････････････････････････ 5

間違った耐用年数を選択した場合 ･･････････････････････････ 6

❷ 非減価償却資産

美術品等 ･･ 7

書画骨とう ･･ 8

素材が貴金属の資産 ･･････････････････････････････････････ 8

非減価償却資産に該当するもののまとめ ････････････････････ 8

❸ 耐用年数の調べ方

有形減価償却資産の区分を参照する ････････････････････････ 9

無形減価償却資産の区分を参照する ････････････････････････ 10

別表ごとに区分された用途や細目などを参照する ････････････ 10

関係通達に注意 ･･ 10

特殊の減価償却資産の耐用年数の特例 ･･････････････････････ 10

該当するものがない場合 ･･････････････････････････････････ 11

❹ 耐用年数が必要ない減価償却資産

①使用可能期間が1年未満の減価償却資産（少額の減価償却資産）･･･ 12

②取得価額が10万円未満の減価償却資産（少額の減価償却資産）･･･ 13

③取得価額が20万未満の減価償却資産（一括償却資産）････････ 14

④取得価額が30万円未満の減価償却資産（少額減価償却資産）･･･ 14

耐用年数が必要ないもののまとめ ･･････････････････････････ 14

5 特殊な耐用年数の選定

「前掲の区分によらないもの」が選択できる減価償却資産 ········· 15
複数の用途がある資産 ··· 15
資本的支出後の耐用年数 ······································ 16
他人の建物に対する造作の耐用年数 ····························· 17
賃借資産の改良費の耐用年数 ·································· 18
貸与資産の耐用年数 ··· 19
耐用年数の選択適用ができる資産を
法人が資産に計上しなかった場合に適用する耐用年数 ··········· 19

6 中古資産の耐用年数

見積残存耐用年数が選択できる ································ 20
見積法又は簡便法の選択 ······································ 20
見積法及び簡便法の計算 ······································ 21
見積法及び簡便法を適用することができない中古資産 ··········· 21
折衷法による耐用年数の計算 ·································· 22
法定耐用年数の改正があった場合 ······························ 23
資本的支出がある場合の判定まとめ ···························· 23

7 総合償却資産の耐用年数

総合償却と個別償却 ··· 24
総合償却資産 ··· 24
総合償却資産の耐用年数 ······································ 24
中古資産を取得した場合の総合耐用年数の見積り ··············· 25
総合償却資産の総合残存耐用年数の見積りの特例 ··············· 26
見積法及び簡便法が適用できない中古の総合償却資産 ··········· 26
折衷法による耐用年数の計算 ·································· 26
取り替えた資産の耐用年数 ···································· 26

8 耐用年数の短縮

耐用年数の短縮の承認 ··· 27
未経過使用可能期間 ··· 28
陳腐化による耐用年数の短縮 ·································· 30
短縮承認を受けていた耐用年数の改正 ························· 30

9 特別な償却率

特別な償却率による償却費の計算 ······························ 31
特別な償却率が選定できる資産 ································ 31

10 償却資産税の申告対象となる資産

無形資産や少額資産には課税されない ･･････････････････････････ 32

償却資産税の計算 ･･･ 32

150万円まで課税されない免税点のルール ･････････････････････ 32

保守料やソウトウェア料金は別に区分する ･･････････････････････ 33

毎年1月1日の所有状況を申告する ････････････････････････････ 33

償却資産税の申告対象となる資産 ････････････････････････････ 34

償却資産税の申告対象とならない資産 ･･･････････････････････ 34

第2章 耐用年数の選び方

建物 ････････････････････････ 39

建物附属設備 ･･････････････ 52

構築物 ･･･････････････････････ 57

船舶 ･･･････････････････････････ 69

航空機 ･･･････････････････････ 73

車両及び運搬具 ･･････････ 74

工具 ･･･････････････････････････ 79

器具及び備品 ･･･････････････ 81

機械及び装置 ･･･････････････ 88

生物 ････････････････････････････ 96

公害防止用減価償却資産 ･･････ 98

開発研究用減価償却資産 ････ 101

無形減価償却資産 ･･･････････ 102

第3章 別表・付表の使い方

別表と付表 ･･･ 110

【別表第一】 機械及び装置以外の有形減価償却資産の耐用年数表 ･･･ 117

【別表第二】 機械及び装置の耐用年数表 ･･････････････････････････････ 137

【別表第三】 無形減価償却資産の耐用年数表 ･･････････････････････････ 142

【別表第四】 生物の耐用年数表 ･･････････････････････････････････････ 143

【別表第五】 公害防止用減価償却資産の耐用年数表 ･･･････････････････ 145

【別表第六】 開発研究用減価償却資産の耐用年数表 ･･･････････････････ 145

【別表第七】 平成19年3月31日以前に取得をされた減価償却資産の償却率表 ･･･ 146

【別表第八】 平成19年4月1日以後に取得をされた減価償却資産の定額法の償却率表 ･･･ 147

【別表第九】 平成19年4月1日から平成24年3月31日までの間に取得をされた
減価償却資産の定率法の償却率、改定償却率及び保証率の表 ････ 148

【別表第十】 平成24年4月1日以後に取得をされた
減価償却資産の定率法の償却率、改定償却率及び保証率の表 ････ 150

【別表第十一】 平成19年3月31日以前に取得をされた減価償却資産の残存割合表 ･･･ 152

【付表1】 塩素、塩酸、硫酸、硝酸その他の著しい腐食性を有する液体又は
気体の影響を直接全面的に受ける建物の例示 ･････････････････ 153

【付表2】 塩、チリ硝石……の影響を直接全面的に受ける建物の例示 ･･･ 161

【付表３】	鉄道業及び軌道業の構築物（総合償却資産であるものに限る）の細目と個別耐用年数 …………………………	162
【付表４】	電気業の構築物（総合償却資産であるものに限る）の細目と個別耐用年数 ……	163
【付表５】	通常の使用時間が8時間又は16時間の機械装置 ……………………	164
【付表６】	漁網、活字地金及び専用金型等以外の資産の基準率、基準回数及び基準直径表 ……………………	173
【付表７】	旧定率法未償却残額表及び定率法未償却残額表 …………………	174
【付表８】	「設備の種類」と日本標準産業分類の分類との対比表 ……………	180
【付表９】	機械及び装置の耐用年数表（別表第二）における新旧資産区分の対照表 ………	197
【付表10】	機械及び装置の耐用年数表（旧別表第二） ………………………	218

※本書の内容は、令和元年11月1日現在の法令・通達等によっています。また、本文において、「耐用年数の適用等に関する取扱通達」は「耐通」と、「法人税基本通達」は「基通」と省略しています。

第1章

耐用年数の調べ方

第1章 耐用年数の調べ方

第2章 耐用年数の選び方

第3章 別表・付表の使い方

1 耐用年数を調べる前に

2 非減価償却資産

3 耐用年数の調べ方

4 耐用年数が必要ない減価償却資産

5 特殊な耐用年数の選定

6 中古資産の耐用年数

7 総合償却資産の耐用年数

8 耐用年数の短縮

9 特別な償却率

10 償却資産税の申告対象となる資産

1 耐用年数を調べる前に

取得価額と耐用年数は特別な判断が必要

　最近では、コンピューターや会計ソフトの発達により、減価償却の計算は、その殆どのことを自動でしてくれるようになりました。しかし、どうしてもコンピューターに任せることができず、必ず「人」の手による特別な判断が必要となるものがあります。

　それは、「取得価額」と「耐用年数」の決定です。

　この2つの作業については、必ず「人」が、その「ひとつひとつの資産について調べ、そして選択をする」という特別な判断が必要となります。

　どのような判断が必要になるのかというと、「取得価額」については、その資産の取得の形態について、購入した場合だけではなく、自己で建設した場合の取得価額の算定、生物についてはそれを育成させた費用についてなど、それぞれの資産やその取得の形態によって取得価額となるべき金額の算定が変わります。そして、事業供用をするまでに支出した取得経費についても、取得価額に算入する費用と算入しなくてもよい費用とを取捨選択する作業が必要となります。

　さらには、その算定した取得価額の金額によっては、少額減価償却資産の特例や一括償却資産の特例などが適用できる資産であるかどうか、またそれらの特例を適用するか否かを選択する判断が必要となります。

　「耐用年数」については、取得した資産の種類が何に該当するのかを判断することから始まり、例えば建物や構築物であれば、その構造がどういった造りによるものなのか、金属造りであってもその骨格材の肉厚によって耐用年数は違ってきますので、それらを調べ、またその資産の用途や細目によっても、適用すべき耐用年数が変わりますので、それがどれに属する資産なのかを調べながら当てはめて選択をする、という判断をしなければなりません。

　本書では「耐用年数」の決定に際して、その調べ方や注意すべきポイントなど、その基本となる事項から特殊なケースを説明していきます。

減価償却資産でなければ耐用年数の選定は必要ない

　減価償却資産を取得したときに、まずしなければならない判断は、「今回取得した資産は、減価償却資産として償却できる資産なのかどうか」ということです。

　取得した資産が減価償却資産となるか、減価償却資産とならないかの判断はとても重要で、そもそも減価償却資産にならないものであれば、減価償却をするための耐用年数を選ぶ必要もあり

ません。

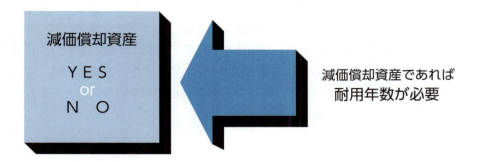

減価償却資産となる資産

　減価償却資産とは、①使用することによって、その価値が減少する資産であり、②時間の経過によってもその価値が減少する資産をいいます。
　つまり、使用や時の経過によって価値が減少するものが減価償却資産としての前提となりますので、土地のように相場の変動により価値が減少したり増加したりするものは、使用によって価値が減少するものでも、時間の経過により価値が減少するものでもないことになります。
　減価償却資産はその価値が、必ず減少するものがその前提となります。

減価償却できる固定資産、減価償却できない固定資産

　法人が取得した資産は、その内容によって様々な取扱いが用意されています。税務上の取扱いとしては主に、つぎの3つに分けられます。

  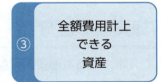

① 減価償却できる固定資産

　まず、①の減価償却できる固定資産については、減価償却資産として貸借対照表に計上し、減価償却の手続きをすることになります。

② 減価償却できない固定資産

　②の減価償却できない固定資産とは、土地などの非減価償却資産がそれに該当します。②の減価償却できない固定資産を減価償却資産だと誤って償却してしまうと、その償却し費用として計上した減価償却費は、もちろん税務上は経費として認められない費用となりますので、それを費用とした申告をすれば、追徴課税の対象となってしまいます。

③ **全額費用計上できる資産**

　③の全額費用計上できる資産については、減価償却をしなくてもよい費用や、減価償却や特別償却の手続きによって、その支出額の全額を費用計上することができる資産となります。

　そのようなものについて、資産計上をし、耐用年数に応じて償却するとなれば、経費として計上できるものをみすみす計上しないことになってしまいます。また、税法上では、これらの資産であっても、それを全額費用に計上せず、減価償却資産として固定資産に計上してから毎期の減価償却をすることができるものもあります。

有形減価償却資産と無形減価償却資産

　減価償却資産には有形減価償却資産と無形減価償却資産があります。
　「有形」とは、建物や車両及び運搬具のように形のある資産をいいます。また「無形」とは、営業権などの権利で、形のあるものではないものをいいます。減価償却資産であることの判断をするうえでは、ここで有形の減価償却資産なのか、無形の減価償却資産なのかによって、その計上すべき資産の種類が変わってきます。

減価償却資産の区分

　税務上で分類される減価償却資産の種類やその区分には次のものがあります。減価償却資産の耐用年数は、資産の種類に応じて別表第一から別表第六に区分されています。

■ **有形減価償却資産**

別表第一に区分される有形の資産
建物、建物附属設備、構築物、船舶、航空機、車両及び運搬具、工具、器具及び備品
別表第二に区分される有形の資産
機械及び装置
別表第四に区分される有形の資産
生物

別表第五に区分される有形の資産
構築物、機械及び装置
別表第六に区分される有形の資産
建物及び建物附属設備、構築物、工具、器具及び備品、機械及び装置

■ **無形減価償却資産**

別表第三に区分される無形の資産
漁業権、ダム使用権、水利権、特許権、実用新案権、意匠権、商標権、ソフトウェア、育成者権、公共施設等運営権、営業権、専用側線利用権、鉄道軌道連絡通行施設使用権、電気ガス供給施設利用権、水道施設使用権、工業用水道施設利用権、電気通信施設利用権
別表第六に区分される無形の資産
ソフトウェア

耐用年数は参照して決定する

　減価償却資産を取得したときには耐用年数を決定する必要があります。あらかじめ法律で定められている耐用年数のことを法定耐用年数といいますが、法定耐用年数は、耐用年数省令（減価償却資産の耐用年数等に関する省令）に各資産の種類に応じて構造や用途、細目などで区分されてそれぞれの資産に適用すべき年数が掲載されています。

　取得した資産が耐用年数省令（117ページ参照）に掲載されている減価償却資産のうち、どれに該当するかの判断は、ときにして非常に難しく感じることさえあります。

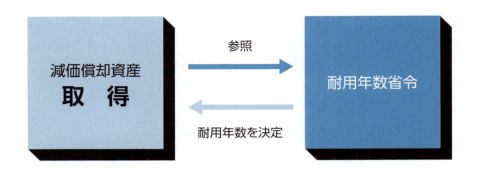

間違った耐用年数を選択した場合

　法人が耐用年数を間違えて選択した場合において、本来適用すべき年数よりも短い年数を選択してしまったときは、計算した減価償却費が本来の年数のものよりも多くなっていますので、その差額部分は否認されます。逆に本来の年数よりも長い年数を選択した場合には、減価償却費は結果的に、償却不足の状態となりますので、その差額分の償却費は切り捨てられます。今後の計算においてもそのままその耐用年数を使用して償却しても差し支えありません。

　個人の場合には、正しい耐用年数により償却をしたものとして、その後の年度について償却することになります。

　なお、間違えた耐用年数によって計算していたことが発覚した場合には、それを是正した場合に税額が増えることになる場合にのみ、修正申告をすることになります。

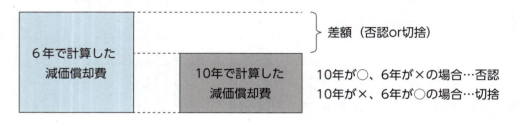

2 非減価償却資産

　前述でもあるように、土地は減価償却資産には該当しません。このような資産は非減価償却資産として資産に計上したあと、減価償却をすることはできません。

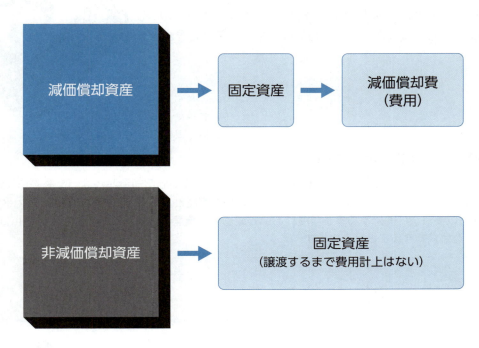

　他にも美術品等や書画骨とうのように、価値が減少しない資産も非減価償却資産となります。

美術品等（平成27年1月1日以後に取得をした美術品等）

　古美術品、古文書、出土品、遺物等のように歴史的価値又は希少価値を有し、代替性のないものや時の経過によりその価値が減少しないことが明らかな美術品等が該当します。
　なお、上記以外の美術品等で時の経過によりその価値が減少しないであろうことが曖昧な美術品等については、その取得価額が1点100万円以上であれば非減価償却資産として扱い、100万円未満であるものは減価償却資産として扱います。

書画骨とう（平成27年1月1日前に取得をした書画骨とう）

　古美術品、古文書、出土品、遺物等のように歴史的価値又は希少価値があるもので、代替性のないものや美術関係の年鑑等に登録されている作者の制作に係る書画、彫刻、工芸品等が該当します。

　ただし、上記の書画骨とうに該当するかどうかが明らかでない美術品等で、その取得価額が1点20万円未満、絵画は2号あたり2万円未満のものは、減価償却資産として取り扱うことができます。

書画骨とうに関する経過措置

　平成27年1月1日前に取得をした書画骨とう（取得時に非減価償却資産となったもの）であっても、平成27年1月1日以後に取得した場合には減価償却資産として扱えるものについては、平成27年1月1日以後最初に開始する事業年度において減価償却資産に該当するものとした場合には、その資産を減価償却することができます。

素材が貴金属の資産

　素材となる貴金属の価額が、その取得価額の大部分を占めるような資産で、一定期間使用後、素材に還元したうえで再使用することを常態としているものは、非減価償却資産となります。

　白金製溶解炉、白金製るつぼ、銀製なべ、などは非減価償却資産となります。

　なお、白金ノズルは減価償却資産に該当しますが、これに類する工具で貴金属を主体とするものについても、白金ノズルに準じて減価償却することができます。

非減価償却資産に該当するもののまとめ

　非減価償却資産に該当する資産には、次のものがあります。

　土地、借地権、地上権、地役権、電話加入権、書画骨とう、白金製溶解炉、白金製るつぼ、銀製なべ　など

3 耐用年数の調べ方

　資産らしきものを取得してきたときに、真っ先に耐用年数省令を見開いて、耐用年数が何年なのか、この資産はどれに該当するのか、などを調べる前に、その取得についての前段階の細分化を怠ってはいけません。先入観によって減価償却資産だと誤って判断してしまうことはよくあることです。

　まずは、その資産の取得による支出が固定資産の取得としてカウントすべきものなのか、それとも経費としてカウントできるものなのかを選別する必要があります。

①固定資産 or 経費 ➡ 固定資産 ➡ ②へ
②減価償却資産 or 非減価償却資産 ➡ 減価償却資産 ➡ ③へ
③有形減価償却資産 or 無形減価償却資産

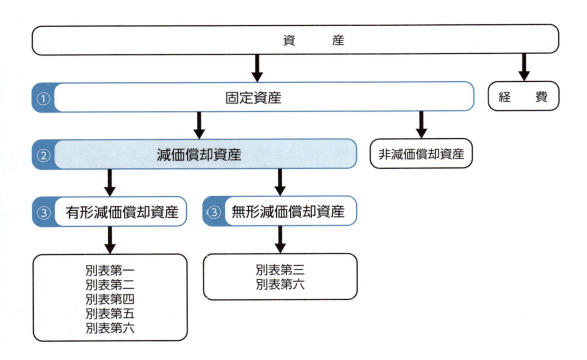

有形減価償却資産の区分を参照する

　取得した資産が有形減価償却である場合には、その資産の種類に応じて、耐用年数省令の別表第一から別表第六で該当する表を参照します。

建物	別表第一、別表第六	車両及び運搬具	別表第一
建物附属設備	別表第一、別表第六	工具	別表第一、別表第五、別表第六
構築物	別表第一、別表第五、別表第六	器具及び備品	別表第一、別表第五、別表第六
船舶	別表第一	機械及び装置	別表第二、別表第五、別表第六
航空機	別表第一	生物	別表第四

無形減価償却資産の区分を参照する

　取得した資産が無形減価償却である場合には、耐用年数省令の別表第三を参照します。その資産がソフトウェアである場合には、別表第三、別表第六を参照します。

別表ごとに区分された用途や細目などを参照する

　上記により、該当する別表が定まれば、次にそれぞれの別表の「種類」に応じて掲げられた「構造又は用途」「設備の種類」「細目」などを参照して、その資産がどれにあてはまるものなのかを探していきます。

関係通達に注意

　耐用年数省令により耐用年数を決定する際に、各資産の細目やその選定にあたって注意すべきことがある場合には、「耐用年数の適用等に関する取扱通達」にその取扱いに関する事項が定められています。これらの注意事項があるものについてはそちらもチェックします。
　なお、「耐用年数の適用等に関する取扱通達」での注意事項が無い資産もあります。

特殊の減価償却資産の耐用年数の適用の特例

　法人が別表第五「公害防止用減価償却資産」又は別表第六「開発研究用減価償却資産」に掲げられている減価償却資産について、別表第一又は別表第二の耐用年数を適用する場合には、継続して適用することを要件としてこれが認められます。(耐通1-1-10)

■ 別表第五「公害防止用減価償却資産」に掲げられている減価償却資産

構築物、機械及び装置

■ 別表第六「開発研究用減価償却資産」に掲げられている減価償却資産

建物及び建物附属設備、構築物、工具、器具及び備品、機械及び装置、ソフトウェア

該当するものがない場合

　該当する用途や細目などが、どうしても見当たらない場合には、各資産の種類ごとに、それぞれ次のように「その他のもの」などに区分します。

建物	「構造又は用途」までは必ず調べないといけませんが、「細目」について該当するものが、どうしてもないときは、上段の「下記以外のもの」に区分されます。
建物附属設備	「構造又は用途」になければ、「前掲のもの以外のもの」に区分します。「細目」がなければ、それぞれの「その他のもの」に区分します。
構築物	「構造又は用途」になければ、「前掲のもの以外のもの」に区分します。「細目」がなければ、それぞれの「その他のもの」に区分します。
船舶、航空機	「構造又は用途」になければ、「構造又は用途」の「その他のもの」に区分します。「細目」がなければ、それぞれの「その他のもの」に区分します。
車両及び運搬具	「構造又は用途」になければ、「前掲のもの以外のもの」に区分します。「細目」がなければ、それぞれの「その他のもの」に区分します。
工具	「構造又は用途」になければ、「前掲のもの以外のもの」に区分します。「細目」がなければ、それぞれの「その他のもの」に区分します。
器具及び備品	「構造又は用途」になければ、「11前掲のもの以外のもの」又は「12前掲の区分によらないもの」に区分します。「細目」がなければ、それぞれの「その他のもの」に区分します。器具及び備品については、「12前掲の区分によらないもの」の選択は資産ごとに自由にすることができます。
機械及び装置	「設備の種類」になければ、「55前掲の機械及び装置以外のもの」に区分します。「細目」がなければ、それぞれの「その他の設備」「その他のもの」に区分します。
生物	「種類」までは必ず調べないといけませんが、「細目」がなければ、それぞれの「その他用」又は「その他」に区分します。

4 耐用年数が必要ない減価償却資産

　対象資産が減価償却資産に該当しても、その資産の取得価額が少額でかつ損金経理をするなど法人税で定める一定の要件を満たす資産である場合には、その法定耐用年数よりも短い期間で償却することが認められています。

　例えば、その資産の取得価額が10万円未満であったり、使用可能期間が１年未満のものであれば、少額の減価償却資産として一時の損金に計上することができます（法令133条）。また取得価額が20万円未満であれば一括償却資産としてその資産の法定耐用年数に限らず３年で均等償却することができます（法令133条の2）。当社が青色申告書を提出する中小企業者であれば取得価額が30万円未満の減価償却資産については少額減価償却資産として累計で年300万円までその取得価額の全額を損金経理することができます（措法67条の5）。

　つまり、会社がこれらの規定の適用を受ける場合には、その対象資産の耐用年数を使用することはありませんので、その資産の耐用年数を調べる必要はなくなります。耐用年数が必要となる減価償却資産は、通常償却を選択する資産であることがその前提となります。

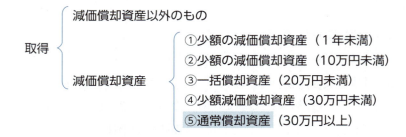

① 使用可能期間が１年未満の減価償却資産（少額の減価償却資産）

　使用期間が１年未満である減価償却資産は、その全額を事業供用日の属する事業年度の費用として計上することができます。

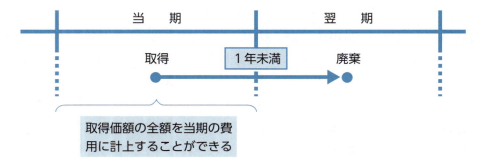

　この適用を受けるための手続きは、その減価償却資産の事業供用日の属する事業年度においてその取得価額の全額を費用に計上することが必要です。なお、事業の用に供した事業年度において、いったん資産計上し、その後の事業年度で一時に損金経理をしても、その後の事業年度では、一時の損金とすることはできませんので注意が必要です。

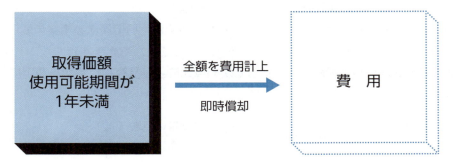

　ここでいう「使用可能期間」は、法定耐用年数ではなく、その法人の営む業種において一般的に消耗性のものと認識され、かつ、その法人の平均的な使用状況、補充状況などからみて、その使用可能期間が1年未満であるものをいいます。例えば、テレビ放映用のコマーシャルフィルムは、法定耐用年数2年で減価償却しますが、そのコマーシャルの放映期間が1年未満の期間で終了するものであれば、ここでいう「使用可能期間が1年未満のもの」に該当することになります。

②**取得価額が10万円未満の減価償却資産（少額の減価償却資産）**
　取得価額が10万円未満の減価償却資産は、その全額を事業供用日の属する事業年度の費用として計上することができます。
　この適用を受けるための手続きは、①と同様にその減価償却資産の事業供用日の属する事業年度においてその取得価額の全額を費用に計上することが必要です。

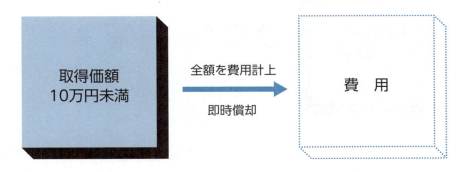

　なお、取得価額は、通常1単位として取引されるその単位ごとに判定します。
　例えば、応接セットの場合は、テーブルと椅子は合わせて1組として取引されますので、その1組で10万円未満になるかどうかを判定します。
　また、カーテンの場合は、通常一つの部屋で数枚が組み合わされて機能するものとなりますので、カーテン1枚で判定するのではなく、その合計額が10万円未満になるかどうかで判定します。

③取得価額が20万円未満の減価償却資産（一括償却資産）

取得価額が20万円未満の減価償却資産については、事業供用日の属する事業年度において、一括償却の方法により3年均等額で償却する方法を選択することができます。

一括償却の方法を選択した資産は、一括して次の算式により計算した金額を費用に計上することができます。

$$一括償却対象額 \times \frac{その事業年度の月数（12）}{36}$$

④取得価額が30万円未満の減価償却資産（少額減価償却資産）

青色申告書を提出する中小企業者が取得した、取得価額が30万円未満の減価償却資産については、その全額を事業供用日の属する事業年度の費用として計上することができます。

この適用を受けるための手続きは、その減価償却資産の事業供用日の属する事業年度においてその取得価額の全額を費用に計上することが必要で、その適用を受けた金額については、法人の場合、適用額明細書への記載が必要となります。

なお、一事業年度で適用が受けられる資産は、合計して年300万円までとなりますので注意が必要です。

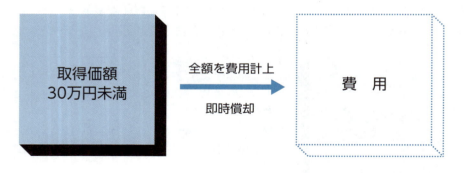

耐用年数が必要ないもののまとめ

上記の①から④までの選択は、それぞれの適用要件を満たした資産であれば、自由に選択をすることができます。

	即時償却	3年均等	耐用年数
①（1年未満）	OK	ダメ	OK
②（10万円未満）	OK	OK	OK
③（20万円未満）	ダメ	OK	OK
④（30万円未満）	OK	ダメ	OK
⑤（30万円以上）	ダメ	ダメ	OK

5 特殊な耐用年数の選定

　ここからは、耐用年数の選定が困難なものや、複数の構造又は用途で使用される場合にはどのようにして耐用年数を決定すればよいかなど、特殊な場合の耐用年数の選定について説明します。

「前掲の区分によらないもの」が選択できる減価償却資産

　減価償却資産には、建物や船舶などのように、多数の所有が想定されないものについては、個々に構造又は用途、細目などを勘案して耐用年数をそれぞれについて決定しますが、構築物や器具及び備品などのように、多数の所有が想定できるものについては、構造又は用途において、「前掲の区分によらないもの」を選択して同じ耐用年数を使用することができます。

　しかし、これらを選択したい場合には、統一して選択しなければならないなどのルールがあります。例えば、構築物や機械及び装置などについては、その一部の資産については区分されて定められた耐用年数を適用し、その他のものについては「前掲の区分によらないもの」の耐用年数を適用することは原則としてできませんが、器具及び備品についてはそれぞれの区分ごとに適用することができます。(耐通1-1-6、1-1-7)

　前掲の区分によらないものとして耐用年数を一括して適用することができる資産にはつぎのものがあります。

> 建物附属設備、構築物、工具、器具及び備品、機械及び装置

複数の用途がある資産

　同一の減価償却資産について、2以上の用途に共通して使用されているときは、その用途により異なる年数の耐用年数が定められている場合があります。このようなときは、その使用目的、使用の状況等により勘案して合理的に用途を判定します。

　例えば、木造2階建ての建物で1階部分が店舗（耐用年数22年）、2階部分が事務所（耐用年数24年）及び倉庫（耐用年数15年）として使用する場合に、事務所や倉庫は店舗を運営するための補助的な用途であると見解すれば、建物全体の用途は店舗用であるものとして判定します。

　この場合、その判定した用途に係る耐用年数は、その判定の基礎となった事実が著しく異ならない限り、継続して適用します。(耐通1-1-1)

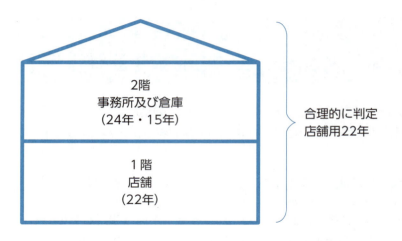

資本的支出後の耐用年数

　耐用年数省令に定める耐用年数を適用している減価償却資産について資本的支出をした場合には、その資本的支出に係る部分の減価償却資産についても、現に適用している耐用年数により償却限度額を計算します。（耐通1-1-2）

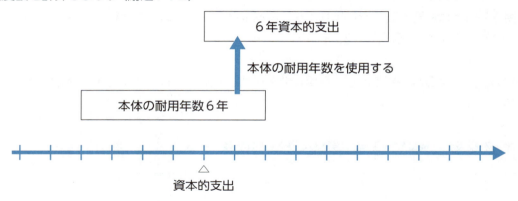

（補足：参考）法人税法施行令第55条第4項及び第5項（資本的支出の取得価額の特例）の規定により新たに取得したものとされる一の減価償却資産については、新たに別の資産を取得した場合に適用する耐用年数ではなく、同条第4項に規定する旧減価償却資産に現に適用している耐用年数により償却限度額を計算することになりますので注意が必要です。

法人税法施行令　第55条（資本的支出の取得価額の特例）

　内国法人が有する減価償却資産について支出する金額のうちに第132条（資本的支出）の規定によりその支出する日の属する事業年度の所得の金額の計算上損金の額に算入されなかった金額がある場合には、当該金額を前条第1項の規定による取得価額として、その有する減価償却資産と種類及び耐用年数を同じくする減価償却資産を新たに取得したものとする。
2　前項に規定する場合において、同項に規定する内国法人が有する減価償却資産についてそのよるべき償却の方法として第48条第1項（減価償却資産の償却の方法）に規定する償却の方法を採用しているときは、前項の規定にかかわらず、同項の支出した金額を当該減価償却資産の前条第1項の規定による取得価額に加算することができる。

3　第1項に規定する場合において、同項に規定する内国法人が有する減価償却資産がリース資産（第48条の2第5項第4号（減価償却資産の償却の方法）に規定するリース資産をいう。以下この項において同じ。）であるときは、第1項の規定により新たに取得したものとされる減価償却資産は、リース資産に該当するものとする。この場合においては、当該取得したものとされる減価償却資産の同条第5項第7号に規定するリース期間は、第1項の支出した金額を支出した日から当該内国法人が有する減価償却資産に係る同号に規定するリース期間の終了の日までの期間として、同条の規定を適用する。

4　内国法人の当該事業年度の前事業年度又は前連結事業年度において第1項に規定する損金の額に算入されなかった金額がある場合において、同項に規定する内国法人が有する減価償却資産（第48条の2第1項第2号ロ(1)に掲げる資産を除く。以下この項において「旧減価償却資産」という。）及び第1項の規定により新たに取得したものとされた減価償却資産（以下この項及び次項において「追加償却資産」という。）についてそのよるべき償却の方法として定率法を採用しているときは、第1項の規定にかかわらず、当該事業年度開始の時において、その時における旧減価償却資産の帳簿価額と追加償却資産の帳簿価額との合計額を前条第1項の規定による取得価額とする一の減価償却資産を、新たに取得したものとすることができる。

5　内国法人の当該事業年度の前事業年度又は前連結事業年度において第1項に規定する損金の額に算入されなかった金額がある場合において、当該金額に係る追加償却資産について、そのよるべき償却の方法として定率法を採用し、かつ、前項の規定の適用を受けないときは、第1項及び前項の規定にかかわらず、当該事業年度開始の時において、当該適用を受けない追加償却資産のうち種類及び耐用年数を同じくするものの当該開始の時における帳簿価額の合計額を前条第1項の規定による取得価額とする一の減価償却資産を、新たに取得したものとすることができる。

他人の建物に対する造作の耐用年数

　建物を貸借し、自己の用に供するため造作した場合の造作に要した金額は、その建物の耐用年数、その造作の種類、用途、使用材質等を勘案して、合理的に見積った耐用年数により償却します。

　その造作が建物附属設備についてされたときは、建物附属設備の耐用年数により償却します。これらの造作は、現に使用している用途を他の用途に変えるために造作した場合を含みます。（耐通1-1-3）

　また、その建物について期間の更新ができない賃借期間の定めがあるもので、かつ、有益費の請求又は買取請求をすることができないものについては、その賃借期間を耐用年数として償却することができます。

　なお、同一の建物（一の区画ごとに用途を異にしている場合には、同一の用途に属する部分）についてした造作は、その全てを一の資産として償却をしますので、その耐用年数は、その造作全部を総合して見積ることになります。

■ 算定例（用途：店舗・構造：鉄骨鉄筋コンクリート造り）

```
（工事内訳）            （見積金額）（年数）（年償却額）
①壁・天井造作・・・   1,800,000円（39年）（ 46,800円）
②床造作・・・・・・   1,500,000円（39年）（ 39,000円）
③ショーケース等・・   1,700,000円（ 8年）（212,500円）
④ドアシャッター・・   2,800,000円（12年）（232,400円）
⑤照明・・・・・・・   1,200,000円（15年）（ 79,200円）
⑥他諸経費・・・・・   1,000,000円（15年）（ 66,000円）
  合　計・・・・・・ 10,000,000円          （675,900円）
```

①②は建物店舗用の耐用年数を用いた。

③は器具備品の陳列棚の耐用年数を用いた。

④は建物附属設備のドアー設備の耐用年数を用いた。

⑤は建物附属設備の電気設備の耐用年数を用いた。

⑥は器具備品の前掲の区分によらないものの耐用年数を用いた。

> ※建物造作の耐用年数
>
> $$\frac{10,000,000円}{675,900円} = 14.79 \rightarrow \therefore 14年$$

　上記の場合、④⑤は建物附属設備のそれぞれの耐用年数によることもできます。その場合、上記の造作部分の算式については、①②③を用いて耐用年数を見積もることとなりますが、⑥については、①②③にかかる工事費か④⑤にかかる工事費かを更に見積もり、それぞれの取得価額に分けて含めることになります。

賃借資産の改良費の耐用年数

　他人の減価償却資産について支出した資本的支出の金額は、その減価償却資産の耐用年数により償却します。

　この場合において、当該他人の減価償却資産について期間の更新ができない賃借期間の定めがあるもので、かつ、有益費の請求又は買取請求をすることができないものについては、その賃借期間を耐用年数として償却することができます。（耐通1-1-4）

貸与資産の耐用年数

　貸与している減価償却資産の耐用年数は、「貸付業用」として特掲されているものを除いて、原則として、貸与を受けている者の資産の用途等に応じて判定します。例えば次の例示の場合、貸し主の業種は賃貸業ですから、貸し主が所有している建物は賃貸用建物となりますが、この建物の用途は借り主側の用途で判定することとなります。借り主の用途は店舗ですので、貸し主が減価償却をする際には店舗用建物として扱います。

　なお、「貸付業用」として特掲されているものには、車両及び運搬具「貸自動車業用」、器具及び備品「10生物」「貸付業用のもの」があります。（耐通1-1-5）

耐用年数の選択適用ができる資産を法人が資産に計上しなかった場合に適用する耐用年数

　法人が減価償却資産を消耗品費などの費用に計上していたため、減価償却資産として計上していなかったことが調査などで発覚することがあります。このような場合には、その減価償却資産の耐用年数はそれぞれ次によります。

①**同一品目の資産を有している場合**
　法人がその計上しなかった資産と品目を一にするものを有している場合には、その品目について法人が適用している耐用年数によります。

②**同一品目の資産を有していない場合**
　法人がその計上しなかった資産と品目を一にするものを有していない場合には、それぞれ区分された耐用年数によるか、「前掲の区分によらないもの」の耐用年数によるかは、法人の申出によるものとし、その申出のないときは、「前掲の区分によらないもの」の耐用年数によります。（耐通1-1-8）

6 中古資産の耐用年数

見積残存耐用年数が選択できる

　耐用年数省令に掲げる減価償却資産の耐用年数は、新品で取得した資産が前提となります。中古で取得した資産については、新品で取得した資産を前提とした法定耐用年数ではなく、経過年数などを考慮した見積残存耐用年数などを使用することができます。もちろん法定耐用年数を選択することもできます。（法人税法施行令第3条）

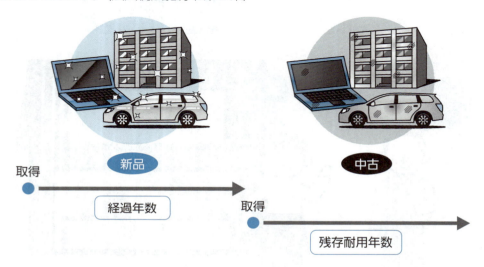

見積法又は簡便法の選択

　見積残存耐用年数の算定は、「見積法」又は「簡便法」のどちらかによります。
　この場合に、「見積法」又は「簡便法」による耐用年数の算定は、その事業の用に供した事業年度においてのみすることができますので、その事業年度においてその算定をしなかったときは、その後の事業年度においては「見積法」又は「簡便法」の算定をすることができませんので注意が必要です。
　その中古資産を取得して事業供用をした最初の事業年度において法定耐用年数を選択した場合には、その後の事業年度においてもその法定耐用年数をずっと使用することになります。

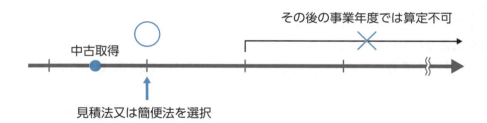

なお、法人が、仮決算により中間申告書の提出をする場合の「中間事業年度」において取得した中古の減価償却資産について、法定耐用年数を適用した場合であっても、その中間事業年度を含む事業年度においてはその資産について「見積法」又は「簡便法」により算定した耐用年数を適用することができます。（耐通1-5-1）

見積法及び簡便法の計算

（1）見積法

> その事業の用に供した時以後の使用可能期間の年数

（2）簡便法

　（1）の見積法により残存耐用年数を見積もることが困難な場合には、次に掲げる資産の区分に応じそれぞれ次に定める年数となります。

①法定耐用年数の全部を経過した資産

> 法定耐用年数 × 20％ ＝ 年数

②法定耐用年数の一部を経過した資産

> 法定耐用年数 － 経過年数 ＋ 経過年数×20％ ＝ 年数

※計算結果に1年未満の端数があるときは、これを切り捨てます。
※計算結果の年数が2年に満たないときは、2年とします。

　「年数を見積もることが困難」とは、その見積りのために必要な資料がないため技術者等が積極的に特別の調査をしなければならないこと又は耐用年数の見積りに多額の費用を要すると認められることにより使用可能期間の年数を見積もることが困難な減価償却資産をいいます。
　また、経過年数が不明なときは、その構造、形式、表示されている製作の時期等を勘案してその経過年数を適正に見積もります。（耐通1-5-4、1-5-5）

見積法及び簡便法を適用することができない中古資産

　その減価償却資産を事業供用するにあたって支出した資本的支出がある場合において、その支出額がその資産の取得価額の50％を超えるときは、「見積法」又は「簡便法」により算定した耐用年数を使用することはできません。（耐通1-5-2）

　また、「見積法」又は「簡便法」で算定した耐用年数によって減価償却を行っている中古資産について、取得事業年度の翌事業年度以後の各事業年度において資本的支出を行った場合において、その資本的支出の額の合計額が、その減価償却資産の再取得価額の50％に相当する金額を超えるときは、「その減価償却資産」及び「これらの資本的支出」のその事業年度における資本的支出をした後の減価償却については、どちらも「見積法」又は「簡便法」により算定した耐用年数を使用することはできません。この場合には、法定耐用年数で減価償却をします。（耐通1-5-3）

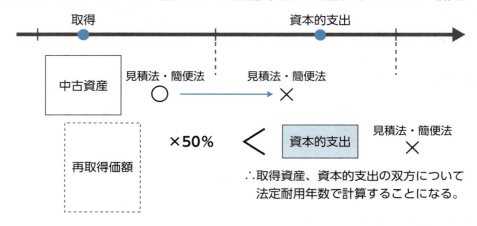

折衷法による耐用年数の計算

　法人がその有する中古資産に適用する耐用年数について、事業供用の時における資本的支出の額がその減価償却資産の取得価額の50％に相当する金額を超えるために簡便法による耐用年数が適用できない場合であっても、その資本的支出の額がその減価償却資産の再取得価額の50％に相当する金額以下であるときには、法人が次の算式により計算した年数をその中古資産に係る耐用年数とすることができます。（耐通1-5-6）

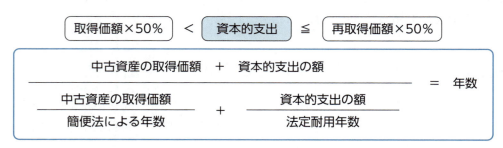

※計算結果に1年未満の端数があるときは、これを切り捨てます。

法定耐用年数の改正があった場合

○**見積法を適用していた中古資産の耐用年数**
　見積法により算定した耐用年数を適用している中古資産について、法定耐用年数の改正があったときは、その改正後の法定耐用年数を基礎としてその中古資産の使用可能期間の見積り替えをすることはできません。しかし、改正後の法定耐用年数が従来適用していた見積法により算定した耐用年数より短いときは、改正後の法定耐用年数を適用することができます。（耐通1-7-2）

○**簡便法を適用していた中古資産の耐用年数**
　簡便法により算定した耐用年数を適用している中古資産について、その資産に係る法定耐用年数が短縮されたときには、改正後の省令の規定が適用される最初の事業年度において、改正後の法定耐用年数を基礎にその資産の耐用年数を簡便法により再計算することができます。
　この場合の再計算において用いられる経過年数はその中古資産を取得したときにおける経過年数によりますので注意が必要です。（耐通1-5-7）

資本的支出がある場合の判定まとめ

　資本的支出の金額によって法定耐用年数、簡便法、折衷法のいずれによるかの判定をまとめると次のようになります。

7 総合償却資産の耐用年数

総合償却と個別償却

　機械及び装置や構築物の一部の設備などについては、その設備の種類ごとに総合して償却計算を行います。

　通常の減価償却計算は「個別償却」によって減価償却をしています。「個別償却」は、その対象となる減価償却資産を個別的に取り扱い、一単位ごとに償却率を定めて耐用年数を適用し償却計算を行いますが、「総合償却」は、同様の耐用年数の設備を取りまとめて、多数の固定資産単位ごとに平均償却率に基づいて総括的に償却計算を行います。

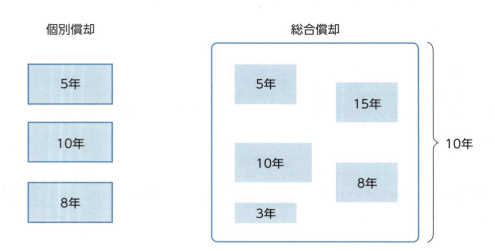

総合償却資産

　総合償却資産とは、総合償却により、その資産の設備に属する個々の資産の全部について、その償却の基礎となる価額を個々の資産の全部を総合して定められた耐用年数により償却する資産のことをいいます。機械及び装置、構築物の一部の設備が総合償却資産に該当します。

総合償却資産の耐用年数

　総合償却資産を取得した場合には、機械装置であれば別表第二「機械及び装置の耐用年数表」（137ページ参照）により該当する設備の種類ごとに定められた耐用年数を使用します。また、構築物については、別表第一「構築物」の構造又は用途・細目で該当する設備の耐用年数を使用します。

中古資産を取得した場合の総合耐用年数の見積り

　総合償却資産については、法人が工場を一括して取得する場合等で「設備の種類」又は「種類」に属する資産の相当部分について中古資産を一時に取得した場合に限り、次によりその資産の総合耐用年数を見積ってその中古資産以外の資産と区別して償却することができます。（耐通1-5-8）

（1）見積法

　中古資産の総合耐用年数は、同時に取得した中古資産のうち「設備の種類」又は「種類」に属するものの全てについて、次の算式により計算した年数によります。

$$\frac{中古資産の取得価額の合計額}{中古資産の個々の資産の取得価額をその個々の資産について、使用可能と見積もられる耐用年数で除して得た金額の合計額}$$

※年数に1年未満の端数があるときは、その端数を切り捨て、その年数が2年に満たない場合には、2年とします。

（2）簡便法

　（1）の算式において、個々の中古資産の耐用年数の見積りが困難な場合には、その資産の種類又は設備の種類について定められた旧別表第二の法定耐用年数（218ページ・付表10参照）の算定の基礎となったその個々の資産の個別耐用年数を基礎として21ページの「簡便法」の計算方法によりその耐用年数を算定することができます。

■ 個々の資産の個別耐用年数

　個々の資産の個別耐用年数とは、「機械装置の個別年数と使用時間表」の「機械及び装置の細目と個別年数」の「同上算定基礎年数」をいいます。構築物については、付表3又は付表4に定める算定基礎年数をいいます。

　ただし、個々の資産の個別耐用年数がこれらの表に掲げられていない場合には、その資産と種類等を同じくする資産又はその資産に類似する資産の個別耐用年数を基準として見積られる耐用年数となります。

■ 相当部分を占めるかどうかの判定

　取得した中古資産がその設備の相当部分であるかどうかは、その取得した資産の再取得価額の合計額が、その資産を含めたその資産の属する設備全体の再取得価額の合計額のおおむね30％以上であるかどうかにより判定します。この場合において、その法人が2以上の工場を有するときは、工場別に判定します。（耐通1-5-9）

総合償却資産の総合残存耐用年数の見積りの特例

法人が工場を一括して取得する場合のように中古資産である一の設備の種類に属する総合償却資産の全部を一時に取得したときは、上記にかかわらず、次により算出した年数をその中古資産の耐用年数とすることができます。

$$\boxed{法定耐用年数 \; - \; 経過年数 \; + \; 経過年数 \times 20\% \; = \; 年数}$$

※年数に1年未満の端数があるときは、その端数を切り捨て、その年数が2年に満たない場合には、2年とします。

上記算式の経過年数は、その資産の譲渡者が譲渡した日において付していたその資産の帳簿価額をその資産のその譲渡者に係る取得価額をもって除して得た割合に応ずるその法定耐用年数に係る未償却残額割合に対応する譲渡者が採用していた償却の方法に応じた経過年数によります。

$$\frac{譲渡者の帳簿価額}{譲渡者の取得価額} \; = \; 割合 \; \rightarrow \; \boxed{\begin{array}{c}未償却残額割合に\\対応する経過年数\end{array}}$$

①償却の方法を旧定率法又は定率法によっている場合にあっては、未償却残額割合に対応する経過年数は、それぞれ付表7（1）旧定率法未償却残額表又は付表7（2）定率法未償却残額表若しくは付表7（3）定率法未償却残額表によることができます。

②租税特別措置法に規定する特別償却をした資産については、未償却残額割合を計算する場合のその譲渡者が付していた帳簿価額は、合理的な方法により調整した金額によるものとします。なお、その特別償却を準備金方式によっていたものは除きます。（耐通1-5-10）

見積法及び簡便法が適用できない中古の総合償却資産

その総合償却資産を事業供用するにあたって支出した資本的支出がある場合において、その支出額がその資産の取得価額の50％を超えるときは、「見積法」又は「簡便法」により算定した耐用年数を使用することはできません。（耐通1-5-11）

折衷法による耐用年数の計算

事業供用の時における資本的支出の額がその総合償却資産の取得価額の50％を超えるために簡便法が適用できない場合であっても、その資本的支出の額がその総合償却資産の再取得価額の50％以下であるときには、「折衷法」により計算した年数よることができます。

取り替えた資産の耐用年数

総合耐用年数を見積もった中古資産の全部又は一部を新たな資産と取り替えた場合のその資産については、別表第一、別表第二、別表第五又は別表第六に定める法定耐用年数によります。

この取扱いは、その全部又は一部について資本的支出を行い、見積法、簡便法及び折衷法が適用できない場合を含みます。（耐通1-5-12）

8 耐用年数の短縮

耐用年数の短縮の承認

　減価償却資産が次の①から⑥のいずれかに該当する場合には、耐用年数の短縮の承認を受けて、通常の期間より短い耐用年数である未経過使用可能期間を法定耐用年数として減価償却の計算をすることが認められます。

①その資産の材質又は製作方法がこれと種類及び構造を同じくする他の減価償却資産の通常の材質又は製作方法と著しく異なることにより、その使用可能期間が法定耐用年数に比して著しく短いこと。
②その資産の存する地盤が隆起し又は沈下したことにより、その使用可能期間が法定耐用年数に比して著しく短いこととなったこと。
③その資産が陳腐化したことにより、その使用可能期間が法定耐用年数に比して著しく短いこととなったこと。
④その資産がその使用される場所の状況に基因して著しく腐しょくしたことにより、その使用可能期間が法定耐用年数に比して著しく短いこととなったこと。
⑤その資産が通常の修理又は手入れをしなかったことに基因して著しく損耗したことにより、その使用可能期間が法定耐用年数に比して著しく短いこととなったこと。
⑥①から⑤に掲げる事由以外の事由により、その資産の使用可能期間が法定耐用年数に比して著しく短いこと又は短いこととなったこと。

※　「その使用可能期間が法定耐用年数に比して著しく短いこと」とは、その減価償却資産の使用可能期間がその法定耐用年数に比しておおむね10％以上短い年数となったことをいいます。（基通7-3-18）

■ 対象となる資産の単位

　「構造又は用途」又は「設備の種類」の細目の区分ごとに、かつ、耐用年数の異なるものごとに適用します。

　しかし、次に掲げる減価償却資産については、次によることができます。（基通7-3-19）

機械及び装置	2以上の工場に同一の「設備の種類」に属する設備を有するときは、工場ごと
建物、建物附属設備、構築物、船舶、航空機又は無形減価償却資産	個々の資産ごと

他に貸与している減価償却資産	その貸与している個々の資産ごと。この場合、個々の資産が借主側において、一の設備を構成する機械及び装置の中に2つ以上のものが含まれているときは、その2つ以上の資産ごと

未経過使用可能期間

　未経過使用可能期間とは、その該当する減価償却資産の使用可能期間のうちいまだ経過していない期間をいいます。

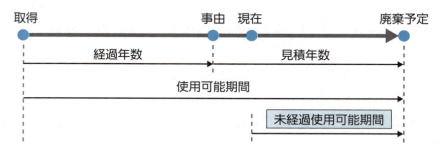

機械及び装置以外の資産

○使用可能期間の算定

　減価償却資産の取得後の経過年数と上記①から⑥に掲げる事由に該当することとなった後の見積年数との合計年数が使用可能期間となります。
　この場合における見積年数は、その減価償却資産につき使用可能期間を算定しようとする時から通常の維持補修を加え、通常の使用条件で使用するものとした場合において、通常予定される効果をあげることができなくなり更新又は廃棄されると見込まれる時期までの年数によります。なお、1年未満の端数は切り捨てます。(基通7-3-20)

○未経過使用可能期間の算定

　「未経過使用可能期間」は、その減価償却資産につき使用可能期間を算定しようとする時から通常の維持補修を加え、通常の使用条件で使用するものとした場合において、通常予定される効果をあげることができなくなり更新又は廃棄されると見込まれる時期までの見積年数によります。なお、1年未満の端数は切り捨てます。(基通7-3-20の2)

総合償却資産

○使用可能期間の算定

　総合償却資産の使用可能期間は、総合償却資産に属する個々の資産の償却基礎価額の合計額を個々の資産の年要償却額の合計額で除して得た年数となります。

$$\frac{\text{償却基礎価額の合計額}}{\text{年要償却額の合計額}} = \text{年数}$$

※年数に1年未満の端数がある場合には、その端数を切り捨て、その年数が2年に満たない場合には、2年とします。

○年要償却額

償却基礎価額を個々の資産の使用可能期間で除した額をいいます。

$$\frac{\text{償却基礎価額}}{\text{使用可能期間}} = \text{年要償却額}$$

○未経過使用可能期間の算定

総合償却資産の未経過期間対応償却基礎価額を個々の資産の年要償却額の合計額で除して得た年数によります。（耐通1-6-1の2）

$$\frac{\text{未経過期間対応償却基礎価額}}{\text{年要償却額の合計額}} = \text{年数}$$

※年数に1年未満の端数がある場合には、その端数を切り捨て、その年数が2年に満たない場合には、2年とします。

○未経過期間対応償却基礎価額

個々の資産の年要償却額に経過期間の月数を乗じてこれを12で除して計算した金額の合計額を個々の資産の償却基礎価額の合計額から控除した残額をいいます。経過期間は、資産の取得の時から使用可能期間を算定しようとする時までの期間をいいます。

$$\text{償却基礎価額の合計額} - \left(\frac{\text{年要償却額×経過期間の月数}}{12}\text{の合計額}\right) = \text{月数}$$

※月数は暦に従って計算し、1月に満たない端数は、1月とします。

機械及び装置

○使用可能期間の算定

旧耐用年数省令に定められている設備の種類を同じくする機械及び装置に属する個々の資産の取得価額を償却基礎価額として、上記の「機械及び装置以外の資産」に準じて算定した年数を使

用可能期間として、上記の「総合償却資産の使用可能期間の算定」に従いその機械及び装置の全部を総合して算定した年数によります。

　その機械及び装置に属する個々の資産のうち上記の①から⑥に掲げる事由に該当しないものについては、その機械及び装置の旧耐用年数省令に定められている耐用年数の算定の基礎となった個別年数とします。

○**未経過使用可能期間の算定**

　個々の資産の取得価額を償却基礎価額とし、上記の「機械及び装置以外の資産」に準じて算定した年数を使用可能期間として、上記の「総合償却資産の未経過使用可能期間の算定」に従って算定した年数によります。（基通7-3-21、7-3-21の2）

> ### 耐用年数短縮の承認があった後に取得した資産の耐用年数

　耐用年数の短縮の承認に係る減価償却資産が耐用年数の短縮に掲げる事由又はこれに準ずる事由に該当するものである場合で、その後その資産と同じ種類の資産を取得したときは、その資産についても承認に係る耐用年数が適用されます。（基通7-3-22）

陳腐化による耐用年数の短縮

　製造工程の一部の工程に属する機械及び装置が陳腐化したため耐用年数の短縮の承認を受けた場合において、陳腐化したその機械及び装置の全部を新たな機械及び装置と取り替えたときは、耐用年数の短縮の承認の取り消し事由である法人税法施行令第57条第4項の「不適当とする」特別の事由が生じた場合に該当することになりますので注意が必要です。（耐通1-6-2）

短縮承認を受けていた耐用年数の改正

　法人税法施行令第57条に規定する耐用年数の短縮により承認を受けている減価償却資産について、耐用年数の改正があった場合で改正後の耐用年数がその承認を受けた耐用年数より短いときは、その減価償却資産については、改正後の耐用年数を使用します。（耐通1-7-3）

9 特別な償却率

特別な償却率による償却費の計算

漁網、活字に常用されている金属その他の減価償却資産について、その用途に汎用性がない特殊なものについては、納税地の所轄国税局長の認定を受けた償却率を選定して次の算式により減価償却費の計算をすることができます。

取得価額 × 特別な償却率 ＝ 減価償却費

特別な償却率が選定できる資産

特別な償却率を選定することができる減価償却資産には、漁網、活字に常用されている金属、なつ染用銅ロール、映画用フイルム、非鉄金属圧延用ロールなどがあります。

また、短期間にその型等が変更される製品でその生産期間があらかじめ生産計画に基づき定められているものの生産のために使用する金型その他の工具で、その製品以外の製品の生産のために使用することが著しく困難であるもの、漁網、活字に常用されている金属及びこれらの資産に類するものも認められます。

・漁網の範囲：漁網には、網地、浮子（あば）、沈子（いわ）、綱、延縄を含みます。
・鉛板地金の範囲：活字地金には、鉛板地金を含みます。
・非鉄金属圧延用ロールの範囲：非鉄金属圧延用ロールには、作動ロール、ワーキングロールのほか、押えロール、バックアップロールを含みます。（耐通4-1-1・4-1-2・4-1-5）

■ 申請書

特別な償却率の認定を受けようとする法人は、申請書にその認定に係る償却率の算定の基礎となるべき事項を記載した書類を添付して認定を受けます。償却率などの算定については、付表6に記載された数値等を参考にします。

■ 残存割合

特別な償却率による償却費の計算は、各資産について次の残存価額に達するまですることができます。（耐通4-1-8）

漁網	0円
活字地金	0円
なつ染用銅ロール	取得価額×15％
映画用フィルム	0円
非鉄金属圧延用ロール	取得価額×3％
専用金型等	処分可能価額

10 償却資産税の申告対象となる資産

　減価償却資産を取得した場合に、その資産が償却資産税の申告対象となる資産である場合には償却資産税が課税されます。なお、固定資産税が課される土地や建物、自動車税が課される車両及び運搬具は、償却資産税は課税されないことになっています。

無形資産や少額資産には課税されない

　償却資産税の申告対象となる資産は、事業の用に供することができる減価償却資産です。無形減価償却資産について償却資産税は課税されません。他にも一定のリース資産や少額資産であるなど、償却資産税の課税対象とならないものがありますので、注意が必要です。

償却資産税の計算

　償却資産税は申告対象となる資産の個々の評価額を区ごとに合計した課税標準額に1.4％を乗じて算出します。課税標準額に千円未満の端数があるときはこれを切り捨て、税額について百円未満の端数があるときは、これを切り捨てます。

$$\text{課税標準額} \times 1.4\% = \text{税額}$$
（1,000円未満切捨て）　　　　　　　　　　（100円未満切捨て）

150万円まで課税されない免税点のルール

　同一区内に、同一人が所有する償却資産の課税標準額の合計額が150万円に満たない場合には、償却資産税は課税されません。
　たとえば、A区とB区に資産を所有する場合

・A区所在の資産の課税標準額の合計額が1,430,000円の場合

・B区所在の資産の課税標準額の合計額が1,683,000円の場合

上記の場合、当社の所有する償却資産税の対象資産は、Ａ区（1,430,000円）とＢ区（1,683,000円）を合わせると3,113,000円となりますが、そのうち、償却資産税が実際に課税されるのは、免税点の1,500,000円に満たないＡ区所在の課税標準額（1,430,000円）を除いた、Ｂ区所在の課税標準額（1,683,000円）のみに対応する部分となります。

保守料やソフトウェア料金は別に区分する

　専門性のある機械装置やコンピューター、医療機器などを取得する場合には、その購入代金のなかに、保守料やソフトウェアの使用料などが含まれていることがあります。そのような場合には、保守料については、その機械装置などの本体価額とは別に区分して、長期前払費用として資産計上してから期間按分した金額を支払手数料などとして費用処理します。また、ソフトウェア等にかかる部分の金額については、無形減価償却資産として区分して対応するソフトウェアの耐用年数で減価償却の計算をしていきます。

保守料	長期前払費用 として 期間按分	償却資産税 の 申告対象 に ならない
ソフトウェア	無形減価償却資産 として 減価償却	
機器本体	有形減価償却資産 として 減価償却	償却資産税 の 申告対象 に なる

　本来上記のような資産区分となるべき支出額について、本体価額に含めた金額をそのまま、その資産の取得価額としてしまうような実務処理をしていることがまれにありますが、これはその支出額において本来適用すべき耐用年数よりも長い年数となっているものについては、結果的に税法に定める償却限度額を超過しないため法律上は容認されているケースがあります。しかし、償却資産税について考察すると、本来は課税標準額に含まれないはずの保守料や無形減価償却資産となるべき支出額を本体価額に含めた経理処理をしてしまうと、償却資産税の課税標準額はその分多くなりますので、無駄な税金を払いすぎてしまうこととなってしまいますので注意が必要です。

毎年1月1日の所有状況を申告する

　償却資産を所有している場合には、毎年1月1日現在所有している償却資産の内容（取得年月、取得価額、耐用年数等）について、1月31日までに償却資産の所在する区にある都税事務所等に申告します。

償却資産税の申告対象となる資産

構築物	舗装路面、庭園、門・塀・緑化施設等の外構工事、看板、広告塔、ゴルフ練習場設備、受変電設備、予備電源設備、その他建築設備、内装、内部造作など
機械及び装置	各種製造設備等の機械及び装置、クレーン等建設機械、機械式駐車設備など
船舶	ボート、釣船、漁船、遊覧船など
航空機	飛行機、ヘリコプター、グライダーなど
車両及び運搬具	大型特殊自動車（分類記号が「0、00〜09、000〜099」「9、90〜99、900〜999」の車両）など
工具、器具及び備品	パソコン、陳列ケース、看板、ネオンサイン、医療機器、測定工具、金型、理容及び美容機器、衝立など

償却資産税の申告対象とならない資産

自動車税、軽自動車税の課税対象となるべき車両及び運搬具
※工場内のみで使用し、公道を走らないフォークリフト等も申告対象となりません。
無形固定資産（ソフトウェア、特許権、実用新案権等）
繰延資産（創立費、開業費、開発費等）
少額の減価償却資産の特例（1年未満または10万円未満）の適用を受ける資産
一括償却資産の特例（20万円未満）の適用を受ける資産
一定のリース資産（注）
家屋として固定資産税が課税されるべき資産

（注）一定のリース資産

　ファイナンス・リース取引のうち、所有権移転外ファイナンス・リースについて、平成20年4月1日以降に締結したものは、法人税や所得税では、原則として売買として取り扱うものとされていますが、償却資産税では、従来どおりリース会社等の資産の貸主が、その資産を償却資産を所有するものとして償却資産の申告をします。なお、平成20年4月1日以降に締結されたリース契約のうち、法人税法第64条の2第1項又は所得税法第67条の2第1項に規定するリース資産で、そのリース資産の所有者がそのリース資産を取得した際における取得価額が20万円未満の資産は、償却資産の申告対象から除かれます。

■ 少額な減価償却資産の対象区分

　少額の減価償却資産（1万円以上または10万円未満）、一括償却資産（20万円未満）の適用を受ける減価償却資産については、償却資産の申告対象資産にはなりません。しかし、少額減価償却資産（30万円未満）の適用を受ける減価償却資産については、償却資産税の申告対象資産になりますので、注意が必要です。

	償却資産税の申告対象外		
1万円以上 10万円未満	即時償却適用資産	ファイナンス リース資産	土地、家屋等 車両運搬具 無形固定資産 繰延資産
10万円以上 20万円未満	3年均等償却適用資産		
20万円以上 30万円未満	○申告対象		
30万円以上	○申告対象		

第2章

耐用年数の選び方

建物
建物附属設備
構築物
船舶
航空機
車両及び運搬具
工具
器具及び備品
機械及び装置
生物
公害防止用減価償却資産
開発研究用減価償却資産
無形減価償却資産

第1章 耐用年数の調べ方

第2章 耐用年数の選び方

第3章 別表・付表の使い方

耐用年数を選ぶ

　減価償却資産の耐用年数を「選ぶ」ときには、その取得した資産について、それがどういったものに該当するかをまず知る必要があります。

　耐用年数の選定で最初にしなければならないことは、その資産の「種類」を確定していくことです。

　まずは、その資産が「有形減価償却資産」に該当するのか、そして「無形減価償却資産」に該当するのかを選定するのと同様に、さらにそれらのそれぞれの資産を次のように細かく区分していきます。

　例えば、有形減価償却資産の種類には「建物」「建物附属設備」「構築物」「船舶」「航空機」「車両及び運搬具」「工具」「器具及び備品」「機械及び装置」「生物」などがありますが、その取得した資産が上記のどの種類に属するものなのかを選定します。このときに、建物とはどういったものがそれに該当して、構築物との違いはどういったところにあるのか、ということがわからなければ、どの耐用年数を選定すればよいか、最初から迷い続けることになります。

　そして次に、その資産が属する「構造又は用途」や「設備の種類」を選定します。そして最後にその資産の属する「細目」を選定します。

　「構造又は用途」、「設備の種類」、「細目」についても上記の種類と同様に、例えば「車両運搬具」の「架空索道用搬器」（75ページ参照）がどういったものなのかについて、具体的にその意味がわからなければ、そこに属する耐用年数を選定することはできません。

　この章では減価償却資産をそれぞれに区分して、そこに掲げられている用語を中心に耐用年数選択のポイントなども説明していきます。

建物

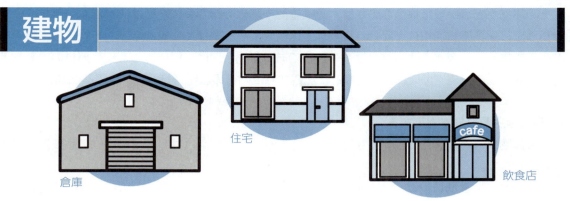

　土地に定着する建築物や建造物などのうち、「柱・壁・屋根（梁）」を有するものを「建物」といいます。つまり、『柱』『壁』『屋根（梁）』の3つの構造を全て持ち合わせている建築物等がここでいう「建物」となります。たとえば、『柱』と『壁』があっても屋根の付いていない建築物（露天式の立体駐車場や煙突のようなもの）は「建物」ではなく「構築物」（57ページ参照）となります。また、上記と同様に『柱』と『屋根』が付いていても『壁』がない建築物（競技場のスタンドなど）も「構築物」となりますので注意が必要です。

　建物の屋根は柱に渡された小屋梁（こやはり）によってその屋根の素材の荷重を柱に伝える構造となっています。つまり『梁（はり）』は屋根を設置するための土台としての役割がありますので、『梁』がある状態をもって屋根がいつでも設置できる状態となりますので、仮にまだ実際に屋根が乗っていない状態のものであっても、梁が施工されている状態をもって『屋根』があるものと判断されます。梁の上に乗せるものは茅葺きであろうが瓦であろうが、建物の一要件として必要な屋根は『梁』があるかないかで判断することとなります。

　建物の耐用年数を決定する際には、まず例えば鉄筋コンクリート造や木造など、その建物の構造の違いにより大きな区分がされていますので、その構造の区分がどれに該当する建物なのかを判断することが必要です。そしてそれぞれの建物の構造の区分ごとに示されたその建物の用途により、住居用、事務所用、店舗用、倉庫用などに区分されます。

　建物の耐用年数は7年～50年で定められています。

　建物を購入したときには、まず①その構造がどういった造りで建築されたものなのかを知ることが重要となります。そして、②その建物の用途が細目に書かれた用途で適合したものがあるかどうかを判断することになります。③適合する用途があった場合で、更に細目が細分化されているときはその細目も併せて判断し、その細目が当てはまらない場合には、それぞれの下段にある「その他のもの」となります。④用途自体に適合するものが無い場合には、構造ごとの細目欄の一番上段にある「事務所用又は美術館用のもの及び下記以外のもの」の「下記以外のもの」に該当します。

　実際には「構造又は用途」の欄で建物の構造のみを判断して区分し、「細目」の欄で建物の用途と細目を総合判断して区分します。

その建物がどういった構造なのかは、建築確認申請書の第四面に記載があります。また、建築確認済証、建築確認通知書、設計仕様書などの書類にも記載がありますので、それらの書類でも確認できます。該当する建物が金属造の建物であった場合には、更に詳しく建築部材の内容を確認する必要がありますので、設計図などに記載された内容の表記（43ページ参照）を確認します。

■ 構造は主要部分で判定する

　その建物が、どの構造に属するかは、その主要柱、耐力壁又ははり等その建物の主要部分により判定します。

　また、例えば鉄筋コンクリート造3階建の建物の上に更に木造建物を建築して4階建としたようなもので、その建物の構造が2以上の構造によって構成されている場合には、それぞれの構造の異なるごとに区分して、その構造について定められた耐用年数を適用します。（耐通1-2-1・1-2-2）

　これは、ビルの屋上を利用して木造の倉庫を増築したような場合が該当します。ですので、地下から低層階にかけては鉄骨鉄筋コンクリート造で、中上層階からは鉄骨造のビルであるなど、外観上も明らかに一の建物であると認識できるような建物である場合には、その建物は一の建物として判定し、その主要部分の構造によって耐用年数を選定します。

　例えば50階建ての建物で地下から3階までは鉄骨鉄筋コンクリート造で4階から50階までは鉄骨造である場合には、金属造として判定しますし、地下から40階までは鉄骨鉄筋コンクリート造で41階から50階までは鉄骨造である場合には、鉄骨鉄筋コンクリート造として判定します。

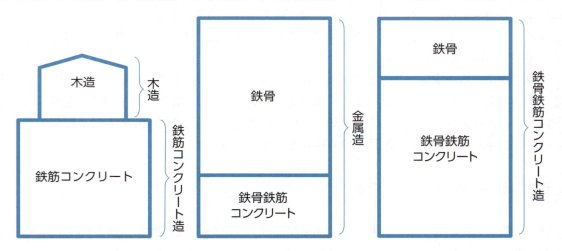

■ 建物の内部造作物は建物の耐用年数を適用する

　建物内部の造作については、建物附属設備に該当する場合を除いて、その造作の構造がその建物の骨格の構造と異なっている場合であっても区分しないで、その建物に含めてその建物の耐用年数を適用します。

　例えば、旅館等の鉄筋コンクリート造の建物について、その内部を和風の様式とするため特に木造の内部造作を施設した場合においても、その内部造作物を建物から分離して、木造建物の耐用年数を適用することはできません。

　また、工場建物について、温湿度の調整制御、無菌又は無じん空気の汚濁防止、防音、遮光、

40

放射線防御等のために特に内部造作物を施設した場合には、その内部造作物が機械装置とその効用を一にするとみられるときであっても、その内部造作物は建物に含めることになりますので、注意が必要です。（耐通1-2-3）

建物附属設備に該当するものとしては、自動ドアーの設置、店用簡易装備や可動間仕切りなどが該当します。内部造作に伴って装飾した単なるドアーの取り替えについては、建物本体の内部造作として扱いますが、自動ドアーへの取り替えである場合には、その駆動装置や附属機器については建物附属設備として区分します。しかし自動ドアーのドアー部分については建物本体の内部造作として扱います。

また、例えばビルの各階における内部窓側にブラインドの設置工事をした場合には、それが建物附属設備の日よけ設備となるのか、または建物本体の内部造作として判断するのかは、その造作工事の規模や段取りなどを考慮して判断することになります。つまり、そのブラインドの設置が、建物附属設備の工事として独立した工事によるものであるのか、又は建物の造作工事の一部に含まれる工事であるのかによっても判断することができます。工事に関する共通経費などが按分できないものであれば、建物の造作に含まれる工事として判断した方が合理的ですし、建物附属設備として独立した資産の増設として認識できる工事なのであれば、建物附属設備として判断することになります。

また、ブラインドについては、その設置にあたって工事を伴わないような簡易なものである場合には、器具及び備品としても差し支えないものと思われます。

■ **2以上の用途に共用されている資産**

同一の減価償却資産について、2以上の用途に共通して使用されているときは、その用途により異なる年数の耐用年数が定められている場合があります。このようなときは、その使用目的、使用の状況等により勘案して合理的に用途を判定します。

例えば、木造2階建ての建物で1階部分が店舗（耐用年数22年）、2階部分が事務所（耐用年数24年）及び倉庫（耐用年数15年）として使用する場合に、事務所や倉庫は店舗を運営するための補助的な用途であると見解すれば、建物全体の用途は店舗用であるものとして判定します。

この場合、その判定した用途に係る耐用年数は、その判定の基礎となった事実が著しく異ならない限り、継続して適用します。（耐通1-1-1）

■ 2以上の用途に使用される建物に適用する耐用年数の特例

　一の建物を2以上の用途に使用するため、その建物の一部について特別な内部造作その他の施設をしている場合には、上記にかかわらず、その建物について「建物」の「細目」に掲げる2以上の用途ごとに区分して、その用途について定められている耐用年数をそれぞれ適用することができます。

　例えば、鉄筋コンクリート造の6階建のビルディングのうち1階から5階までを事務所に使用し、6階を劇場に使用するため、6階について特別な内部造作をしている場合がこれに該当します。

　ただし、鉄筋コンクリート造の事務所用ビルディングの地階等に附属して設けられている電気室、機械室、車庫又は駐車場等のようにその建物の機能を果たすために必要な補助的部分については、これを用途ごとに区分しないで、その建物の主たる用途について定められている耐用年数を適用します。劇場用として区分した用途に専用で供されている部分は劇場用の耐用年数を適用することができます。（耐通1-2-4）

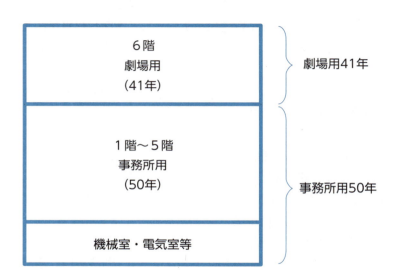

■ 貸与資産の耐用年数

　貸与している減価償却資産の耐用年数は、「貸付業用」として特掲されているものを除き、原則として、貸与を受けている者の資産の用途等に応じて判定します。（耐通1-1-5）

■ 内部造作を行わずに賃貸する建物

　一の建物のうち、賃借人がその用途を自由に使用することができるようにするため、その階の全部又は適宜に区分された場所を間仕切り等をしないで賃貸することとされているもので、間仕切り等の内部造作については賃借人が施設するものとされている建物のその賃貸の用に供している部分の用途の判定については、上記の「貸与資産の耐用年数」にかかわらず、「下記以外のもの」に該当するものとなります。（耐通2-1-2）

■ ビルの屋上の特殊施設

　ビルの屋上にゴルフ練習所又は花壇その他通常のビルディングとしては設けることがない特殊施設を設けた場合には、その練習所又は花壇等の特殊施設は、そのビルディングと区分し、構築物としてその定められている耐月年数を適用することができます。（耐通2-1-22）

構造又は用途

∷ 鉄骨鉄筋コンクリート造又は鉄筋コンクリート造のもの

- **鉄骨鉄筋コンクリート造**

　柱や梁を鉄骨で組み、その周りに鉄筋を配してコンクリートを流し込む構造をいいます。鉄骨鉄筋コンクリート造の建物は、鉄筋コンクリート造と鉄骨造の長所を兼ね備えた構造となっており、耐震性に優れているため、主に高層ビルに用いられています。

- **鉄筋コンクリート造**

　いわゆるRC造と呼ばれる工法で、コンクリートの芯に鉄筋を配します。圧縮する力に強いコンクリートと引っ張る力に強い鉄筋のそれぞれの長所が組み合わさることによってより高い強度の建物となります。最近では高強度コンクリートの使用によって、鉄筋コンクリート造の高層ビルも造られるようになりました。

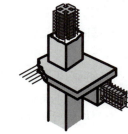

鉄骨鉄筋コンクリート

鉄筋コンクリート

∷ れんが造、石造又はブロック造のもの

　いわゆる組積構造（そせきこうぞう）、組積式構造（そせきしきこうぞう）と呼ばれる建築物の構造で、煉瓦やブロックなどの建築材料を積み上げて外壁や内壁の壁面を造り、その壁によって屋根や天井などの上部を支える構造の建物がこれにあたります。

　組積造の建物は、水平方向の外力により崩壊する危険性があり、一般には地震に弱いという欠点があります。

- **れんが（煉瓦）**

　れんがには、普通れんが、建築月れんが、耐火れんがなどがあり、土を型枠に入れて成形し窯で焼いて固める「焼成れんが」が現在の建築材料としては主流の煉瓦となります。北海道庁旧本庁舎、東京駅、横浜赤レンガ倉庫、半田赤レンガ建物、大阪市中央公会堂、同志社大学、門司赤煉瓦プレイス福岡市文学館などがれんが造の建物としては有名です。

∷ 金属造のもの

　設計図の中にある構造図面に柱や梁のリストがあります。その図面等に記載されている主となる柱や梁のサイズによって肉厚を判断します。

　具体的には「H-200×200×8×12」などと表記されており、HはH形鋼（エイチがたこう）を表して、断面がHの形をしている形鋼をいいます。I形鋼（アイがたこう）は、断面がIの形のをしている形鋼をいいます。他にTのT形鋼、Lの山形鋼、Cの溝形鋼などがあります。

　上記の表記の場合であれば、8㎜、12㎜の肉厚を示します。

構造又は用途	細	目
骨格材の肉厚	事務所用	店舗用・住宅用
4mm超	38年	34年
3mm超 4mm以下	30年	27年
3mm以下	22年	19年

:: 木造（もくぞう）又は合成樹脂造のもの

　木造は木構造（もくこうぞう）ともいいます。柱や梁などの主要部分に木材を用いる構造をいいます。日本の木造による建築物は古くから伝統構法で神社やお寺などが作られてきました。

　伝統構法の他に、木造軸組構法、2×4構法（ツーバイフォーこうほう）である木造枠組壁構法、丸太組構法、木造ラーメン構法などがあります。

　合成樹脂は合成高分子化合物の総称をいいます。加熱により軟らかくなる熱可塑性樹脂と加熱により硬くなる熱硬化性樹脂があります。プラスチック、合成繊維、人工大理石、ゴム、アスファルト、塗料、接着剤などが高分子材料の建築材料として使用されます。

　なお、建物附属設備は、原則として建物本体と区分して耐用年数を適用しますが、木造、合成樹脂造の建物の附属設備については、建物と一括して建物の耐用年数を適用することができます。（耐通2-2-1）

:: 木骨モルタル造（もっこつモルタルつくり）

　木造にある「木造軸組構法」と石造にある「組積構造」を組み合わせた構造を木骨造（もっこつぞう）といいます。

　木骨造は、木材による柱や梁により骨組を組み、その間に石材や煉瓦、コンクリートなどで壁を作る構法をいいます。木骨モルタル造は、厳密には壁となる部材が石材や煉瓦ではなく、砂とセメントと水を練り混ぜて作ったモルタルによって作られる構法をいいます。なおこれらの構法は耐震性に問題があるため現在の建築では採用されていません。

　なお、建物附属設備は、原則として建物本体と区分して耐用年数を適用しますが、木骨モルタル造の建物の附属設備については、建物と一括して建物の耐用年数を適用することができます。（耐通2-2-1）

:: 簡易建物

● **土居ぶき、杉皮ぶき、ルーフィングぶき、トタンぶき**

　屋根の下地となる野地板などの上に防水のためにシート状の材料を敷く工程を下葺きといいます。土居ぶき、杉皮ぶき、ルーフィングぶき、トタンぶきとは、屋根の下葺き材の材質のことをいいます。

● **掘立造（ほったてづくり）**

　掘立造とは、建物の支持地盤を掘って柱を立てる掘立方式による構造の建物をいいます。

● 仮設のもの
　建設業における工事現場に設置するような簡易な建物で、現場の移動があるたびに、解体、組立てを繰り返して使用するものは「仮設のもの」となります。(耐通2-1-23)
　また、住宅展示場にあるモデルハウス、組み立て式の仮設トイレ、駅ホームにあるような簡易な造りの売店、ゴルフ場などにある避難小屋や避雷小屋も「掘立造のもの及び仮設のもの」に該当します。

細目

:: 事務所用

　事務を行う拠点となる施設で、事務作業や打ち合わせをする用途に使用される建物は事務所用として区分されます。

:: 下記以外のもの

　「下記以外のもの」には、社寺、教会、図書館、博物館の用に供する建物のほか、工場用の建物として区分された食堂以外の食堂、学校用の建物として区分された講堂以外の講堂、研究所、設計所、ゴルフ場のクラブハウス等の用に供する建物が該当します。(耐通2-1-1)
　建物の耐用年数については、その構造による区分ごとに基本となる耐用年数が設定されていますが、それぞれの細目ではその用途による損耗などを考慮して短い耐用年数が設定されています。それらの用途で想定されるもの以外のものについては、結果的にそれぞれの構造の区分ごとに最も長い耐用年数となっています。

● 建物にみられる金庫室
　金融機関等の建物にみられる「金庫室」は、その全部が建物に含まれます。「器具及び備品」の「6容器及び金庫」の細目「金庫」には該当しませんので注意が必要です。(耐通2-7-12)

:: 住宅用

　人が生活する居住用建物の区分は住宅用となります。複数の世帯が入居する集合住宅やアパートも住宅用に区分されます。なお、一般に寮とされる住宅は、寄宿舎用として区分されます。

:: 宿泊所用

　旅館業法に規定された旅館業で、施設の構造や設備によって簡易宿所営業・下宿営業として分類された宿泊施設の用途をいいます。
　「簡易宿所営業」は、宿泊する場所を多数人で共用する構造及び設備を主とする施設を設け、宿泊料を受けて、人を宿泊させる営業で、下宿営業以外のものをいいます。また「下宿営業」は、施設を設け、一月以上の期間を単位とする宿泊料を受けて、人を宿泊させる営業をいいます。「宿泊」とは、寝具を使用して上記の施設を利用することをいいます。

:: 学校用

　小学校・中学校・高等学校・大学・高等専門学校・ろう学校・養護学校・幼稚園・専修学校等の建物は学校用として区分されます。なお、保育所用・託児所用の建物は学校用のものに含まれます。（耐通2-1-4）

:: 体育館用

　屋内でスポーツを行うための建物を体育館といいます。スポーツとは、例えば卓球、バレーボール、バスケットボール、バドミントン、剣道、柔道、空手等をいいます。なお、ボーリング場用の建物は、体育館用のものに含まれます。（耐通2-1-5）

:: 飲食店用

　食品衛生法に規定する食品等事業者が、販売食品等を調理、加工、販売等をして、継続的に不特定若しくは多数の者に食品を供与するための施設を飲食店といいます。

　飲食店を営業するためには、食品衛生法により、都道府県知事の許可を受けなければなりません。

　なお、結婚式場用の建物は、飲食店用となります。

:: 旅館用又はホテル用のもの

　旅館業法に規定された旅館業で、施設の構造や設備によって旅館営業・ホテル営業として分類された宿泊施設の用途をいいます。

　「旅館営業」は、和式の構造及び設備を主とする施設を設け、宿泊料を受けて、人を宿泊させる営業で、簡易宿所営業及び下宿営業以外のものをいいます。

　「ホテル営業」は、洋式の構造及び設備を主とする施設を設け、宿泊料を受けて、人を宿泊させる営業で、簡易宿所営業及び下宿営業以外のものをいいます。

　「宿泊」とは、寝具を使用して上記の施設を利用することをいいます。

●延べ面積のうちに占める木造内装部分の面積が3割を超えるもの

　旅館用、ホテル用、飲食店用又は貸席用の鉄骨鉄筋コンクリート造又は鉄筋コンクリート造の建物については、その建物の内装部分について、特別な木造による彫刻の模様、天井装飾、床の間など、木造による高級な趣向を凝らしたものでその内部が造作されていることがあります。耐用年数省令では、そのような造作をしている建物については、通常のものと比べ耐用年数を短く設定しています。

　このような木造による特別な造作をしている建物であるかどうかを判断する基準として、その木造内装部分の面積が延面積の3割を超えるかどうかで判定します。

　その木造内装部分の面積とは、客室、ホール、食堂、廊下等一般に顧客の直接利用の用に供される部分の面積によります。

　延面積は、従業員控室、事務室その他顧客の利用の用に供されない部分の面積を含めた総延面積によります。

この場合における木造内装部分とは、通常の建物について一般的に施設されている程度の木造内装ではなく、客室等として顧客が直接利用する場所について、相当の費用をかけて施設されている場合のその内装部分をいいます。（耐通2-1-7）

店舗用

　一般消費者に対する商行為の現場となる施設を店舗といいます。商品等を販売する小売店のほか、次の建物も店舗用として区分されます。
　金融機関・保険会社・証券会社がその用に供する営業所用の建物で、常時多数の顧客が出入りし、その顧客と取引を行うための建物。
　例えば洋装店・写真業・理容業・美容業等の用に供される建物で、サンプル・モデル等を店頭に陳列し、顧客の求めに応じてそのサンプル等に基づいて製造、修理、加工その他のサービスを行うための建物。
　商品等又はポスター類を陳列してP・Rをするいわゆるショールーム又はサービスセンターの用に供する建物。
　遊戯場（パチンコ・ゲームセンター等）用又は浴場業（サウナ・ソープランド・ヘルスセンター等）用の建物。
　上記のほか運輸業・その他サービス業の一般消費者に対する受付窓口のある建物も店舗用として区分されます。（耐通2-1-3）

病院用

　医療法において、医師又は歯科医師が、公衆又は特定多数人のため医業又は歯科医業を行う場所で、20人以上の患者を入院させるための施設を有するものを病院といいます。病院は、傷病者が、科学的でかつ適正な診療を受けることができる便宜を与えることを主たる目的として組織され、かつ、運営されるものです。病院の開設にはすべて都道府県知事の許可が必要となっています。
　これに対して、診療所は、医師又は歯科医師が、公衆又は特定多数人のため医業又は歯科医業を行う場所であって、患者を入院させるための施設を有しないもの又は19人以下の患者を入院させるための施設を有するものをいいます。なお、診療所用及び助産所用の建物は、原則として「事務所用又は美術館用のもの及び下記以外のもの」に区分されますが、この病院用のものに含めることができます。（耐通2-1-6）

車庫用

　車両を保管するための建物を車庫といいます。いわゆる立体駐車場については、構造体、外壁、屋根その他建物を構成している部分は、「建物」に掲げる細目「車庫用のもの」の耐用年数を適用しますが、その建物の中に設置されている機械式駐車設備については、「機械及び装置」に掲げる細目「機械式駐車設備」の耐用年数を適用します。（耐通2-1-12）

　また、「建物」に区分される車庫は、「柱・壁・屋根（梁）」がある建築物をいいますので、屋根や壁のない立体駐車場は、「構築物」に掲げる細目「露天式立体駐車設備」となりますので注意が

必要です。

　なお、地下にある駐車場については、建物の地下部分に相当する場所に建築されるものは、建物の一部としてその構造に伴って判定することとなりますが、地上に道路があり、その地下部分に駐車場施設が建築されている構造となっているものについては、その建築物の主となる柱などの構造により判断することになります。通常は「柱、壁、屋根（梁）」のある建築物となりますので、建物として判定して差し支えありません。

∷ と畜場用

　牛、豚及び馬などの家畜を解体し、食肉に加工する施設を「と畜場（とちくじょう）」といいます。なお、家畜、家きん、毛皮獣等の育成、肥育、採卵、採乳等の用に供するような飼育用の建物についても「と畜場用のもの」に含めることができます。（耐通2-1-8）

∷ 公衆浴場用

　公衆浴場は、その営業につき公衆浴場法（昭和23年法律第139号）第2条の規定により都道府県知事の許可を受けた者が、公衆浴場入浴料金の統制額の指定等に関する省令（昭和32年厚生省令第38号）に基づき公衆浴場入浴料金としてその知事の指定した料金を収受して不特定多数の者を入浴させるための浴場をいいます。

　したがって、特殊浴場、スーパー銭湯、旅館、ホテルの浴場又は浴室については、その「公衆浴場用」に該当しません。（耐通2-1-9）

　特殊浴場、スーパー銭湯については、店舗用に区分される浴場業用のものとなり、旅館、ホテルの浴場又は浴室については、旅館用、ホテル用の建物に含まれます。

∷ 工場用

　有形の物品の加工・組立・修繕作業を目的とした建物を工場といいます。給食加工場の建物は、工場に含まれます。

　研究や設計の用に供する建物は工場用建物には該当せず、事務所用建物として区分します。

　また、工場の構内にある守衛所、詰所、監視所、タイムカード置場、自転車置場、消火器具置場、更衣所、仮眠所、簡易な食堂、浴場、洗面所、便所その他これらに類する建物は、工場用の建物としてその耐用年数を適用することができます。（耐通2-1-10、2-1-11）

　ここで簡易な食堂とは、簡易な造りである場合に工場用として取り扱うことができるものであって、相当な規模があるものについては、飲食店用、店舗用、下記以外のものなど、細目として最も近いもので判定します。ただし造船所の構内にある造船台は、建物ではなく構築物として区分されます。

∷ 倉庫用

　有形の物品を保管、保存、収納することを目的とした建物は倉庫として区分されます。倉庫用の区分は工場用と同種として区分されています。冷蔵倉庫用のものや塩酸や硫酸などの化学薬品

等の区分により耐用年数も区分されています。

　なお、自動車などの車両を保管するための倉庫は車庫用として区分されますので注意が必要です。また、屋外に設置する物置きは、土地への定着性とその規模により、器具備品として扱うか建物として扱うか判断されます。

　サイロ（66ページ参照）は構築物に該当するため、建物には該当しませんので注意が必要です。

塩素、塩酸、硫酸、硝酸その他の著しい腐食性を有する液体又は気体の影響を直接全面的に受けるもの、冷蔵倉庫用のもの（倉庫事業の倉庫用のものを除く。）及び放射性同位元素の放射線を直接受けるもの

●塩素等を直接全面的に受けるものの意義

　「塩素、塩酸、硫酸、硝酸その他の著しい腐食性を有する液体又は気体の影響を直接全面的に受けるもの」とは、これらの液体又は気体をその建物の内部で製造、処理、使用又は蔵置し、その建物の一棟の全部にわたりこれらの液体又は気体の腐食の影響を受けるものをいいます。そして、その法人が有する次に掲げる建物についてもその腐食の影響を受ける建物としての耐用年数を適用することができます。（耐通2-1-13）

（1）腐食性薬品の製造等をする建物が上屋式（建物の内部と外部との間に隔壁がなく機械装置を被覆するための屋根のみがあるものをいう。）であるため、又は上屋式に準ずる構造であるため、その建物に直接隣接する建物（腐食性薬品の製造等をする建物からおおむね50メートル以内に存するものに限ります。）についても腐食性薬品の製造等をする建物とほぼ同様の腐食が進行すると認められる場合におけるその隣接する建物

（2）2階以上の建物のうち特定の階で腐食性薬品の製造等が行われ、その階については全面的に腐食性薬品の影響がある場合に、その建物の帳簿価額をその特定の階とその他の階の部分とに区分経理をしたときにおけるその特定の階に係る部分

（3）建物の同一の階のうち隔壁その他により画然と区分された特定の区画については全面的に腐食性薬品の影響がある場合に、その建物の帳簿価額をその特定の区画とその他の区画の部分とに区分経理をしたときにおけるその特定の区画に係る部分

●塩素等を直接全面的に受けるものの例示

　「塩素、塩酸、硫酸、硝酸その他の著しい腐食性を有する液体又は気体の影響を直接全面的に受けるもの」に通常該当すると思われる建物を例示すると、153ページ付表1の「塩素、塩酸、硫酸、硝酸その他の著しい腐食性を有する液体又は気体の影響を直接全面的に受ける建物の例示」のとおりとなります。（耐通2-1-14）

●冷蔵倉庫

　「冷蔵倉庫用のもの」には、冷凍倉庫、低温倉庫及び氷の貯蔵庫の用に供される建物も含まれます。（耐通2-1-15）

●放射線を直接受けるもの

　「放射性同位元素の放射線を直接受けるもの」とは、放射性同位元素の使用等に当たり、放射性同位元素等による放射線障害の防止に関する法律（昭和32年法律第167号）に定める使用許可等を受けた者が有する放射性同位元素の使用等のされる建物のうち、同法第3条（（使用の許可））又は第4条の2（（廃棄の業の許可））に定める使用施設、貯蔵施設、廃棄施設、廃棄物詰替施設又は廃棄物貯蔵施設として同法に基づく命令の規定により特に設けた作業室、貯蔵室、廃棄作業室等の部分をいいます。（耐通2-1-16）

●放射線発生装置使用建物

　サイクロトロン、シンクロトロン等の放射線発生装置の使用により放射線を直接受ける工場用の建物についても、「放射性同位元素の放射線を直接受けるもの」の耐用年数を適用することができます。（耐通2-1-17）

塩、チリ硝石その他の著しい潮解性を有する固体を常時蔵置するためのもの及び著しい蒸気の影響を直接全面的に受けるもの

●著しい蒸気の影響を直接全面的に受けるもの

「著しい蒸気の影響を直接全面的に受けるもの」とは、操業時間中常時建物の室内の湿度が95％以上であって、その建物の一棟の全部にわたり蒸気の影響を著しく受けるものをいいます。(耐通2-1-18)

●塩、チリ硝石等を常置する建物及び蒸気の影響を受ける建物の区分適用

塩、チリ硝石その他の著しい潮解性を有する固体を一の建物のうちの特定の階等に常時蔵置している場合若しくは蒸気の影響が一の建物のうちの特定の階等について直接全面的である場合には、その法人が有する次に掲げる建いてもその腐食の影響を受にる建物としての耐用年数を適用することができます。(耐通2-1-19)

(1) 2階以上の建物のうち特定の階で腐食性薬品の製造等が行われ、その階については全面的に腐食性薬品の影響がある場合に、その建物の帳簿価額をその特定の階とその他の階の部分とに区分経理をしたときにおけるその特定の階に係る部分

(2) 建物の同一の階のうち隔壁その他により画然と区分された特定の区画については全面的に腐食性薬品の影響がある場合に、その建物の帳簿価額をその特定の区画とその他の区画の部分とに区分経理をしたときにおけるその特定の区画に係る部分

●塩、チリ硝石等を常置する建物及び著しい蒸気の影響を受ける建物の例示

「塩、チリ硝石その他著しい潮解性を有する固体を常時蔵置するためのもの及び著しい蒸気の影響を直接全面的に受けるもの」に通常該当すると思われる建物を例示すると、161ページ付表2「塩、チリ硝石……の影響を直接全面的に受ける建物の例示」のとおりとなります。(耐通2-1-20)

●バナナの熟成用むろ

鉄筋コンクリート造のバナナ熟成用むろについては、「建物」の「鉄筋コンクリート造」の細目「著しい蒸気の影響を直接全面的に受けるもの」に該当するものとして取り扱います。(耐通2-1-21)

建物附属設備

　建物と一体となって機能する建築設備、その他建物に附属している設備を建物附属設備といいます。建築設備は、建築基準法において建築物に設ける電気、ガス、給水、排水、換気、暖房、冷房、消火、排煙若しくは汚物処理の設備又は煙突、昇降機若しくは避雷針として定義しています。これらの設備について支出した金額は、それを支出した際に建物の取得価額に含めるのではなく、建物の附属設備として単体の減価償却資産を取得したものとして扱います。

　しかし、木造、合成樹脂造又は木骨モルタル造の建物の附属設備については、建物と一括して建物の耐用年数を適用することができます。

　建物付属設備の耐用年数は3年～18年で定められています。

構造又は用途

:: 電気設備（照明設備を含む）

　電力会社から送られる電気を受けて、電気を使用する機器等に供給するための設備を電気設備といいます。

　電気設備には、受変電設備・発電設備・電灯設備・動力設備・情報通信設備・防災設備・構内線路設備・雷保護設備など様々な設備があります。

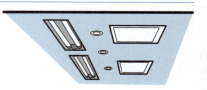

● 蓄電池電源設備

　「蓄電池電源設備」とは、停電時に照明用に使用する等のためあらかじめ蓄電池に充電し、これを利用するための設備をいいます。蓄電池、充電器及び整流器（回転変流器を含みます。）並びにこれらに附属する配線、分電盤等が含まれます。

● その他のもの

　「その他のもの」は、建物に附属する上記の電気設備で「蓄電池電源設備」以外のものをいい、例えば次に掲げるものがこれに該当します。

　①工場以外の建物については、受配電盤、変圧器、蓄電器、配電施設等の電気施設、電灯用配線施設及び照明設備（器具及び備品並びに機械装置に該当するものを除きます。）並びにホテル、劇場等が停電時等のために有する内燃力発電設備

②工場用建物については、電灯用配線施設及び照明設備（耐通2-2-2）

【電気事業者以外の事業者】

　電気事業以外の事業者の有する送配電用の「配電線」、「引込線」及び「地中電線路」のうち、建物の配線施設は「建物附属設備」の「電気設備」に該当し、機械装置に係る配電設備はその機械装置に含まれます。

【電気事業者】

　電気事業者が需要者に電気を供給するための配電施設に含まれるものは、「構築物」に掲げる「発電用又は送配電用のもの」となります。機械装置に係る配電設備はその機械装置に含まれます。

給排水又は衛生設備及びガス設備

　給水設備と排水設備を総称して給排水設備といいます。
　給水設備は生活に適した水を供給する設備で、上水道、地下水、雨水などの水源を利用して給水する設備です。
　給水方式には、水道直結方式、高置水槽方式、圧力水槽方式、加圧ポンプ方式があります。排水設備は生活用水の排水、床排水、雨水などを建物から公共下水道に導くための配管設備をいいます。

　衛生設備は人が生活していくために不可欠である水を衛生的に利用するための設備をいいます。
　ガス設備は、主にガスの配管に関する設備をいいます。ガスストーブなどの暖房機器、ガスレンジなどの厨房機器等のガス機器は、ガス設備には含まれません。
　建物に附属する給水用タンク及び給水設備に直結する井戸又は衛生設備に附属する浄化水槽等でその取得価額等からみて、しいて構築物として区分する必要がないと認められるものについては、それぞれ、「建物附属設備」に掲げる「給排水設備」又は「衛生設備」に含めることができます。（耐通2-2-3）

冷房、暖房、通風又はボイラー設備

　ボイラー設備は、燃焼室の燃焼で得た熱により水を温水に換える装置で、水蒸気や温水の湯で熱を発生させる設備をいいます。ボイラー設備には、ボイラー、給炭機、重油供給装置、給水器等があります。

　通風設備は、建物の室内に風を導くことによって気化熱をうばい、人の体温調節の役割を果たす設備です。また、建物の各部から余分な湿気をとることによって室内を乾燥させ、木などの腐敗を予防する役割もあります。通風設備には、送配風機、ダクト等があります。

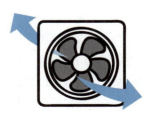

　冷房設備には、冷凍機、冷却器、送風装置、配管設備、ポンプ、ダクト、冷風発生機器があります。
　暖房設備には、蒸気暖房、温水暖房（放熱器、パイプ、温風発生機器等）、熱風暖房（加熱装置、送配風機、ダクト等）があります。

なお、冷房、暖房、通風又はボイラー設備の範囲については、次によります。
①冷却装置、冷風装置等が一つのキャビネットに組み合わされたパッケージタイプのエアーコンディショナーであっても、ダクトを通じて相当広範囲にわたって冷房するものは、「器具及び備品」に掲げる「冷房用機器」に該当せず、「建物附属設備」の冷房設備に該当します。
②「冷暖房設備（冷凍機の出力が22キロワット以下のもの）」には、冷暖房共用のもののほか、冷房専用のものも含まれます。なお、冷暖房共用のものには、冷凍機及びボイラーのほか、これらの機器に附属する全ての機器を含めることができます。
③「冷暖房設備」の「冷凍機の出力」とは、冷凍機に直結する電動機の出力をいいます。
④浴場業用の浴場ボイラー、飲食店業用のちゅう房ボイラー並びにホテル又は旅館のちゅう房ボイラー及び浴場ボイラーは、建物附属設備に該当しません。なお、これらのボイラーには、その浴場設備又はちゅう房設備の該当する業用設備の耐用年数を適用します。（耐通2-2-4）

∷ 昇降機設備

●エレベーター

2階以上の建物に設置される昇降設備で、人や荷物をかごに載せて主に垂直に移動させる装置。「かご」は一般には個室のような箱になっていて人が立って利用します。人を乗せない小荷物専用の昇降機はリフトと呼ばれることもあります。

●エスカレーター

人が建物の階段を歩行することなく移動する目的で設置される昇降装置。
エスカレーターは一般に階段に酷似した形状のものが多く、商業施設、駅周辺や空港などの施設内では、動く歩道として歩行の介助をするための段差のない水平型のものもあり、ムービングウォーク、オートウォーク、トラベレーターなどと呼ばれています。ステップ上に立ち止まって手摺りを掴んで利用します。

∷ 消火、排煙又は災害報知設備及び格納式避難設備

消火設備は、スプリンクラー、消火栓、泡消火設備、ガス系消火設備、消火器など火災を消火するための設備をいいます。

排煙設備は、火災時に発生する煙を屋外に排出し、消防活動を円滑に行うことを支援するために設置する設備です。排煙機、起動装置、電源、風道などから構成されます。

災害報知設備は、感知器で火災により発生する熱や煙を検知し、受信機や音響装置（ベル）を鳴動させて報知するための設備です。

格納式避難設備は、火災、地震等の緊急時に機械により作動して避難階段又は避難通路となるもので、所定の場所にその避難階段又は避難通路となるべき部分を収納しているものをいいます。折たたみ式縄ばしご、救助袋のようなものは、器具及び備品に該当しますので注意が必要です。（耐通2-2-4の2）

消防法などにより、一定面積以上の建物などの防火対象物にはこれら設備の設置が義務付けられています。

:: エヤーカーテン又はドアー自動開閉設備

　エヤーカーテン又はドアー自動開閉設備とは、電動機、圧縮機、駆動装置その他これらの附属機器をいいます。ドアー自動開閉機に直結するドアーはこれに含まれず、建物に含まれます。(耐通2-2-5)

:: アーケード又は日よけ設備

　柱で支えられる連続したアーチによって雨や日差しを防ぐように設計された通路や歩道をアーケードといいます。

　日よけ設備は、強い直射日光を遮へいすることを目的として窓などに取り付けられる設備をいいます。日よけ設備は、採光や通風の妨げとならないものが望ましく、簡易な装置としてはすだれやよしずが日よけとして使われてきました。

:: 店用簡易装備

　主として小売店舗等に取り付けうれる装飾を兼ねた造作（例えば、ルーバー、壁板等）、陳列棚（器具及び備品に該当するものを除きます。）及びカウンター（比較的容易に取替えのできるものに限り、単に床の上に置いたものを除きます。）等で短期間（おおむね3年）内に取替えが見込まれるものをいいます。(耐通2-2-6)

:: 可動間仕切り

　一の事務室等を適宜仕切って使用するために間仕切りとして建物の内部空間に取り付ける資材のうち、取り外して他の場所で再使用することが可能なパネル式若しくはスタッド式又はこれらに類するものをいいます。「簡易なもの」とは、可動間仕切りのうち、その材質及び構造が簡易で、容易に撤去することができるものをいいます。

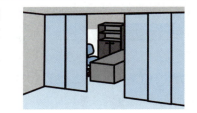

　なお、会議室等に設置されているアコーディオンドア、スライディングドア等で他の場所に移設して再使用する構造になっていないものは、ここでいう「可動間仕切り」に該当せずに、建物本体の耐用年数を適用します。(耐通2-2-6の2)

　なお、「簡易なもの」とは一般にベニヤ板などの材質で製作されているものが該当するものとして判断されますが、実際には、おおよそ3年を目処に取り替えが必要となるものかどうかで「簡易なもの」に該当するかどうかを判断することになります。

∷ 前掲のもの以外のもの及び前掲の区分によらないもの

● 前掲のもの以外のものの例示

「建物附属設備」の「前掲のもの以外のもの」には、例えば、次のようなものが含まれます。

①雪害対策のため、建物に設置された融雪装置で、電気設備に該当するもの以外のもので、その建物への出入りを容易にするため設置するものを含みます。ただし、構築物に設置する融雪装置は、構築物に含め公共的施設又は共同的施設に設置する融雪装置の負担金は、法人税基本通達8-1-3、8-1-4に定める「公共的施設の設置又は改良のために支出する費用」、「共同的施設の設置又は改良のために支出する費用」に例示する繰延資産に該当します。

②危険物倉庫等の屋根の過熱防止のために設置された散水装置

③建物の外窓清掃のために設置された屋上のレール、ゴンドラ支持装置及びこれに係るゴンドラ。

④建物に取り付けられた避雷針その他の避雷装置。

⑤建物に組み込まれた書類搬送装置。ただし簡易なものを除きます。（耐通2-2-7）

● 前掲の区分によらない耐用年数

法人が別表第一の建物附属設備について「構造又は用途」、「細目」ごとに区分しないで、その建物附属設備のすべてを一括して償却する場合には「前掲の区分によらないもの」としてこれらの資産の耐用年数を適用することができます。

しかし、この場合には、別表第一の建物附属設備のうち、その一部の資産については区分されて定められた耐用年数を適用し、その他のものについては「前掲の区分によらないもの」の耐用年数を適用することはできません。

ただし、当該その他のものに係る「構造又は用途」、「細目」による区分ごとの耐用年数の全てが、「前掲の区分によらないもの」の耐用年数より短いものである場合には、この限りではありません。（耐通1-1-6）

構築物

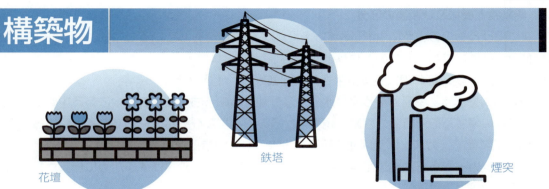

花壇　　　　　鉄塔　　　　　煙突

　構築物は、土地に定着する建物以外の建造物、土木設備、工作物をいいます。具体的には、煙突、鉄塔、広告塔、看板、塀、庭園、花壇、舗装道路、駐車場のアスファルト舗装などがあります。

　基本的に土地に定着する建造物等は、『建物』若しくは『構築物』とされます（39ページ参照）が、たとえば自動販売機はその設置の際に周囲の安全を確保するため、その設置する土地や地面にビス等を打つなどして当該土地等に固定をして設置しますが、この対象物を設置するための「固定」はここでいう「定着」には該当しませんので注意が必要です。また工場などで使用する機械及び装置を設置するために土地等にその対象物を固定する場合も同様です。

　なお、例外として、浮きドック（68ページ参照）のように水中で使用する設備もあります。また、配電線や通信ケーブルなどのように、それ自体が土地に定着しているというものではなくとも、同一用途の建造物等の配電設備として構築物に分類されているものもあります。

　構築物の耐用年数の判定については、まず、その「用途」により判定し、用途の特掲されていない構築物については、その「構造」の異なるごとに判定します。（耐通1-3-1）

　法人が別表第一の構築物について「構造又は用途」、「細目」ごとに区分しないで、その構築物のすべてを一括して償却する場合には「前掲の区分によらないもの」としてこれらの資産の耐用年数を適用することができます。

　しかし、この場合には、別表第一の構築物のうち、その一部の資産については区分されて定められた耐用年数を適用し、その他のものについては「前掲の区分によらないもの」の耐用年数を適用することはできません。

　ただし、当該その他のものに係る「構造又は用途」、「細目」による区分ごとの耐用年数の全てが、「前掲の区分によらないもの」の耐用年数より短いものである場合には、この限りではありません。（耐通1-1-6）

　構築物の耐用年数は5年〜80年で定められています。

■ 特掲されていないものの耐用年数

　「構築物」で細目が特掲されていないもののうちに、その構築物と「構造又は用途」及び使用状況が類似している構築物がある場合には、税務署長等の確認を受けて、その特掲されている構築物の耐用年数を適用することができます。（耐通1-1-9）

■ 構築物と機械及び装置の区分

次に掲げるもののように生産工程の一部としての機能を有しているものは、構築物に該当せず、機械及び装置に該当するものとなります。

(1) 醸成、焼成等の用に直接使用される貯蔵そう、仕込みそう、窯等
(2) ガス貯そう、薬品貯そう又は水そう及び油そうのうち、製造工程中にある中間受そう及びこれに準ずる貯そうで、容量、規模等からみて機械及び装置の一部であると認められるもの
(3) 工業薬品、ガス、水又は油の配管施設のうち、製造工程に属するもの
　　タンカーから石油精製工場内の貯蔵タンクまで原油を陸揚げするために施設されたパイプライン等は、構築物に該当します。（耐通1-3-2）

■ 構築物の附属装置

構築物である石油タンクに固着する消火設備、塔の昇降設備等構築物の附属装置については、法人が継続して機械及び装置としての耐用年数を適用している場合には、これが認められます。（耐通1-3-3）

構造又は用途

∷ 鉄道業用又は軌道業用のもの

鉄道業・軌道業は、鉄道又は道路面に敷設された線路を使用して、主として旅客の運送を行う事業をいいます。

●軌条

鉄道の線路を構成する鋼製の棒で、断面がT字型の逆になっているものが一般的な普通鉄道の軌条となります。一般にレールとも呼ばれます。軌条は一定の間隔で2本平行に並べられ、鉄道車両の車輪がその上を転がり重量を支え、鉄道車両の進路を誘導します。モノレールなどの特殊な軌条では、その材質が鋼製ではなく、コンクリート製のものもあります。

●まくら木

鉄道の線路を構成するもので、軌条（レール）の下にまくら木を敷いてレールを支えます。材質は木製のものが一般的ですが、コンクリート製や金属製のものもあります。

●分岐器

鉄道の1線の線路を2線以上に分岐させる機構で、ポイント部、リード部、クロッシング部、ガード部の4つの部位から成ります。

●通信線、信号線及び電灯電力線

通信のための電気を送る電力線を通信線、信号を送るための電力線を信号線、これら電気を送るための電気配線を電力線といいます。

●信号機

信号の種類としては出発信号、場内信号、閉塞信号があり、信号機には色灯式、腕木式、灯列式のものがあります。

● 送配電線

　送電線は発電所から発電した電気を配電されるまでの距離を送るための電線をいいます。配電線は送電線により送電された電気を配電するための電線をいいます。送配電線とは、これらを総称したものをいいます。

● き電線

　電車に直接接する電車線に電力を供給する電線をいいます。き電には、直流き電方式と交流き電方式があります。

● 電車線及び第三軌条（だいさんきじょう）

　電気で走行する方式の鉄道で、車両の集電装置に電車線や第三軌条を接触させて電気を送る配電設備をいいます。

　電車線は、電車の屋根の上部に張った線で、これにパンタグラフなどの集電装置を接触させる架空電車線方式に使われる電線です。第三軌条は、主に地下鉄で用いられる配電設備で、通常は二本の軌条であるレール以外の第三の軌条として敷かれたレールに電流を流し、それを電車が拾うことで配電します。

● 帰線ボンド

　変電所から送電された電気は、き電線を通じて電車が取り込み使用します。そして、その使用した電気は次に軌条（レール）を伝って変電所へ帰ります。この場合、軌条（レール）の継ぎ目にはそれぞれ少しの空間がありますので、これらの継ぎ目で電気が遮断されないように帰線ボンドというレールボンドが取り付けうれています。レールボンドには溶接により取り付けられる溶接ボンドとレールに穴を空けてボルトで締め付けるボルト型レールボンドなどがあります。

● 電線支持物（電柱及び腕木を除く）

　鉄柱、鉄筋コンクリート柱、鋼管柱、鉄塔などの構造物で、電線を支えることを主たる目的とする支持物をいいます。電柱と電柱基礎、ブラケットなどで構成されています。

● 木柱及び木塔（腕木を含む）

　木柱は木製の電柱、木塔は木製の塔、腕木（うでぎ）は電柱に電線を張るために取り付けられる材木をいいます。

　【架空索道用】

　　架空索道とはロープウェイのことをいいます。

　【有線放送電話用の木柱】

　　有線放送電話用の木柱は、「放送用又は無線通信用のもの」の細目「木塔及び木柱」に該当します。（耐通2-3-4）

● 前掲以外のもの

　【軌道設備】

　　路盤（基礎となる地盤）の上にある構造物を軌道といいます。軌道は、軌条（レール）・まくら木・道床（どうしょう）などで構成されます。

　【道床（どうしょう）】

　　軌条（レール）やまくら木を支え、車両の重量を路盤に伝えます。一般に硬岩を破砕して製造された砕石を線路に敷き詰めて使用します。

【鉄道用の土工設備】
　「鉄道業用又は軌道業用のもの」及び「その他の鉄道用又は軌道用のもの」の細目「土工設備」とは、鉄道軌道施設のため構築した線路切取り、線路築堤、川道付替え、土留め等の土工施設をいいます。（耐通2-3-1）

【橋りょう（きょうりょう）】
　橋りょうは、地面や水面よりも高い場所に設けられた道のことをいい、いわゆる橋のことをいいます。
　高架鉄道の高架構造物のく（躯）体は「高架道路」に該当せず、「鉄道業用又は軌道業用のもの」又は「その他の鉄道用又は軌道用のもの」の細目「橋りょう」に含まれます。（耐通2-3-2）

【トンネル】
　土中を通る人工または自然に形成された穴で、土木構造物に該当します。トンネルには「入口」と「出口」があります。

【停車場設備】
　鉄道列車が停車できる設備をいいます。駅のほか、単線で往復の列車が行き交うための待避や列車交換をおこなうための信号場、貨物列車などの組成・入替などをおこなう操車場があります。

【電路設備】
　電力会社から供給された電気は、鉄道会社の変電所で電圧が調整されて、各駅の配電室に送電されます。配電室では、駅の照明、エレベーター、自動改札機、信号装置などの各種電気設備で必要とされる低圧に変換します。
　変電所からの配電通路、配電室、分電盤、照明等の各設備を電路設備といいます。

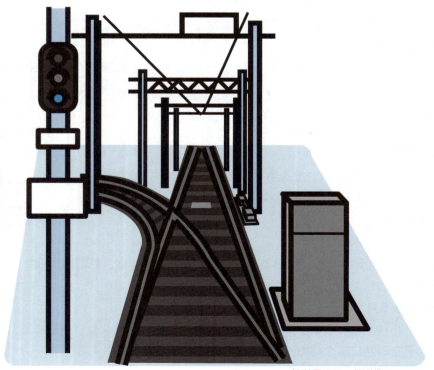

鉄道業用又は軌道業用のもの

:: 発電用又は送配電用のもの

● 水力発電

水の力で水車を回し、その水車と直結した発電機で電気を起こす発電方法をいいます。発電方法には、時流式、調整池式、貯水池式、揚水式のものがあり、構造物としては、水路式、ダム式、ダム水路式のものがあります。

【貯水池】

河川をダムでせき止めて、そのダムに溜まった水を発電に用います。雪どけや梅雨、台風などの豊水期に貯水して、渇水期にその水を放流します。構造物としてはダム式、ダム水路式が該当し、年間を通して流量の調整ができる池の規模となります。

【調整池】

調整池に水を貯水することで水量を調節します。貯水池は年間や季節を通して流量調節ができますが、調整池は1日間または1週間程度の流量調整ができる池となります。

● 汽力発電

蒸気の膨張力を利用した発電方法をいいます。重油や天然ガス、石炭などを燃やした熱で高温高圧の蒸気をつくり、この蒸気を使って蒸気タービンの羽根車を回し、そのタービンにつないだ発電機を動かして発電します。

● 送電用のもの

【がい子（がいし）】

電線と塔や柱などの支持物とのあいだを絶縁するための器具をいいます。ピンがいし、懸垂がいし、長幹がいし、ラインポストがいし、ステーションポストがいし、直流用がいし、などがあります。

【添架電話線（てんかでんわせん）】

電柱に取り付けてある電話線をいいます。

● 配電用のもの

【配電線、引込線及び地中電線路】

「発電用又は送配電用のもの」の「配電用のもの」の細目「配電線」、「引込線」及び「地中電線路」とは、電気事業者が需要者に電気を供給するための配電施設に含まれるこれらのものをいいます。

電気事業以外の事業者の有する「配電線」、「引込線」及び「地中電線路」のうち、建物の配線施設は「建物附属設備」の「電気設備」に該当し、機械装置に係る配電設備はその機械装置に含まれます。（耐通2-3-3）

【地中電線路】

電線路の種類には施設の形態に応じて「架空電線路」「屋側電線路」「屋上電線路」「地中電線路」「トンネル内電線路」「水上電線路」「水底電線路」があります。「地中電線路」は、電線にケーブルを使用して、管路式、直接埋設式による暗きょ式により施設される電線路をいいます。

:: 電気通信事業用のもの

●通信ケーブル
情報を送るための電線を通信ケーブルといいます。一般的には鉄線や銅線を絶縁体と保護被覆で覆った電線が主流となりますが、最近では光によって情報を伝達する光ファイバーも通信ケーブルとして使用されるようになりました。

【光ファイバー】
光によって情報を伝達するガラス又は樹脂でできた繊維状の通信線をいいます。銅線の同軸ケーブルよりも約1,000倍とされる大容量の情報を高速通信できることに特徴があります。

:: 放送用又は無線通信用のもの

●鉄塔及び鉄柱
鉄塔は鉄製の骨組構造による建造物をいい、鉄柱は鉄製の柱を鉄柱といいます。

【円筒空中線式】
鉄塔や鉄柱の構造が、丸い形状の円筒によって構成されているものをいいます。

●鉄筋コンクリート柱
鉄筋を組み合わせて基礎を造り、その鉄筋でできた基礎をコンクリートによって覆った構造を鉄筋コンクリートといいます。

●アンテナ
電波を空中へ放射したり、受信したりする装置をアンテナといいます。空中線とよばれることもあります。

●接地線及び放送用配線
接地線とは、アース線のことをいいます。放送用配線には、業務放送用の配線と非常放送用の配線があります。放送用配線では通常AEケーブルが使用されますが、非常放送用の配線には耐熱性の高いHPケーブルが使用されます。

●テレビジョン共同聴視用装置
テレビジョン共同聴視用装置のうち、構築物に該当するもの以外のものについては、「器具及び備品」の「2事務機器及び通信機器」の細目「電話設備その他の通信機器」の耐用年数を適用します。また、その装置のうち構築物に該当するものについては、「構築物」に掲げる「放送用又は無線通信用のもの」の耐用年数を適用します。(耐通2-7-9)

:: 農林業用のもの

●果樹棚又はホップ棚
ブドウやホップなどは、成長するにしたがってツルが伸び、そのツルに無数の実をつけます。これらの果樹やホップを栽培していく上でその果樹などを支えるための棚を果樹棚又はホップ棚といいます。土壌に支柱を立て2～5mの高さで果樹棚やホップ棚を支えるようにして設置します。

構築物

● 土管（どかん）

　赤土などの粘土を焼いてつくった円形の管を土管といいます。土管は排水路や煙突などに用いられます。

:: 広告用のもの

　「構築物」の構造又は用途にある「広告用のもの」とは、いわゆる野立看板、広告塔等のように広告のために構築された工作物をいいます。これらの工作物には、建物の屋上又は他の構築物に特別に施設されたものを含みます。

　広告用のネオンサインは、「器具及び備品」の「5看板及び広告器具」に該当します。（耐通2-3-5）

● ネオンサイン

　「5看板及び広告器具」の細目「ネオンサイン」とは、ネオン放電管及びこれに附属する変圧器等の電気施設をいいます。

　ネオン放電管が取り付けられている鉄塔、木塔等は、構築物の「広告用のもの」の耐用年数を適用します。（耐通2-7-10）

:: 競技場用、運動場用、遊園地用又は学校用のもの

　保育所用及び託児所用の構築物は、「構築物」の構造又は用途にある「学校用のもの」に含まれます。（耐通2-3-7）

● スタンド

　競技場などにある階段式の観覧席のことをスタンドといいます。

● 競輪場用競走路

　競輪場用の競走路のことをバンクといいます。競走路の形状はすり鉢状になっており、コンクリート又はアスファルトで舗装されています。

● ネット設備

　球技をすることができる施設において、打球などが場外へいかないように、ビニールやワイヤーなどにより、ネットでできた柵を設置します。これらの設備をネット設備といいます。

● 野球場、陸上競技場、ゴルフコース等の土工施設

　「構築物」の構造又は用途にある『競技場用、運動場用、遊園地用又は学校用のもの」の細目「野球場、陸上競技場、ゴルフコースその他のスポーツ場の排水その他の土工施設」とは、野球場、庭球場等の暗きょ、アンツーカー等の土工施設をいいます。暗きょ（あんきょ）とは、土の中に排水管を埋める暗きょ排水という技術のことで、アンツーカーとは、レンガなどの土を粉砕してつくられる赤褐色の土のことをいいます。水捌けの良さと濃い赤褐色が特徴の土壌となります。

　なお、ゴルフコースのフェアウェイ、グリーン、築山、池その他これらに類するもので、一体となってそのゴルフコースを構成するものは「土地」に該当します。（耐通2-3-6）

● 水泳プール

　人工的に水を溜め込んである空間や施設のことをプールといいます。水泳プールとは水泳をすることができるプールをいいます。

● その他のもの

【幼稚園等の水飲場塔】

　幼稚園、保育所等が屋外に設けた水飲場、足洗場及び砂場は、「構築物」の「競技場用、運動場用、遊園地用又は学校用のもの」の細目「その他のもの」の「児童用のもの」の「その他のもの」に該当します。(耐通2-3-8)

緑化施設及び庭園

　緑化施設とは、植栽された樹木、芝生等が一体となって緑化の用に供されている場合のその植栽された樹木、芝生等をいいます。いわゆる庭園と称されるもののうち、花壇、植樹等植物を主体として構成されているものはこれに含まれますが、ゴルフ場、運動競技場の芝生等のように緑化以外の本来の機能を果たすために植栽されたものは、これに含まれません。

(1) 緑化施設には、並木、生垣等はもとより、緑化の用に供する散水用配管、排水溝等の土工施設も含まれます。

(2) 緑化のための土堤等であっても、その規模、構造等からみて緑化施設以外の独立した構築物と認められるものは、その構築物について定められている耐用年数を適用します。(耐通2-3-8の2)

　また「庭園」とは、泉水、池、灯ろう、築山、あずまや、花壇、植樹等により構成されているもののうち、緑化施設に該当しないものをいいます。また、工場緑化施設に含まれるものを除きます。(耐通2-3-9)

● 工場緑化施設

　「緑化施設及び庭園」の細目「工場緑化施設」に該当するかどうかは、一の構内と認められる区域ごとに判定します。その区域内に施設される建物等が主として工場用のものである場合のその区域内の緑化施設は、工場緑化施設に該当するものとなります。工場緑化施設には、工場の構外に施設された緑化施設であっても、工場の緑化を目的とすることが明らかなものを含みます。(耐通2-3-8の3)

　この場合、工場用の建物には、作業場及び工場の構内にある守衛所、詰所、監視所、タイムカード置場、自転車置場、消火器具置場、更衣所、仮眠所、簡易な食堂、浴場、洗面所、便所その他これらに類する附属建物のほか、発電所又は変電所の用に供する建物を含みます。また、倉庫用の建物は、工場用の建物に該当しませんので注意が必要です。

舗装道路及び舗装路面

● 舗装道路

　「舗装道路」とは、道路の舗装部分をいいます。しかし、法人が舗装のための路盤部分（砕石や砂を敷き詰めた部分）を含めて償却している場合にはそれが認められます。(耐通2-3-10)

構築物

● 舗装路面

「舗装路面」とは、道路以外の地面の舗装の部分をいいます。工場の構内、作業広場、飛行場の滑走路（オーバーラン及びショルダーを含みます。）、誘導路、エプロン等の舗装部分がこれに該当します。この場合、法人が舗装のための路盤部分を含めて償却している場合には舗装道路に準じてそれが認められます。（耐通2-3-11）

【コンクリート敷】

セメントコンクリートによって舗装したものをいいます。

【石敷（いしじき）】

平たい石を敷き詰めて舗装したものをいいます。

なお、表面に砂利、砕石等を敷設した砂利道又は砂利路面については、「石敷のもの」の耐用年数を適用します。（耐通2-3-13）

【ブロック敷】

ブロックを敷き詰めて舗装したものをいいます。

【れんが敷】

れんがを敷き詰めて舗装したものをいいます。

【アスファルト敷】

アスファルトによって舗装したものをいいます。なお、アスファルトコンクリート敷のものは、アスファルト敷に該当します。

【木レンガ敷】

木材を輪切り又はサイコロ状にして、木口（こぐち：年輪の一部が表れている部分）を上に向けて敷き詰めて舗装したものをいいます。

【ビチューマルス敷】

道路又は地面を舗装する場合に基礎工事を全く行わないで、砕石とアスファルト乳剤類とを材料としてこれを地面に直接舗装したものをいいます。（耐通2-3-12）

コンクリートやコールタールが使われていた日本の道路は、昭和2年頃から舗装用のアスファルト乳剤であるビチュマルスを使用した簡易舗装がされるようになりました。ビチューマルス敷の舗装は路盤などの基礎工事を行わないことにその特徴があります。

:: 各構造ごとの前掲のものを除くもの

● 水道用ダム

水道の水源確保を目的としたダムをいいます。

● トンネル

土中を通る人工または自然に形成された穴で、土木構造物に該当します。トンネルには「入口」と「出口」があります。

● 橋

地面や水面よりも高い場所に設けられた道のことをいいます。

● 乾ドック（かんどっく）

乾ドックは、船の修理作業をするための設備で、ドライドックとも呼ばれます。乾ドックへ船を入れたあと水門を締めて排水します。

● サイロ

　米・小麦・とうもろこし・大豆等の農産物や家畜のための青草などの飼料を生に近い状態で貯蔵するための倉庫や容器等のことをいいます。石・れんが・鉄筋コンクリート等で円筒形に作った倉庫ですが、サイロは建物ではなく、構築物として区分されます。

● 高架道路

　「高架道路」とは、高架道路の高架構造物のく体（構造を支える骨組み）をいいます。道路の舗装部分については、「舗装道路」の耐用年数を適用します。（耐通2-3-14）

● 飼育場

　家きん、毛支獣等の育成、肥育のための飼育小屋、さくその他の工作物をいいます。飼育場に附帯する養鶏用のケージ等の一切の施設もこれに含めてその耐用年数を適用することができます。（耐通2-3-15）

● 爆発物用防壁

　「爆発物用防壁」とは、火薬類取締法（昭和25年法律第149号）、高圧ガス保安法（昭和26年法律第204号）等火薬類の製造、蔵置又は販売等の規制に関する法令に基づいて構築される爆発物用の防壁をいいます。ですので、単なる延焼防止用の防火壁等については「防壁（爆発物用のものを除く。）」の耐用年数を適用します。（耐通2-3-16）

● 防油堤

　「防油堤」とは、危険物貯蔵タンクに貯蔵されている危険物の流出防止のため設けられた危険物の規制に関する政令（昭和34年政令第306号）第11条第1項第15号に規定する防油堤をいいます。（耐通2-3-17）

● 造船台

　海や川に面する陸地に、造船のための船体を組み立てるために設けられた台のことをいいます。造船所は工場に区分されますが、造船台は構築物に区分されます。

● 放射性同位元素の放射線を直接受けるもの

　「鉄骨鉄筋コンクリート造又は鉄筋コンクリート造のもの」の細目「放射性同位元素の放射線を直接受けるもの」とは、放射性同位元素等による放射線障害の防止に関する法律（昭和32年法律第167号）第3条《使用の許可》又は第4条の2《廃棄の業の許可》に定める使用施設、貯蔵施設、廃棄施設、廃棄物詰替施設又は廃棄物貯蔵施設の設置のため必要な遮へい壁等をいいます。

　サイクロトロン、シンクロトロン等の放射線発生装置の使用により放射線を直接受ける放射線発生装置の遮へい壁等についても、「放射性同位元素の放射線を直接受けるもの」の耐用年数を適用することができます。（耐通2-3-18、2-3-19、2-1-17）

● 引湯管（いんとうかん・ひきゆかん）

　温泉などの湯（ゆ）を遠方より運んでくるための管をいいます。

● 鉱業用廃石捨場

　鉱山や炭鉱などで、鉱石や石炭として価値がない岩石などを廃棄するための場所をいいます。

● 塩素等著しい腐食性を有するガスの影響を受けるもの

　腐食性薬品の製造等をする建物が上屋式（建物の内部と外部との間に隔壁がなく機械装置を被覆するための屋根のみがあるものをいいます。）であるため、又は上屋式に準ずる構造であるため、

その建物に直接隣接する構築物（腐食性薬品の製造等をする建物からおおむね50メートル以内に存するものに限ります。）についても腐食性薬品の製造等をする建物とほぼ同様の腐食が進行すると認められる場合におけるその隣接する構築物については、その腐食の影響を受ける構築物としての耐用年数を適用することができます。（耐通2-3-20、2-1-13の（1））

● **上水道及び用水池**

上水道は飲料可能な水を供給している水道をいいます。用水池は農業用水や消防用水など、用水をためておくための人工的な池をいいます。

● **自動車道**

「土造のもの」の細目「自動車道」とは、道路運送法（昭和26年法律第183号）第47条《免許》の規定により国土交通大臣の免許を受けた自動車道事業者がその用に供する一般自動車道で、原野、山林等を切り開いて構築した切土、盛土、路床、路盤、土留め等の土工施設をいいます。一般自動車道は自動車道事業者以外の者が専ら自動車の交通の用に供する道路で一般自動車道に類するものを含みます。（耐通2-3-21）

ここでいう自動車道は、高速道路など一般に自動車による交通の用に供する道路が前提となりますので、サーキットなどの施設やサイクリングロードなどは該当しません。また、道路上にある橋やトンネルなどについても自動車道には含まれません。

● **地盤沈下による防潮堤、防波堤等の積上げ費**

地盤沈下のため、防潮堤、防波堤等の積上げ工事を行った場合におけるその積上げ工事の償却の基礎とする耐用年数は、積上げ工事により積み上げた高さをその工事の完成前5年間における地盤沈下の1年当たり平均沈下高で除して計算した年数（1年未満の端数は切り捨てます。）によります。

法人が地盤沈下に基因して、防潮堤、防波堤、防水堤等の積上げ工事を行った場合において、数年内に再び積上げ工事を行わなければならないものであると認められるときは、その積上げ工事に要した費用を一の減価償却資産として償却することができます。（耐通2-3-23、基通7-8-8）

● **地盤沈下対策設備**

地盤沈下による浸水の防止又は排水のために必要な防水塀、排水溝、排水ポンプ及びモーター等の地盤沈下対策設備の耐用年数は、それぞれ次の年数によることができます。ただし、（3）に掲げる排水ポンプ、モーター等の機械装置及び排水溝その他これに類する構築物で簡易なものについては、これらの資産を一括して耐用年数10年を適用することができます。

（1）防水塀については、上記の「地盤沈下による防潮堤、防波堤等の積上げ費」に準じて計算した年数

（2）通常機械及び装置と一体となって使用される排水ポンプ及びモーター等については、その機械及び装置に含めてその機械及び装置に適用すべき耐用年数

（3）（2）以外の排水ポンプ及びモーター等については、別表第二「55前掲の機械及び装置以外のもの並びに前掲の区分によらないもの」の耐用年数

（4）コンクリート造等のような恒久的な排水溝その他これに類する構築物については、それぞれの構造に係る「下水道」の耐用年数（耐通2-3-24）

● はね上げ橋
　橋があることにより水上交通の妨げになっている場合に、橋の一部又は全体が跳ね上がるように移動することによって船舶の交通を可能にします。このように可動する橋は、跳ね橋（はねばし）、可動橋（かどうきょう）とも呼ばれます。

● 鋼矢板岸壁
　「鋼矢板岸壁」とは、鋼矢板を垂直に打ち込み、その背後を土砂で埋める形式の岸壁をいいます。金属造の岸壁は他に、重力式岸壁、桟橋式岸壁などがありますが、これらは「鋼矢板岸壁」ではありませんので、「その他のもの」の耐用年数を適用することになります。

● 浮きドック
　浮きドックは、船の修理作業をするための設備で、フローティングドックとも呼ばれます。ドック自体が水中に沈み、船舶をドックの凹みへ入れたあとドック自体を浮かせます。

● つり橋
　橋の一種で、縄や鋼などの張力でつり下げて支える形式の橋をいいます。2本の主塔とそれに渡される2組のメインケーブルから鉛直に垂らされたハンガーロープで桁を支持します。支持した桁に床板などを置いてその上を通ります。

● 打込み井戸
　「金属造のもの」の細目「打込み井戸」には、いわゆるさく井を含みます。さく井とは、垂直に掘削した円孔に鉄管等の井戸側を装置した井戸のことをいいます。
　いわゆる堀り井戸については、井戸側の構造に応じて、構築物について定められている耐用年数を適用します。（耐通2-3-22）

● 露天式立体駐車設備
　屋根のない立体駐車場をいいます。立体駐車場には自走して駐車スペースへ入庫・出庫する自走式のものと、自動車を駐車または運搬する手段として機械装置を用いる機械式のものがあります。屋根及び壁がある駐車場は、「建物」に掲げる「車庫用」に区分されますが、屋根又は壁のない立体駐車場は、「構築物」に掲げる「露天式立体駐車設備」となります。

■ 合成樹脂造り
　合成樹脂とは、主に石油を原料として製造される高分子化合物からなる物質をいいます。

船舶

　水上を航行するための乗り物を船舶といいます。船とも呼ばれます。一般に櫓（ろ）・櫂（かい）で動かす船と推進器をもたない浚渫船（しゅんせつせん）以外のすべての船を船舶といいますが、耐用年数省令による船舶はこれらを含めて「船舶」としています。

　船舶の耐用年数は4年〜15年で定められています。

■ 船舶搭載機器

船舶に搭載する機器等についての耐用年数の適用は、次によります。
（1）船舶安全法（昭和8年法律第11号）及びその関係法規により施設することを規定されている電信機器、救命ボートその他の法定備品については、船舶と一括してその耐用年数を適用します。
（2）（1）以外の工具、器具及び備品並びに機械及び装置で船舶に常時搭載するものについても船舶と一括してその耐用年数を適用すべきですが、法人が、これらの資産を船舶と区分して別表第一（器具及び備品）又は別表第二（機械及び装置）に定める耐用年数を適用しているときは、それが特に不合理と認められる場合を除き認められます。
　「しゅんせつ船」、「砂利採取船」及び「発電船」に搭載されている掘削機、砂利採取用機械等の作業用機器及び発電機のようにその船舶の細目の区分に関係する機器について、これらを搭載している船舶本体と分離して別個の耐用年数を適用することは、不合理と認められる場合に該当しますので、注意が必要です。（耐通2-4-1）

構造又は用途

∷ 漁船

　漁業に使用するための船をいいます。漁獲船（ぎょろうせん）、母船、工船、運搬船などがあります。

:: 油そう船

　石油類を輸送することを目的とした船をいいます。機関室が安全のため油そうと離れているのが特徴で、石油タンカー・オイルタンカー、プロダクトタンカーとも呼ばれます。L.P.G（液化石油ガス）タンカーについては、油そう船の耐用年数を適用します。（耐通2-4-2）

:: 薬品そう船

　化学物質を輸送することを目的とした船をいいます。輸送する物質に応じて、タンクにステンレスなどの特別な材料を用いたり亜鉛ペイントなどの特殊なコーティングが施されていたりします。ケミカルタンカーとも呼ばれます。

細目

:: しゅんせつ船及び砂利採取船

　「しゅんせつ船及び砂利採取船」とは、しゅんせつ又は砂利採取用の機器を搭載しているなど、主としてしゅんせつ又は砂利採取に使用される構造を有する船舶をいいます。砂利採取には、地表上にある砂、砂利及び岩石の採取を含みます。

　また、しゅんせつ又は砂利採取を行うとともに、その採取した砂、砂利、岩石等を運搬することができる構造となっている船舶もこれに含めることができます。

　しゅんせつとは、水底をさらって、土砂などを取り去る土木工事をいいます。（耐通2-4-3）

● **サルベージ船等の作業船、かき船等**

　サルベージ船、工作船、起重機船その他の作業船は、自力で水上を航行しないものであっても船舶に該当しますが、いわゆる、かき船・海上ホテル等のようにその形状及び構造が船舶に類似していても、主として建物又は構築物として用いることを目的として建造、改造がされたものは、船舶には該当しませんので注意が必要です。（耐通2-4-4）

● **強化プラスチック船**

　強化プラスチック船とは、ガラス繊維を強化材として不飽和ポリエステル樹脂で固めたFRPを使用して製造したFRP船のことをいいます。

:: ひき船

　他の船舶や筏（いかだ）などを曳航（えいこう）するための船をいいます。押す方式と引く方式のものがあり、押す方式の船を押し船といいます。船体は小さくても大出力の機関を備えており、曳引力が大きいのがひき船の特徴です。特殊な推進器を備えていますので操縦性がよく、引くときの大きな反作用に対しても十分な安全性を保持するように配慮されています。航洋引き船、沿岸引き船、港内引き船、河川引き船などがあり、タグボートとも呼ばれます。

（参考）船舶法第4条から第19条

第4条　日本船舶ノ所有者ハ日本ニ船籍港ヲ定メ其船籍港ヲ管轄スル管海官庁ニ船舶ノ総トン数ノ測度ヲ申請スルコトヲ要ス

 2　船舶港ヲ管轄スル管海官庁ハ他ノ管海官庁ニ船舶ノ総トン数ノ測度ヲ嘱託スルコトヲ得

 3　外国ニ於テ取得シタル船舶ヲ外国各港ノ間ニ於テ航行セシムルトキハ船舶所有者ハ日本ノ領事ニ其船舶ノ総トン数ノ測度ヲ申請スルコトヲ得

第5条　日本船舶ノ所有者ハ登記ヲ為シタル後船籍港ヲ管轄スル管海官庁ニ備ヘタル船舶原簿ニ登録ヲ為スコトヲ要ス

 2　前項ニ定メタル登録ヲ為シタルトキハ管海官庁ハ船舶国籍証書ヲ交付スルコトヲ要ス

第5条の2　日本船舶ノ所有者ハ国土交通大臣ノ定ムル期日マデニ船舶国籍証書ヲ其船舶ノ船籍港ヲ管轄スル管海官庁（其船舶ノ運航上ノ都合ニ因リ已ムコトヲ得サル事由アルトキハ最寄ノ管海官庁）ニ提出シ其検認ヲ受クルコトヲ要ス

 2　前項ノ期日ハ船舶国籍証書ノ交付ヲ受ケタル日又ハ船舶国籍証書ニ付前回ノ検認ヲ受ケタル日ヨリ総トン数百トン以上ノ鋼製船舶ニ在リテハ四年ヲ総トン数百トン未満ノ鋼製船舶ニ在リテハ二年ヲ木製船舶ニ在リテハ一年ヲ経過シタル後タルコトヲ要ス

 3　船舶ガ外国ニ在ル場合其他已ムコトヲ得サル事由ニ因リ第一項ノ規定ニ依リ国土交通大臣ノ定ムル期日マデニ船舶国籍証書ヲ提出スルコトヲ得サル場合ニ於テ其期日マデニ其船舶ノ所有者ヨリ理由ヲ具シテ申請アリタルトキハ船籍港ヲ管轄スル管海官庁ハ提出期日ノ延期ヲ認ムルコトヲ得
  延期セラレタル期日マデニ提出スルコトヲ得ザル場合亦同ジ

 4　日本船舶ノ所有者ガ第一項ノ規定ニ依リ国土交通大臣ノ定ムル期日又ハ前項ノ規定ニ依リ延期セラレタル期日マデニ船舶国籍証書ヲ提出セザルトキハ船舶国籍証書ハ其効力ヲ失フ此場合ニ於テ船籍港ヲ管轄スル管海官庁ハ船舶原簿ニ付職権ヲ以テ抹消ノ登録ヲ為スコトヲ要ス

第6条　日本船舶ハ法令ニ別段ノ定アル場合ヲ除ク外船舶国籍証書又ハ仮船舶国籍証書ヲ請受ケタル後ニ非サレハ日本ノ国旗ヲ掲ケ又ハ之ヲ航行セシムルコトヲ得ス

第6条の2　第5条第1項ノ規定ニ依リ登録ヲ為シタル船舶ニ付所有者ノ変更アリタルトキハ新所有者ハ船舶国籍証書ノ書換ノ申請ヲ為シタル後ニ非ザレバ其船舶ヲ航行セシムルコトヲ得ズ但其事実ヲ知ルニ至ルマデノ間及其事実ヲ知リタル日ヨリ二週間内ハ此限ニ在ラズ

第7条　日本船舶ハ法令ノ定ムル所ニ従ヒ日本ノ国旗ヲ掲ケ且其名称、船籍港、番号、総トン数、喫水ノ尺度其他ノ事項ヲ標示スルコトヲ要ス

第8条　削除

第9条　船舶所有者カ其船舶ヲ修繕シタル場合ニ於テ其総トン数ニ変更ヲ生シタルモノト認ムルトキハ遅滞ナク船籍港ヲ管轄スル管海官庁ニ其船舶ノ総トン数ノ改測ヲ申請スルコトヲ要ス

 2　第4条第2項及ヒ第3項ノ規定ハ前項ノ場合ニ之ヲ準用ス

第10条　登録シタル事項ニ変更ヲ生シタルトキハ船舶所有者ハ其事実ヲ知リタル日ヨリ二週間内ニ変更ノ登録ヲ為スコトヲ要ス

第11条　船舶国籍証書ニ記載シタル事項ニ変更ヲ生シタルトキハ船舶所有者ハ其事実ヲ知リタル日ヨリ二週間内ニ其書換ヲ申請スルコトヲ要ス
  船舶国籍証書カ毀損シタルトキ亦同シ

第12条　船舶国籍証書カ滅失シタルトキハ船舶所有者ハ其事実ヲ知リタル日ヨリ二週間内ニ更ニ之ヲ請受クルコトヲ要ス

第13条　日本船舶カ外国ノ港ニ碇泊スル間ニ於テ船舶国籍証書カ滅失若クハ毀損シ又ハ之ニ記載シタル事項ニ変更ヲ生シタルトキハ船長ハ其地ニ於テ仮船舶国籍証書ヲ請受クルコトヲ得

 2　日本船舶カ外国ニ航行スル途中ニ於テ前項ノ事由カ生シタルトキハ船長ハ最初ニ到着シタル地ニ於テ仮船舶国籍証書ヲ請受クルコトヲ得

 3　前2項ノ規定ニ従ヒテ仮船舶国籍証書ヲ請受クルコト能ハサルトキハ其後最初ニ到著シタル地ニ於テ之ヲ請受クルコトヲ得

第14条　日本船舶カ滅失若クハ沈没シタルトキ、解撤セラレタルトキ又ハ日本ノ国籍ヲ喪失シ若クハ第二十条ニ掲クル
　　　　船舶トナリタルトキハ船舶所有者ハ其事実ヲ知リタル日ヨリ二週間内ニ抹消ノ登録ヲ為シ且遅滞ナク船舶国籍
　　　　証書ヲ返還スルコトヲ要ス
　　　　船舶ノ存否カ三个月間分明ナラサルトキ亦同シ
　　2　前項ノ場合ニ於テ船舶所有者カ抹消ノ登録ヲ為ササルトキハ管海官庁ハ一个月内ニ之ヲ為スヘキコトヲ催告シ
　　　　正当ノ理由ナクシテ尚其手続ヲ為ササルトキハ職権ヲ以テ抹消ノ登録ヲ為スコトヲ得
第15条　日本ニ於テ船舶ヲ取得シタル者カ其取得地ヲ管轄スル管海官庁ノ管轄区域内ニ船籍港ヲ定メサルトキハ其管海
　　　　官庁ノ所在地ニ於テ仮船舶国籍証書ヲ請受クルコトヲ得
第16条　外国ニ於テ船舶ヲ取得シタル者ハ其取得地ニ於テ仮船舶国籍証書ヲ請受クルコトヲ得
　　2　第13条第3項ノ規定ハ前項ノ場合ニ之ヲ準用ス
第17条　外国ニ於テ交付スル仮船舶国籍証書ノ有効期間ハ一年ヲ超ユルコトヲ得ス
　　2　日本ニ於テ交付スル仮船舶国籍証書ノ有効期間ハ六个月ヲ超ユルコトヲ得ス
　　3　前2項ノ期間ヲ超ユルトキト雖モ已ムコトヲ得サル事由アルトキハ船長ハ更ニ仮船舶国籍証書ヲ請受クルコトヲ
　　　　得
第18条　船舶カ船籍港ニ到著シタルトキハ仮船舶国籍証書ハ有効期間満了前ト雖モ其効力ヲ失フ
第19条　第11条乃至第14条ノ規定ハ仮船舶国籍証書ニ之ヲ準用ス

航空機

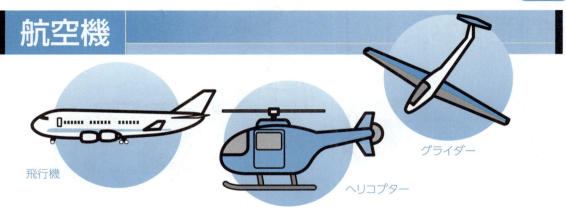

　空中を飛行する機械の乗り物を航空機といいます。航空機には空を飛ぶ構造によって、飛行機やヘリコプター、グライダーなどの種類があります。
　ただし、ドローンはここでいう航空機には該当しません。
　ドローンは現在、航空法においても無人航空機として法規制されていますが、耐用年数省令に定める航空機は、「人が乗って航空の用に供することができる飛行機、回転翼航空機、滑空機、飛行船その他一定の機器等」と解されています。従って、ここでいう航空機は、その前提として「乗り物」である必要がありますので注意が必要です。
　航空機の耐用年数は5年～10年で定められています。

構造又は用途

:: 飛行機

　飛行機とは航空機のうち、プロペラやエンジンなどの動力源による噴流によって前進し、固定した翼によって揚力を得て空を飛ぶ機械の乗り物のことをいいます。

:: その他のもの

● ヘリコプター及びグライダー

　ヘリコプターとは航空機のうち、エンジンの力で地面と垂直方向に搭載した回転翼を回転させることによって揚力を得て空を飛ぶ機械の乗り物のことをいいます。
　グライダーは動力を有しないで空を飛ぶことができる乗り物をいいます。滑空機（かっくうき）とも呼ばれます。

車両及び運搬具

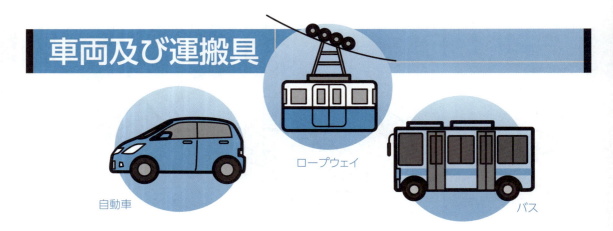

　人や物を運搬することを目的とした乗り物で、機関車や電車などの鉄道車両、自動車や自転車、オートバイなどがあります。車輪がついているものを車両といいますが、ロープウェイやリフトなど車輪がついていない運搬具も含まれます。車両運搬具とも呼ばれますが、車両運搬具は、車両及び運搬具の会計用語としての通称となります。

　車両及び運搬具は、「構造又は用途」により、鉄道用のものや運送事業用のものに大別されます。それ以外のものとして「特殊自動車」があります。

　一般の会社で使用される自動車は、その殆どのものが「前掲のもの以外のもの」に区分されます。例えば乗用車は、細目「自動車」に区分されますが、軽自動車は「小型車（総排気量が0.66リットル以下のものをいう。）」に区分され耐用年数4年、普通乗用自動車は「その他のもの」に区分され耐用年数6年が適用されます。

　車両及び運搬具の耐用年数は2年〜20年で定められています。

■ 車両に搭載する機器

　車両に常時搭載する機器については、車両と一括してその耐用年数を適用します。例えば、ラジオ、メーター、無線通信機器、クーラー、工具、スペアータイヤ等が該当します。（耐通2-5-1）

構造又は用途

∷ 鉄道用又は軌道用車両

●蒸気機関車
　湯を沸かして発生した蒸気を動力源とする機関で走行する鉄道車両をいいます。SL、汽車などと呼ばれることもあります。

●電車
　電気を動力源として走行する鉄道車両をいいます。動力を備えている車両を電動車、動力の無い車両は付随車といいます。運転席のある車両を制御電動車・制御付随車といいます。

●内燃動車（制御車及び附随車を含む。）
　内燃機関を持つ動車には、蒸気動車、ガソリン動車、ガス動車、ディーゼル動車、ガスタービン動車などの種類があり、これらのうち、蒸気動車以外の動車を総称して内燃動車といいます。動力を備える車両は気動車、運転席のある車両を制御車、動力の無い車両は付随車といいます。

- 貨車

  【高圧ボンベ車及び高圧タンク車】

  「鉄道用又は軌道用車両」に掲げる「高圧ボンベ車及び高圧タンク車」とは、車体と一体となってその用に供される高圧ボンベ又は高圧タンクで、高圧ガス保安法（昭和26年法律第204号）第44条《容器検査》の規定により搭載タンクの耐圧試験又は気密試験を必要とするものを架装した貨車をいいます。（耐通2-5-2）

  【薬品タンク車】

  「鉄道用又は軌道用車両」に掲げる「薬品タンク車」とは、液体薬品を専ら輸送するタンク車をいいます。薬品とは化学薬品であり、液化塩素、濃硫酸、濃硝酸、オルソジクロルベンゼン、苛性カリ、アセトン、メタノール、アミノ酸などがあります。（耐通2-5-3）

- 線路建設保守用工作車

  鉄道の軌道・架線の保守・点検、架線の延長・張替え作業、除雪など、線路の保守作業には様々なものがあります。これら線路に関する保守を目的とした車両をいいます。

- 鋼索鉄道用車両（こうさくてつどうようしゃりょう）

  山岳などの斜面をケーブルで巻き上げて運行する鉄道車両でいわゆるケーブルカーのことをいいます。

- 架空索道用搬器

  「架空索道用搬器」とは、架空索条に搬器をつるして人又は物を運送する設備のその搬器をいいます。ロープウェイ、観光リフト、スキーリフト、貨物索道等の搬器がこれに該当します。（耐通2-5-4）

  【閉鎖式のもの】

  ロープウェイ、ゴンドラリフトがこれにあたります。扉を有する閉鎖式の搬器を使用して旅客又は旅客及び貨物を運送する索道を普通索道といいます。外部に解放された座席で構成されるいす式の搬器を使用して旅客を運送する索道は特殊索道に分類されますが、いす式リフトがこれにあたり「その他のもの」に該当します。

- 無軌条電車

  軌条（レール）のない道路の上空に張られた架線から取った電気を動力として走る電車をいいます。集電装置を装着しゴム製タイヤで走行し、外観もバスに近いことから、トロリーバスとも呼ばれます。

特殊自動車

- チップ製造車

  チップ運搬車は、おがくずやウッドチップを製紙工場へ運ぶための専用トラックです。チップの他にも、家畜の飼料や穀物などの軽量で飛び散りやすくかさばるものが運ばれます。

  一度に大量のチップが運搬できるようにあおり（荷台）の高さがとても高くなっていて、天井には屋根がありません。積み荷の飛散や雨風、ほこりの進入を防止するために、積み込み時以外は、電動式のネットなどで覆いをしています。チップ車は一般の自動車販売メーカーでは製造していませんので、特殊自動車を取り扱う架装メーカーで製造したものとなります。

- ●モータースィーパー及び除雪車

　モータースィーパーは、路面清掃車のことをいいます。またストリートスィーパーとも呼ばれます。人や清掃した際に拾ったゴミを運搬することを目的としているものが特殊自動車に該当しますので、作業場において作業することを目的とするものはたとえ乗用式のものであっても機械及び装置に該当しますので注意が必要です。

　除雪車は、積雪の多い地域で積雪時に道路の除雪や除氷を行う車両をいいます。冬季作業車両とも呼ばれます。

- ●**タンク車**

　タンク型の荷台を取りつけた貨車のことをいいます。ガソリンや灯油などの石油製品、化学物質などの液体や気体、セメントなどの粉体を運びます。薬品を輸送するタンク車は薬品タンク車となります。

- ●**じんかい車（塵芥車）**

　ゴミを処分する施設まで運搬するための車両で、清掃車・ごみ収集車とも呼ばれます。

- ●**し尿車**

　汲み取り式トイレでの糞尿や浄化槽に貯まった汚泥の回収を行う車両をいいます。バキュームカー、衛生車、糞尿収集車、汲み取り車、尿尿収集車、吸上車とも呼ばれます。

- ●**トラックミキサー**

　回転可能な円筒形の容器に生コンクリートを収めて、走行中にコンクリートをかき混ぜながら輸送することができるトラックをいいます。荷台部分にミキシング・ドラムを備えた貨物自動車のことをいいます。ミキサー車、生コン車、アジ車とも呼ばれます。

■ 特殊自動車に該当しない建設車両等

　トラッククレーン、ブルドーザー、ショベルローダー、ロードローラー、コンクリートポンプ車等のように人又は物の運搬を目的とせず、作業場において作業することを目的とするものは、「特殊自動車」に該当せず、機械及び装置に該当します。(耐通2-5-5)

∷ 運送事業用、貸自動車業用又は自動車教習所用の車両及び運搬具

■ 運送事業用の車両及び運搬具

　「運送事業用の車両及び運搬具」とは、道路運送法（昭和26年法律第183号）第4条《一般旅客自動車運送事業の許可》の規定により国土交通大臣の許可を受けた者及び貨物自動車運送事業法（平成元年法律第83号）第3条《一般貨物自動車運送事業の許可》の規定により国土交通大臣の許可を受けた者が自動車運送事業の用に供するものとして登録された車両及び運搬具をいいます。(耐通2-5-6)

- ●貸自動車業用

　「貸自動車業用の車両」とは、不特定多数の者に一時的に自動車を賃貸することを業とする者がその用に供する自動車をいいます。いわゆるレンタカーがこれに該当します。

なお、特定者に長期にわたって貸与する、いわゆるリース事業を行う者がその用に供する自動車は、貸自動車業用の耐用年数を適用せず、その貸与先の実際の用途に応じた耐用年数を適用します。(耐通2-5-7)

● 乗合自動車

「運送事業用」の細目に掲げる「乗合自動車」とは、道路交通法（昭和35年法律第105号）第3条《自動車の種類》に定める大型自動車又は中型自動車で、専ら人の運搬を行う構造のものをいいます。(耐通2-5-9)

大型自動車は乗車定員が30人以上のもの、中型自動車は乗車定員が11人以上29人以下のものをいいます。なお、乗車定員が10人以下の乗合自動車を一般に乗合タクシーと呼びますが、乗合タクシーは「運送事業用」の細目に掲げる「自動車（二輪又は三輪自動車を含み、乗合自動車を除く。）」として取り扱います。

● リヤカー

鉄パイプとタイヤ2輪で構成される荷車のことをリヤカーといいます。人、自転車などで牽引して使用します。リアカーとも呼ばれます。最近では宅配業者が自転車で荷車に荷物を収納して自転車で牽引するリヤカーをよく見かけます。

● 被けん引車

動力を持つ他の車両に牽引されるための車両で、一般にトレーラーのことをいいます。大型の貨物自動車（トラック）は運転席部分が動力のあるけん引車で、荷台部分が動力のない被けん引車となっている構造のものがけん引車と被けん引車となります。

:: 前掲以外のもの

● 自動車（二輪又は三輪自動車を除く。）

いわゆる一般に自家用として登録される通常の自動車は「前掲のもの以外のもの」に区分される自動車に該当します。通常は白いナンバープレートに緑色の文字で車両番号が記載されて登録されている四輪の自動車がこれに該当します。

「小型車（総排気量が0.66リットル以下のものをいう。）」は、一般に軽自動車と呼ばれる四輪の自動車で、黄色いナンバープレートに黒色の文字で車両番号が記載されています。

「運送事業用の車両及び運搬具」として区分される自動車は、緑のナンバープレートに白い文字又は黒いナンバープレートに黄色い文字で記載され、営業用として登録された車両が該当します。

なお、営業用として登録された車両であっても、運送事業用として使用しない用途の自動車については、「前掲のもの以外のもの」の自動車として区分します。

● 報道通信用のもの

「車両及び運搬具」の構造又は用途にある「前掲のもの以外のもの」に掲げる「報道通信用のもの」とは、日刊新聞の発行、ラジオ放送若しくはテレビ放送を業とする者又は主として日刊新聞、ラジオ放送等に対するニュースを提供することを業とする者が、報道通信用として使用する自動車をいいます。したがって、週刊誌、旬刊誌等の発行事業用のものは、これに該当しません。(耐通2-5-10)

● 三輪自動車

　車輪が3つで自走する自動車を三輪自動車といいます。前輪が2輪で後輪が1輪のものと、前輪が1輪で後輪が2輪のものがあります。

● フォークリフト

　パレットに乗せた荷物を運ぶためのツメ（フォーク）を車体の前面に備えた荷役自動車をいいます。フォーク部分がマストと呼ばれるレールを上下することにより荷物を昇降させて運搬します。自走できる動力を持っています。

● トロッコ

　産業鉄道などにおける軽便な鉄道で使用される貨車をいいます。レールの上を人力によって走らせるものもあります。

　鉱山などで自動車が利用できない場所や、土木工事の現場において大量の土砂の搬出が必要な場合などに、梯子状に組みあげた線路による仮設軌道を設置して、その上を運行します。

● 電気自動車に適用する耐用年数

　電気自動車のうち道路運送車両法（昭和26年法律第185号）第3条《自動車の種別》に規定する軽自動車に該当するものは、「車両及び運搬具」の構造又は用途にある「前掲のもの以外のもの」の「自動車（二輪又は三輪自動車を除く。）」の「小型車」として取り扱います。（耐通2-5-11）

■ 貨物自動車と乗用自動車との区分

　貨客兼用の自動車が貨物自動車であるかどうかの区分は、自動車登録規則（昭和45年運輸省令第7号）第13条《自動車登録番号》の規定による自動車登録番号により判定します。（耐通2-5-8）

工具

手動工具　電動工具　空圧工具

　工具とは、工作のために使用する道具のことをいいます。手動で使用する工具、電動工具、空圧工具、油圧工具、計測具、大工道具、切削・研削・研磨工具など、様々な種類のものがあります。

　なお、スパナやレンチなどの手動工具類は、各サイズのものが数十本揃ってツールセットとして販売されているものが多く、1本のみを単体で特別に購入した場合を除いて、通常はセットをもって1組の工具として扱いますので注意が必要です。また、ツールボックスが附属しているセットである場合には、当該ツールボックスを含めたところで1組の工具として差し支えありませんが、ツールボックス自体がキャビネットとしての主体となり得るようなものである場合には、たとえ同時にセットで取得したものであっても、ツール部分は「工具」として、キャビネット部分は「器具及び備品」として別の資産としてそれぞれ扱いますので注意が必要です。

　工具の耐用年数は2年～13年で定められています。

構造又は用途

∷ 測定工具及び検査工具

　「測定工具及び検査工具」とは、測定又は検査に使用するもので、主として生産工程で使用する可搬式のものをいいます。その工程には製品の検査等を含みます。

　ブロックゲージ、基準巻尺、ダイヤルゲージ、粗さ測定器、硬度計、マイクロメーター、限界ゲージ、温度計、圧力計、回転計、ノギス、水準器、小型トランシット、スコヤー、V型ブロック、オシロスコープ、電圧計、電力計、信号発生器、周波数測定器、抵抗測定器、インピーダンス測定器などが該当します。（耐通2-6-1）

∷ 治具及び取付工具（じぐおよびとりつけこうぐ）

　治具とは工作物を固定して、切削工具などの制御、加工、溶接などの案内をするための装置をいいます。

∷ ロール

　「ロール」とは、被加工物の混練（こんれん）、圧延（あつえん）、成型（せいけい）、調質（ちょうしつ）、つや出し等の作業を行うものをいいます。その形状がロール状のものであっても、例え

ば、移送用ロールのようにこれらの作業を行わないものは、機械又は装置の部品としてその機械又は装置に含まれることになりますので、注意が必要です。

鉄鋼圧延ロール、非鉄金属圧延ロール、なつ染ロール、製粉ロール、製麦ロール、火薬製造ロール、塗料製造ロール、ゴム製品製造ロール、菓子製造ロール、製紙ロール等の各種ロールが工具に該当します。(耐通2-6-2)

:: 切削工具（せっさくこうぐ）

金属などを加工する際に、表面を剥ぎ取るようにして削り切削する工法に用いられる工具をいいます。ドリル、ニブラ、パイプねじ切り器、バイト、フライス、エンドミル、タップ、ホブ、ピニオンカッタ、グラインダー、ねじ切りダイス、ブローチ、トリマ、ルータなどがあります。

:: 金属製柱及びカッペ

「金属製柱及びカッペ」とは、鉱業の坑道において使用する金属製の支柱及び横はり（梁）で鉱物の採掘等の作業に使用するものをいいます。(耐通2-6-3)

【建設用の足場材料】

建設業者等が使用する建設用の金属製の足場材料は、「金属製柱及びカッペ」の耐用年数を適用します。(耐通2-6-4)

:: 前掲の区分によらない耐用年数

法人が別表第一の工具について「構造又は用途」、「細目」ごとに区分しないで、その工具のすべてを一括して償却する場合には「前掲の区分によらないもの」としてこれらの資産の耐用年数を適用することができます。

しかし、この場合には、別表第一の工具のうち、その一部の資産については区分されて定められた耐用年数を適用し、その他のものについては「前掲の区分によらないもの」の耐用年数を適用することはできません。

ただし、当該その他のものに係る「構造又は用途」、「細目」による区分ごとの耐用年数の全てが、「前掲の区分によらないもの」の耐用年数より短いものである場合には、この限りではありません。(耐通1-1-6)

●白金ノズル（はっきんのずる）

白金とはプラチナのことで、ノズルは気体や液体の流れる方向を定めるために使用されるパイプ状の機械部品のことをいいます。白金ノズルは、グラスファイバーの製造工程で使用されることがあります。グラスファイバーは、高温で溶融したガラス素地を、白金ノズルから引き出して製造します。

器具及び備品

机　　椅子　　本棚

　器具は機器（機械、機器、器具の総称）のうち簡易な構造の道具類をいいます。備品とは椅子、机などのようなビジネスに使用する備付品で、比較的長期にわたってその形状を変えずに繰り返し使用できるものをいいます。

　器具及び備品の耐用年数については、構造又は用途の「1」から「11」までに掲げる品目のうち、そのいずれか一については、その区分に定められている耐用年数を適用して、その他のものについては、一括して「12前掲する資産のうち、当該資産について定められている前掲の耐用年数によるもの以外のもの及び前掲の区分によらないもの」の耐用年数によることができます。しかし、同一品目の資産が複数ある場合には、その品目を同じくする資産については、耐用年数を統一して適用する必要があります。（耐通1-1-7、2-7-1）

　器具及び備品の耐用年数は3年～20年で定められています。

■ 特掲されていないものの耐用年数

　「器具及び備品」で細目が特掲されていないもののうちに、その器具及び備品と「構造又は用途」及び使用状況が類似している器具及び備品がある場合には、税務署長等の確認を受けて、その特掲されている器具及び備品の耐用年数を適用することができます。（耐通1-1-9）

■ 主として金属製のもの

　器具及び備品が「細目」欄に掲げる「主として金属製のもの」又は「その他のもの」のいずれに該当するかの判定は、耐用年数に最も影響があると認められるフレームその他の主要構造部分の材質が金属製であるかどうかにより行います。（耐通2-7-2）

構造又は用途

::1 家具、電気機器、ガス機器及び家庭用品

● 応接セット

訪れた客を招き入れて、その相手をするための机と椅子のセットをいいます。通常はテーブルとソファーで構成されます。

【接客業用のもの】

「1家具、電気機器及び家庭用品」の細目「接客業用のもの」とは、飲食店、旅館等においてその用に直接供するものをいいます。（耐通2-7-3）

接客業とは、お客様の相手をし、もてなしをする業態で、お客に接することで何らかのサービスを提供する業種をいいます。ここでいう接客業用のものとは、それらのサービスに直接供するものを想定しています。つまり、ラウンジやキャバレーなどでお客様に接客をする際に使用するソファーやテーブル、旅館やホテルの各部屋に設置している応接セットなど、接客のサービスに直接使用するものがそれに該当します。

● 陳列だな及び陳列ケース

店舗の売り場、博物館などで、商品や展示品などを並べるための棚やケースを陳列棚、陳列ケースといいます。

● 冷房用又は暖房用機器

「1家具、電気機器及び家庭用品」の細目「冷房用又は暖房用機器」には、いわゆるウインドータイプのルームクーラー又はエアーコンディショナー、電気ストーブ等が該当します。

パッケージドタイプのエアーコンディショナーで、ダクトを通じて相当広範囲にわたって冷房するものは、「器具及び備品」に該当せず、「建物附属設備」の「冷房、暖房、通風又はボイラー設備」に該当します。（耐通2-7-4）

● 電気冷蔵庫、電気洗濯機その他これらに類する電気又はガス機器

【旅館、ホテル業における客室冷蔵庫自動管理機器】

旅館業又はホテル業における客室冷蔵庫自動管理機器は、「器具及び備品」の耐用年数を適用します。客室冷蔵庫自動管理機器とは、客室の冷蔵庫における物品の出し入れを自動的に記録するため、フロント等に設置された機器並びにこれと冷蔵庫を連結する配線及び附属の機器をいいます。冷蔵庫については、「1家具、電気機器及び家庭用品」の細目「電気冷蔵庫、電気洗濯機その他これらに類する電気又はガス機器」の耐用年数である6年を適用します。（耐通2-7-6の2）

● ちゅう房用品

厨房（ちゅうぼう）とは、レストランなどの飲食店における調理室のことをいいます。台所、キッチン、ギャレーなどとも呼ばれます。

:: 2事務機器及び通信機器

● 謄写機器

「2事務機器及び通信機器」に掲げる「謄写機器」とは、いわゆる謄写印刷又はタイプ印刷の用に供する手刷機、輪転謄写機等をいいます。フォトオフセット、タイプオフセット、フォトタイプオフセット等のオフセット印刷による印刷機器は、「機械及び装置」の「7印刷業又は印刷関連業用設備」に該当します。(耐通2-7-5)

謄写機器は電気がなくても手動で印刷ができる簡易な印刷機を想定していますので、小型のものは手で持ち運ぶこともできます。いわゆる電気を利用して印刷をするコピー機は「複写機」に該当します。

● タイプライター

文字盤のキーを打つことで活字を紙に打ち付け、文字を印刷する機械をいいます。

【孔版印刷（こうはんいんさつ）】

印刷の4版式のひとつで、特殊加工をした紙、絹布、金属箔などに大小の孔（あな）をあけ、その孔からインキを通して印刷する方法を孔版印刷といいます。複写版印刷、ガリ版印刷、シルクスクリーン印刷などがあります。

● 電子計算機

「2事務機器及び通信機器」の細目「電子計算機」とは、電子管式又は半導体式のもので、記憶装置、演算装置、制御装置及び入出力装置からなる計算機をいいます。いわゆるパーソナルコンピュータ（パソコン）が該当します。サーバー用以外のパソコンの耐用年数は4年、それ以外のものは5年として定められています。

電子計算機のうち記憶容量が12万ビット未満の主記憶装置を有するものは、計算機として取り扱うことができます。この場合の主記憶装置とは、プログラム及びデータが記憶され、中央処理装置から直接アクセスできる記憶装置をいい、附属の制御装置を含みます。記憶容量のビット数は検査ビットの容量を除きます。計算機の耐用年数は5年として定められています。(耐通2-7-6)

【LAN設備の耐用年数の取扱い】

平成14年改正前ではコンピュータ設備について、耐用年数通達において、構成する個々の減価償却資産の全体を一の減価償却資産として6年の耐用年数により償却費の計算をすることが認められていましたが、現在ではその通達は廃止され、コンピュータ設備については、個々の資産ごとに計算することとなっています。

そのため、新たに取得した設備については、次のように個々の資産ごとに耐用年数を決定する必要があります。

コンピュータ設備	種類	構造又は用途	細目	耐用年数
サーバー	器具及び備品	事務機器及び通信機器	電子計算機	5年
ネットワークオペレーションシステム、アプリケーションソフト	無形減価償却資産	ソフトウエア	その他のもの	5年

ハブ、ルーター、リピーター、LANボード	器具及び備品	事務機器及び通信機器	電話設備その他の通信機器その他のもの	10年
端末機	器具及び備品	事務機器及び通信機器	電子計算機	4年
プリンター	器具及び備品	事務機器及び通信機器	その他の事務機器	5年
ツイストペアケーブル、同軸ケーブル	建物附属設備	前掲のもの以外のもの及び前掲の区分によらないもの	主として金属製のもの	18年
光ケーブル	建物附属設備	前掲のもの以外のもの及び前掲の区分によらないもの	その他のもの	10年

　なお、上記通達の廃止による経過措置として、平成13年4月1日以後に開始する事業年度において、同日前に開始した事業年度に取得したLAN設備を引き続き全体を一の減価償却資産として償却費の計算を行うことは認められています。（耐通旧2-7-6）

● その他の事務機器
【オンラインシステムの端末機器等】
　いわゆるオンラインシステムにおける端末機器又は電子計算機に附属するせん孔機、検査機、カーボンセパレーター、カッター等は、「2事務機器及び通信機器」の細目「その他の事務機器」に該当します。（耐通2-7-7）

【書類搬送機器】
　建物附属設備に該当しない簡易な書類搬送機器は、「2事務機器及び通信機器」の細目「その他の事務機器」に該当します。（耐通2-7-8）

● 電話設備その他の通信機器
【テレビジョン共同聴視用装置】
　テレビジョン共同聴視用装置のうち、構築物に該当するもの以外のものについては、「器具及び備品」の「2事務機器及び通信機器」の細目「電話設備その他の通信機器」の耐用年数を適用します。また、その装置のうち構築物に該当するものについては、「構築物」に掲げる「放送用又は無線通信用のもの」の耐用年数を適用します。（耐通2-7-9）

● 空撮専用ドローンの耐用年数
　空撮専用ドローンは、「4光学機器及び写真製作機器」に掲げる「カメラ」に該当します。

　ドローンは通常、航空の用に供されるものの人が乗れる構造となっていませんので、「航空機」には該当しません。

　空撮専用ドローンは、空中から写真撮影することを主たる目的とするもので、その主たる機能は写真の撮影となります。また、たとえカメラの着脱が可能なものであっても、カメラと撮影手段が一体となって設備を形成し、空撮の機能を発揮するものですので、それぞれを別の資産として認識するのではなく、同一区分の器機として区分します。また、カメラが内蔵されたドローンであっても、その規模、構造、用途等が同様であれば、上記の区分となります。ただし、「放送業用設備」、「映像、音声又は文字情報制作業用設備」として使用される撮影用ドローンである場合には、別表第二に掲げる「機械及び装置」として区分されますので注意が必要です。

5 看板及び広告器具

● ネオンサイン

「5看板及び広告器具」の細目「ネオンサイン」とは、ネオン放電管及びこれに附属する変圧器等の電気施設をいいます。

ネオン放電管が取り付けられている鉄塔、木塔等は、構築物の「広告用のもの」の耐用年数を適用します。(耐通2-7-10)

● 模型

【染色見本】

染色見本は、「5看板及び広告器具」の細目「模型」の耐用年数を適用します。(耐通2-7-11)

6 容器及び金庫

● 金庫

金融機関等の建物にみられる「金庫室」は、その全部が建物に含まれます。「器具及び備品」の「6容器及び金庫」の細目「金庫」には該当しませんので注意が必要です。(耐通2-7-12)

8 医療機器

病院、診療所等における診療用又は治療用の器具及び備品は、全て「器具及び備品」の「8医療機器」に含まれますが、法人が「器具及び備品」の他の区分に特掲されているものについてその特掲されているものの耐用年数によっているときは、それが認められます。

この場合「8医療機器」に含まれるものについてのその「8医療機器」の区分の判定については、次のものは、それぞれ次のように取り扱います。

(1) 例えば、ポータブル式のように携帯することができる構造の診断用(歯科用のものを含みます。)のレントゲン装置は、「レントゲンその他の電子装置を使用する機器」の「移動式のもの」に該当します。

　レントゲン車に積載しているレントゲンは、車両及び運搬具のレントゲン車に含めてその耐用年数を適用します。

(2) 治療用、断層撮影用等のレントゲン装置に附属する電圧調整装置、寝台等は「レントゲンその他の電子装置を使用する機器」の「その他のもの」に含まれます。

(3) 歯科診療用椅子は、「歯科診療用ユニット」に含まれます。

(4) 医療用蒸留水製造器、太陽灯及びレントゲンフィルムの現像装置は、「その他のもの」に含まれます。(耐通2-7-13)

● レントゲンその他の電子装置を使用する機器

レントゲンはX線による撮影技術のことをいいます。主に医療の現場で人体の内部を写すことによって、骨や肺などの病変を発見するための画像診断に利用されています。その他の電子装置を使用する機器には、レントゲンによる診断装置以外にも、X線を使って体の断面を撮影するCT、磁力を利用して臓器や血管を撮影するMRI、超音波診断装置などの医療用診断装置が該当します。

● 光学検査機器

　光学検査機器には、顕微鏡や内視鏡、測定器などがあり、光の性質を利用した検査機器類をいいます。ファイバースコープは光ファイバーの束で映像を投影する内視鏡のことをいい、光学検査機器に該当します。

9 娯楽又はスポーツ器具及び興行又は演劇用具

● スポーツ具

【自動遊具等】

　遊園地、遊技場、百貨店、旅館等に施設されている自動遊具、モデルカーレーシング用具及び遊園地内において一定のコースを走行するいわゆるゴーカート、ミニカー等は、「器具及び備品」の「9娯楽又はスポーツ器具及び興行又は演劇用具」の細目「スポーツ具」の耐用年数3年を適用することができます。

　自動遊具とは、硬貨又はメダルを投入することにより自動的に一定時間、遊具自体が駆動する機構又は遊具の操作をすることができる機構となっているもの、例えば、馬、ステレオトーキー、ミニドライブ、レットガン、クレーンピック、スロットマシン、マスゲームマシン（球戯用具に該当するものを除きます。）、テレビゲームマシン等の遊具をいいます。（耐通2-7-14）

● 衣しょう

【貸衣裳】

　婚礼用衣裳等の貸衣装業者がその用に供する衣装及びかつらについては、「器具及び備品」の「9娯楽又はスポーツ器具及び興行又は演劇用具」の細目「衣しょう」の耐用年数2年を適用することができます。（耐通2-7-15）

10 生物

　「10生物」には、動物園、水族館等の生物並びに備品として有する盆栽及び熱帯魚等の生物が含まれます。なお、次のものについても生物について定められている耐用年数を適用することができます。

（1）医療用の生物
（2）熱帯魚、カナリヤ、番犬その他の生物を入れる容器（器具及び備品に該当するものに限ります。）（耐通2-7-16）

● 繁殖用、収穫用の生物は別表第四で限定列挙されている

　別表第四に掲げる生物は、牛、馬、豚、綿羊及びやぎにおける繁殖用、種付用、競走用などの動物、植物については果実等を収穫することを目的としたものについて、その種類が限定で列挙されているもののみが該当します。

● 別表第四に掲げる生物以外の生物は器具及び備品となる

　別表第四に該当しないもので事業の用に供される生物については、棚卸資産となるべきものを除きすべて、観賞用、興業用、医療用その他の用途に使用されるものとして、器具及び備品に掲げる「10生物」として取り扱うことが原則となります。

● 観賞用の虫

　ここに掲げられる「10生物」は、植物と動物に限定されていますが、観賞用の虫は「動物」の「その他のもの」に含めても差し支えないものと思われます。

● 別表第四に掲載がない収穫用の植物

　また、例えばマンゴーの樹木など、別表第四に掲載がない植物であっても、その果実を収穫する目的などが別表第四に掲載されている他の植物と同様であると判断される場合には、その生産地において慣習として「生物」としての耐用年数が定められて使用されていることがあります。そのような場合には、その年数が確認できれば、それを「生物」の耐用年数として別表第四に掲げる他の樹木と同様に償却をします。しかし、確認がとれない植物等はたとえそれが収穫用のものであっても、「10生物・植物・その他のもの」として耐用年数15年で償却をします。

● 庭園の樹木は構築物

　「緑化施設及び庭園」に該当する植物は、「構築物」に該当しますので、注意が必要です。（耐通2-7-16）

● 猫カフェのねこ

　猫カフェのねこ、ふくろうカフェのふくろう、熱帯魚カフェの魚など、ペットと触れ合うことができるカフェがありますが、そこで飼われている動物類は、器具及び備品の「10生物」となります。鳥類の耐用年数は4年、熱帯魚などの魚類は2年、その他のものは8年の耐用年数で償却します。

11 前掲のもの以外のもの

● 自動販売機

　「11前掲のもの以外のもの」に掲げる「自動販売機」には、自動両替機、自動理容具等を含みますが、コインロッカーは含まれません。

　コインロッカーは、「11前掲のもの以外のもの」の「主として金属製のもの」に該当します。（耐通2-7-18）

● 無人駐車管理装置

　コインパーキングの精算機がこれに該当します。

　「11前掲のもの以外のもの」に掲げる「無人駐車管理装置」には、バイク又は自転車用の駐輪装置は含まれませんので、注意が必要です。

　バイク又は自転車用の駐輪装置は、「11前掲のもの以外のもの」の「主として金属製のもの」に該当します。（耐通2-7-19）

● 天幕等の耐用年数

　テント、天幕（てんまく）、組立式プール等、器具及び備品に該当するもので、通常、その支柱と本体とが材質的に異なるため、その耐久性に著しい差異がある場合には、その支柱と本体とをそれぞれ区分し、「11前掲のもの以外のもの」の細目にあてはまるそれぞれの区分ごとに耐用年数を適用することができます。（耐通2-7-17）

機械及び装置

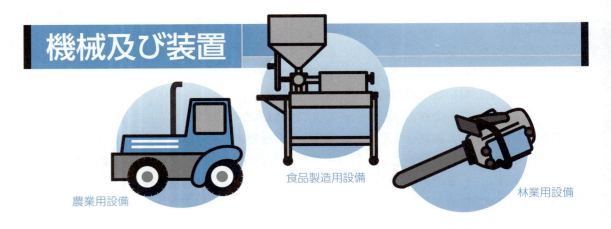

農業用設備　食品製造用設備　林業用設備

　機械とは人工の道具をいい、装置とは人工的に作成したもので機能を持ったメカニズムのことをいいます。

　機械及び装置の耐用年数の適用については、個々の機械及び装置を単体で判定して適用するのではなく、別表第二に掲げられる「設備の種類」ごとに定められた耐用年数を適用します。また、別表第五「公害防止用減価償却資産」、別表第六「開発研究用減価償却資産」に属するものである場合には、それぞれに掲げられた耐用年数を適用します。（耐通1-4-1）

別表第二	設備の種類	3年〜22年
別表第五	公害防止用減価償却資産	5年
別表第六	開発研究用減価償却資産	4年又は7年

　機械及び装置の耐用年数は、その機械及び装置の機械類をそれぞれ個々の資産としてはとらえず、その機械類の構成要素をひとくくりにして、「設備」として認識し、その設備の種類ごとに耐用年数を適用します。

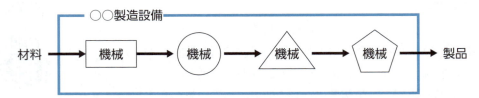

機械及び装置の耐用年数は3年〜22年で定められています。

設備の種類の判定

:: いずれの「設備の種類」に該当するかの判定

　機械及び装置が一の設備を構成する場合には、その機械及び装置の全部について一の耐用年数を適用することになります。その設備が別表第二の「設備の種類」に掲げる業用設備のいずれに該当するかは、原則として、法人のその設備の使用状況等からいずれの業種用の設備として通常使用しているかにより判定します。（耐通1-4-2）

最終製品による判定

　法人がその設備をいずれの業種用の設備として通常使用しているかは、その設備に係る製品や役務の提供のうち最終的な製品に基づいて判定します。なお、最終製品に係る設備が業用設備のいずれに該当するかの判定は、原則として、日本標準産業分類の分類によります。（耐通1-4-3）

中間製品による判定

　最終製品に係る一連の設備を構成する最終製品以外の中間製品に係る設備の規模がその一連の設備の規模に占める割合が相当程度であるときは、その中間製品に係る設備については、最終製品に係る業用設備の耐用年数を適用せず、その中間製品に係る業用設備の耐用年数を適用します。
　この場合において、次のいずれかに該当するときは、その割合が相当程度であると判定して差し支えありません。
（1）法人が中間製品を他に販売するとともに、自己の最終製品の材料、部品等として使用している場合において、他に販売している数量等のその中間製品の総生産量等に占める割合がおおむね50％を超えるとき
（2）法人が工程の一部をもって．他から役務の提供を請け負う場合において、その工程における稼動状況に照らし、その請負に係る役務の提供のその工程に占める割合がおおむね50％を超えるとき（耐通1-4-4）

自家用設備に適用する耐用年数

　次に掲げる設備のように、その設備から生ずる最終製品を専ら用いて他の最終製品が生産等される場合のその設備については、その最終製品に係る設備ではなく、当該他の最終製品に係る設備として、その使用状況等から、88ページ「いずれの「設備の種類」に該当するかの判定」を行います。（耐通1-4-5）
（1）製造業を営むために有する次の設備
　　発電設備及び送電設備、金型製造設備、エレベーター、スタッカー等の倉庫用設備
（2）道路旅客運送業を営むために有する修理工場設備、洗車設備及び給油設備

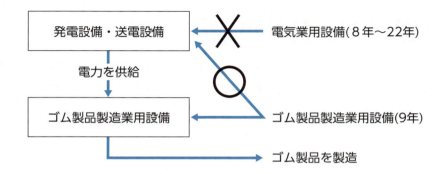

複合的なサービス業に係る設備に適用する耐用年数

　それぞれの設備から生ずる役務の提供が複合して一の役務の提供を構成する場合のその設備に

ついては、それぞれの設備から生ずる役務の提供に係る業種用の設備の耐用年数を適用せず、その一の役務の提供に係る業種用の設備の耐用年数を適用します。

例えば、ホテルにおいて宿泊業の業種用の設備の一部として通常使用しているクリーニング設備や浴場設備については、「47宿泊業用設備」の耐用年数を適用することとなります。（耐通1-4-6）

【ホテル内のレストラン等のちゅう房設備】

ホテル内にある宿泊客以外も利用可能なレストラン等のちゅう房用の機械及び装置は、「48飲食店業用設備」に含まれます。（耐通2-8-5）

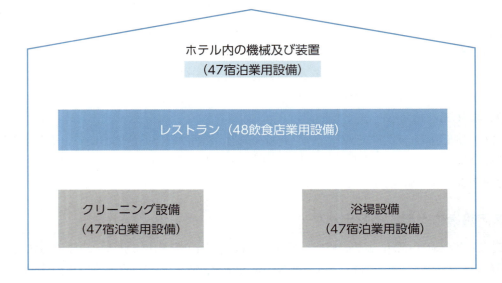

前掲の区分によらない耐用年数

法人が別表第二の機械及び装置について「設備の種類」ごとに区分しないで、その機械及び装置のすべてを一括して償却する場合には「55前掲の区分によらないもの」としてこれらの資産の耐用年数を適用することができます。

しかし、この場合には、別表第二の機械及び装置のうち、その一部の資産については区分されて定められた耐用年数を適用し、その他のものについては「前掲の区分によらないもの」の耐用年数を適用することはできませんので注意が必要です。

ただし、当該その他のものに係る「設備の種類」による区分ごとの耐用年数の全てが、「前掲の区分によらないもの」の耐用年数より短いものである場合には、この限りではありません。（耐通1-1-6）

注意事項

特殊自動車に該当しない建設車両等

トラッククレーン、ブルドーザー、ショベルローダー、ロードローラー、コンクリートポンプ車等のように人又は物の運搬を目的とせず、作業場において作業することを目的とするものは、

機械及び装置

「特殊自動車」に該当せず、機械及び装置に該当します。この場合おいて、その建設車両等の耐用年数の判定は、88ページの「いずれの「設備の種類」に該当するかの判定」によります。（耐通2-5-5）

　同じブルドーザー、パワーショベル等であっても、法人のその設備の使用状況等により、林業用であれば別表第二の「26林業用設備」に、採石業用であれば「29鉱業、採石業又は砂利採取業用設備」に、総合工事業用であれば「30総合工事業用設備」に、港湾運送業用であれば「41運輸に附帯するサービス業用設備」に、廃棄物処理業用であれば「55前掲の機械及び装置以外のもの並びに前掲の区分によらないもの」に、またこれら以外の業用設備として使用されるものであれば、それぞれの区分で判定することとなります。

:: プレス及びクレーンの基礎

　プレス及びクレーンの基礎は、原則として機械装置に含めますが、次に掲げるものは、（1）は建物に、（2）は構築物にそれぞれ含まれます。（耐通1-4-7）

- （1）プレス：自動車ボデーのタンデムプレスラインで多量生産方式に即するため、ピットを構築してプレスを装架する等の方式の場合におけるそのピットの部分は、建物に含めます。例えば「総地下式」、「連続ピット型」、「連続基礎型」等と呼ばれているものが該当します。
- （2）クレーン：造船所の大型ドック等において、地下組立用、船台取付用、ドック用又はぎ装用等のために有する、門型、ジブ型、塔形等の走行クレーンでその走行区間が長く、構築物と一体となっていると認められる場合には、その基礎に係る部分についてはその施設されている構築物に含め、そのレールに係る部分についてはその施設されている構築物以外の構築物に該当するものとします。

:: 構築物と機械及び装置の区分

　次に掲げるもののように生産工程の一部としての機能を有しているものは、構築物に該当せず、機械及び装置に該当するものとなります。（耐通1-3-2）

- （1）醸成、焼成等の用に直接使月される貯蔵そう、仕込みそう、窯等
- （2）ガス貯そう、薬品貯そう又は水そう及び油そうのうち、製造工程中にある中間受そう及びこれに準ずる貯そうで、容量、規模等からみて機械及び装置の一部であると認められるもの
- （3）工業薬品、ガス、水又は油の配管施設のうち、製造工程に属するもの
- （注）タンカーから石油精製工場内の貯蔵タンクまで原油を陸揚げするために施設されたパイプライン等は、構築物に該当します。

【構築物の附属装置】

　構築物である石油タンクに固着する消火設備、塔の昇降設備等構築物の附属装置については、法人が継続して機械及び装置としての耐用年数を適用している場合には、これが認められます。（耐通1-3-3）

:: 「機械及び装置」と「器具」の違い

　機械とは人工の道具をいい、装置とは人工的に作成したもので機能を持ったメカニズムのことをいいます。そして、器具は機器（機械、器機、器具の総称）のうち簡易な構造の道具類をいい

ます。

　「機械及び装置」と「器具」は、一見その機器類の規模などをもってそれぞれに分類すべきものと思われがちですが、専門業者が本来の事業や目的物の製造のために使用する機器類の設備に属するものが「機械及び装置」に分類されるべきもので、本来の事業に付随して使用する簡易な機器類は「器具及び備品」に分類するものとなります。

　たとえば、当社が製造業者である場合に、A製品を製造する過程でB材料が必要となるために、B材料を自社で製造するための設備がそれぞれある場合には、どちらも別表第二に掲げる機械及び装置として「Aの製造設備」及び「Bの製造設備」としてそれぞれの耐用年数が適用されることとなります（89ページ参照）。また、それぞれの製造設備に常設している食堂がある場合のその厨房における機器類も、AやBの製造設備ではなく、「48飲食店業用設備」に該当することとなります。

　しかし、AやBの工場に常設している福利厚生のための冷蔵庫や食堂に常設している扇風機などの機器類は、「器具及び備品」に該当することとなります。

:: 飲食店の厨房における機器類

　「機械及び装置」は製品の生産・製造又は役務の提供を目的として、1つの機器が単体で、又は2つ以上の機器が有機的に結合することにより1つの設備を構成する有形資産をいうものと解されています。つまり、その資産の用途、機能、実際の設置使用状況等に基づいて、その機器が「機械及び装置」若しくは「器具及び備品」に該当すべきかが総合的に判断されます。例えば、飲食店の厨房で使用する冷蔵庫は、別表第二「48飲食店業用設備」に該当しますが、その冷蔵庫自体の大きさや機能だけをみて、業務用のものであるか、家庭用のものであるかではなく、飲食店のその調理の過程で使用する機器類なのかどうかで判定します。冷蔵庫は調理するための食材を冷凍・冷蔵保存したり、冷やして固めたりする目的で使用されますので、たとえ家庭用の簡易な冷蔵庫であっても、提供する料理の製造過程で使用する「機械及び装置」となります。

　同じ冷蔵庫でも、上記のように飲食店の厨房における調理目的で使用するものではなく、例えば、事務所の炊事場で、従業員の福利厚生や来客への飲料類を提供するなどの目的で設置されている冷蔵庫である場合には、「器具及び備品」として区分されることとなります。

　また、飲食店の厨房の調理過程で必要となる機器類であれば、ミキサーや計量機器などの軽微な機器類でも、厳密には、別表第二「48飲食店業用設備」に該当することとなりますので注意が必要です。

細目

:: 繊維工業用設備

● 炭素繊維（たんそせんい）

　含有量が90％以上の炭素からできている繊維を炭素繊維といいます。アクリル樹脂や石油、石炭からとれる有機物を繊維化したものとなります。軽くて強いという素材の特徴がありますので、毛布やセーターの生地としてだけではなく、ゴルフクラブのシャフト、つり竿、航空機や船の船体の素材など、幅広く産業の世界で使用されています。

機械及び装置

【黒鉛化炉（こくえんかろ）】

　炭素繊維を製造するために、アクリル樹脂や石油、石炭からとれる有機物を黒鉛化するための炉をいいます。

　無定形炭素を2,000度から3,000度の高温に加熱して、炭素の黒煙結晶を作ります。

:: 鉱業、採石業又は砂利採取業用設備

● 鉱業用の軌条、まくら木等

　坑内の軌条、まくら木及び坑内動力線で、鉱業の業種用のものとして通常使用しているものは、「29鉱業、採石業又は砂利採取業用設備」に含まれます。

　また、建設作業現場の軌条及びまくら木で、総合工事業の業種用のものとして通常使用しているものは、「30総合工事業用設備」に含まれます。（耐通2-8-1）

:: 総合工事業用設備

● 総合工事業以外の工事業用設備

　職別工事業又は設備工事業の業種用の設備として通常使用しているものは、「30総合工事業用設備」に含まれます。（耐通2-8-2）

　総合工事業には次のものがあります。　　　　　　　　　　　[日本標準産業分類]

> 一般土木建築工事業、土木工事業、造園工事業、しゅんせつ工事業、舗装工事業、建築工事業、木造建築工事業、建築リフォーム工事業

　識別工事業には次のものがあります。　　　　　　　　　　　[日本標準産業分類]

> 大工工事業、型枠大工工事業、とび工事業、土工・コンクリート工事業、特殊コンクリート工事業、鉄骨工事業、鉄筋工事業、石工工事業、れんが工事業、タイル工事業、コンクリートブロック工事業、左官工事業、金属製屋根工事業、板金工事業、建築金物工事業、塗装工事業、道路標示・区画線工事業、床工事業、内装工事業、ガラス工事業、金属製建具工事業、木製建具工事業、屋根工事業、防水工事業、はつり・解体工事業

　設備工事業には次のものがあります。　　　　　　　　　　　[日本標準産業分類]

> 一般電気工事業、電気配線工事業、電気通信工事業、有線テレビジョン放送設備設置工事業、信号装置工事業、一般管工事業、冷暖房設備工事業、給排水・衛生設備工事業、その他の管工事業、機械器具設置工事業、昇降設備工事業、築炉工事業、熱絶縁工事業、道路標識設置工事業、さく井工事業

:: 鉄道業用設備

● 鉄道業以外の自動改札装置

　自動改札装置は、鉄道業以外の業種用の設備として通常使用しているものであっても、「38鉄

道業用設備」の「自動改札装置」の耐用年数を適用することができます。（耐通2-8-3）

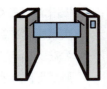

∷ その他の小売業用設備

● その他の小売業用設備

「45その他の小売業用設備」は、日本標準産業分類の中分類「60その他の小売業」の業種用の設備として通常使用しているものが該当します。（耐通2-8-4）

60その他の小売業には次のものがあります。　　　　　　　　　　［日本標準産業分類］

> 家具小売業、建具小売業、畳小売業、宗教用具小売業、じゅう器小売業、金物小売業、荒物小売業、陶磁器・ガラス器小売業、他に分類されないじゅう器小売業、ドラッグストア、医薬品小売業、調剤薬局、化粧品小売業、農業用機械器具小売業、苗・種子小売業、肥料・飼料小売業、ガソリンスタンド、燃料小売業、書籍・雑誌小売業、古本小売業、新聞小売業、紙・文房具小売業、スポーツ用品小売業、がん具・娯楽用品小売業、楽器小売業、写真機・写真材料小売業、時計・眼鏡・光学機械小売業、ホームセンター、たばこ・喫煙具専門小売業、花・植木小売業、建築材料小売業、ジュエリー製品小売業、ペット・ペット用品小売業、骨とう品小売業、中古品小売業

● 持ち帰り・配達飲食サービス業用のちゅう房設備

ちゅう房用の機械及び装置で、持ち帰り・配達飲食サービス業の業種用の設備として通常使用しているものは、「48飲食店業用設備」に含まれます。（耐通2-8-6）

∷ その他のサービス業用設備

「54その他のサービス業用設備」は、日本標準産業分類の中分類「95その他のサービス業」の業種用の設備として通常使用しているものが該当します。（耐通2-8-7）

95その他のサービス業には次のものがあります。　　　　　　　　［日本標準産業分類］

> 集会場、と畜場

∷ 前掲の機械及び装置以外のもの並びに前掲の区分によらないもの

● 機械式駐車設備

建物の地上階や地下にピットを造成し、パレットが上下に昇降するタイプの昇降式駐車装置、パレットが上下左右に可動するタイプの昇降横行式駐車装置などがあります。入出庫の際に自動車の向きを変えるターンテーブルも機械式駐車設備に該当します。

立体駐車場や地下駐車場は建物として「車庫用のもの」に区分され、屋根のないスロープ式の駐車場は構築物として「露天式駐車設備」に区分されます。しかし、これらの区分は建築物としての区分であって、その施設

機械及び装置

内に設置されている上記のような装置は、別の資産として機械及び装置に区分されます。

　なお、コインパーキングなどに設置されている無人駐車管理装置は、器具及び備品の「11前掲のもの以外のもの」にある「無人駐車管理装置」（87ページ）となります。

● 道路旅客運送業用設備

　道路旅客運送業の業種用の設備として通常使用しているものは、「55前掲の機械及び装置以外のもの並びに前掲の区分によらないもの」に含まれます。（耐通2-8-8）

● 電光文字設備等

　電光文字設備は、例えば、総合工事業の業種用の設備として通常使用しているものであっても、「55前掲の機械及び装置以外のもの並びに前掲の区分によらないもの」に含まれます。

　蓄電池電源設備及びフライアッシュ採取設備についても同様です。（耐通2-8-9）

第1章　耐用年数の調べ方

第2章　耐用年数の選び方

第3章　別表・付表の使い方

95

生物（せいぶつ）

馬　　　　　　　　　　　果樹　　　　　　　　　　　牛

　生物とは、動物又は植物のことをいいます。動物には牛、馬、豚、綿羊及びやぎがあり、植物には果実系の樹木などがあります。

　生物の減価償却は、その生物がその成熟の年齢又は樹齢に達した月から行うことができます。

　なお、成熟の年齢又は樹齢に達した後に取得したものについては、取得の月から減価償却を行います。この場合において、その成熟の年齢又は樹齢は次によります。なお、次の判定が困難な場合には、97ページに掲げる成熟の年齢又は樹齢によることができます。（基通7-6-12）

①牛馬等：通常事業の用に供する年齢とする。ただし、現に事業の用に供するに至った年齢がその年齢後であるときは、現に事業の用に供するに至った年齢とする。
②果樹等：その果樹等の償却額を含めて通常の場合におおむね収支相償うに至ると認められる樹齢とする。

　医療用や観賞用などとして取得した生物については、別表第四に掲げられている種類の生物であっても、別表第一の「器具及び備品」にある「10生物」に該当します。

　また、別表第四に掲げられていない生物であっても、明らかに農作物用の樹木であるなど、その用途が別表第四に掲げられている樹木と同様であると判断される場合には、その農作物の産地を所轄する税務署に問い合わせると、その地域で使用されている参考となる耐用年数が確認できることがあります。

　生物の耐用年数は3年～30年で定められています。

細目

:: 繁殖用

　生物の個体を増やすことを繁殖といいます。繁殖には自然繁殖と人工繁殖があります。

:: 種付用

　繁殖のために血統のよい品種を種牡として繁殖牝に交配させることを種付けといいます。種付用には優良品種の牡が使用されます。馬についてはサラブレッドなどその品種によっては、人工授精が禁止されているものもあります。牛や豚については、主に人工授精により種付けが行われ

生物

:: 競走用

　馬の用途をいいます。競走用に使用される馬でその品種には、サラブレッド、スタンダードブレッドなどがあります。

:: 成熟の年齢又は樹齢

種　類	用　途	細　目	成熟の年齢又は樹齢
牛	農業使役用		満2歳
	小運搬使役用		満2歳
	繁殖用	役肉用牛	満2歳
		乳用牛	満2歳
	種付用	役肉用牛	満2歳
		乳用牛	満2歳
	その他用		満2歳
馬	農業使役用		満2歳
	小運搬使役用		満4歳
	繁殖用		満3歳
	種付用		満4歳
	競争用		満2歳
	その他用		満2歳
綿羊	種付用		満2歳
	一般用		満2歳
豚	種付用		満2歳
	繁殖用		満1歳
かんきつ樹	温州		満15年
	その他		満15年
りんご樹			満10年
ぶどう樹			満6年
なし樹			満8年
桃樹			満5年
桜桃樹			満8年
びわ樹			満8年
くり樹			満8年
梅樹			満7年
かき樹			満10年
あんず樹			満7年
すもも樹			満7年
いちじく樹			満5年
茶樹			満8年
オリーブ樹			満8年
桑樹		根刈、中刈及び高刈	満3年
		立通	満7年
こうりやなぎ			満3年
みつまた			満4年
こうぞ			満3年
ラミー			満3年
ホップ			満3年

公害防止用減価償却資産

　公害防止用減価償却資産は、水質汚濁、大気汚染、騒音、振動、悪臭などの公害を防止するための施設や設備に関する減価償却資産をいいます。公害防止用減価償却資産には構築物と機械及び装置があります。

　具体的には次のような施設や設備が該当します。

:: 汚水処理に関する施設

　汚水処理施設、水質汚濁防止法（昭和45年法律第138号）第2条第2項に規定する特定施設から排出される汚水又は廃液を処理するための施設及びこれに附属する施設

:: 汚水処理に関する設備

　沈でん又は浮上装置、油水分離装置、汚泥処理装置、ろ過装置、濃縮装置、洗浄又は冷却装置、中和装置、酸化又は還元装置、凝集沈でん装置、生物化学的処理装置、輸送装置、貯蓄装置、燃焼処理装置、吸着処理装置、測定・分析装置など

:: 大気汚染に関する施設

　大気汚染防止法（昭和43年法律第97号）第2条第3項に規定するばい煙処理施設及び同条第6項に規定する一般粉じん発生施設又は同条第7項に規定する特定粉じん発生施設から排出され、又は飛散する粉じんを防止するための施設

:: 大気汚染に関する設備

　集じん又は除じん装置、洗浄、中和、吸着又は還元装置、粉じん処理装置、燃焼改善装置、測定・分析装置、冷却装置など

:: 騒音に関する施設

　鉱山保安法第8条の規定により設置する騒音を防止するための施設及び騒音規制法（昭和43年法律第98号）第2条第2項の特定工場等において発生する騒音を防止するための施設

:: 騒音に関する設備

　防音設備、遮音塀又は遮音壁、測定装置など

:: 振動に関する施設

　振動規制法（昭和51年法律第64号）第2条第2項の特定工場等において発生する振動を防止するための施設

:: 振動に関する設備

　機械装置から発生する振動を防止する設備で、吊基礎、浮基礎又は直接指示基礎を使用する防

振設備

:: 悪臭に関する施設

　悪臭防止法（昭和46年法律第91号）第3条に規定する悪臭原因物の事業場からの排出を防止するための施設、悪臭原因物を密閉する悪臭密閉施設

:: 悪臭に関する設備

　悪臭を洗浄、中和、吸収、吸着、イオン交換、酸化、還元、電気捕集、科学的処理又は希釈により処理する脱臭設備など

:: ダイオキシンに関する施設

　ダイオキシン類対策特別措置法（平成11年法律第105号）第2条第2項に規定する特定施設から排出されるダイオキシン類の排出を防止するための施設、排ガス処理施設、燃焼施設、生物化学的処理施設

:: ダイオキシンに関する設備

　集じん又は除じん装置、排ガス処理装置、冷却装置、沈でん又は浮上装置、油水分離装置、汚泥処理装置、ろ過装置、濃縮装置、中和装置、酸化又は還元装置、凝集沈でん装置、輸送装置、貯留装置、逆浸透膜装置、紫外線・オゾンによるダイオキシン類分解装置、測定・分析装置など

:: 汚水処理用減価償却資産

　公害防止用減価償却資産には、汚水処理用減価償却資産が含まれます。これは工場等内で生じた汚水、坑水、廃水、廃液、温水でそのまま排出すれば公害が生ずると認められるものを公害の生じない水その他の液体である水液にして排出するために、特に施設された汚水処理の用に直接供される送配管等を含む減価償却資産をいいます。

　そして次に掲げる減価償却資産についても、汚水処理用減価償却資産に含めることができます。
（1）汚水等の処理後の水液を工場等外に排出しないで製造工程等において再使用する場合における汚水処理の用に直接供される送配管等を含む減価償却資産
（2）汚水等の処理の過程において得た有用成分を自己の主製品の原材料等として使用する場合において、次のいずれにも該当するときにおけるその有用成分を原材料等として使用するための加工等の用に供される減価償却資産
　イ　その有用成分を廃棄することにより公害を生ずるおそれがあると認められる事情があること。
　ロ　その有用成分を原材料等として使用するための加工等を行うことにより、その原材料等を他から購入することに比べ、明らかに継続して損失が生ずると認められること。
（3）汚水等の処理の過程において得た有用成分を製品化する場合において、次のいずれにも該当するときにおけるその製品化工程の用に供される減価償却資産
　イ　その有用成分を廃棄することにより公害を生ずるおそれがあると認められる事情があること。

ロ　その有用成分を製品化して販売することにより、その有用成分をそのまま廃棄することに比べ、明らかに継続して損失が生ずると認められること。（耐通2-9-1）

● **建物に係る浄化槽等**

　ビル、寄宿舎等から排出される汚水を浄化するために施設した浄化槽等で、構築物に該当するものは、汚水処理用減価償却資産に含まれます。（耐通2-9-2）

● **家畜し尿処理設備**

　牛、馬、豚等のし尿処理をする場合における地中蒸散による処理方法は、汚水処理の方法に該当するものとして取り扱います。（耐通2-9-3）

● **汚水処理用減価償却資産に該当する機械及び装置**

　汚水処理用減価償却資産には、例えば、沈殿又は浮上装置、油水分離装置、汚泥処理装置、ろ過装置、濃縮装置、ばっ気装置、洗浄又は冷却装置、中和又は還元装置、燃焼装置、凝縮沈殿装置、生物化学的処理装置、輸送装置、貯留装置等及びこれらに附属する計測用機器、調整用機器、電動機、ポンプ等が含まれます。（耐通2-9-4）

∷ ばい煙処理用減価償却資産

　公害防止用減価償却資産には、ばい煙処理用減価償却資産が含まれます。ばい煙処理用減価償却資産とは、工場等内で生じたばい煙、粉じん又は特定物質を公害の生ずるおそれのない状態で排出をするため、特に施設されたばい煙処理の用に直接供される減価償却資産をいいます。なお次に掲げる減価償却資産についても、ばい煙処理用減価償却資産に含めることができます。

　(1) ばい煙等の処理の過程において得た物質を自己の主製品の原材料等として使用する場合において、次のいずれにも該当するときにおけるその物質を原材料等として使用するための加工等の用に供される減価償却資産

　　イ　その物質を廃棄することにより公害を生ずるおそれがあると認められる事情があること。

　　ロ　その物質を原材料等として使用するための加工等を行うことにより、その原材料等を他から購入することに比べ、明らかに継続して損失が生ずると認められること。

　(2) ばい煙等の処理の過程において得た物質を製品化する場合において、次のいずれにも該当するときにおけるその製品化工程の用に供される減価償却資産

　　イ　その物質を廃棄することにより公害を生ずるおそれがあると認められる事情があること。

　　ロ　その物質を製品化して販売することにより、その物質をそのまま廃棄することに比べ、明らかに継続して損失が生ずると認められること。（耐通2-9-5）

● **建物附属設備に該当するばい煙処理用の機械及び装置**

　ビル等の建物から排出されるばい煙を処理するために施設した機械及び装置は、原則として建物附属設備に該当します。しかし、その機械及び装置が、ばい煙処理のために施設されたもので、かつ、その処理の用に直接供されるものであるときは、別表第五に掲げる公害防止用設備の機械及び装置として、その耐用年数を適用することができます。（耐通2-9-6）

● **ばい煙処理用減価償却資産に該当する機械及び装置**

　ばい煙処理用減価償却資産には、集じん装置及び処理装置の本体のほか、これらに附属するガス導管、水管、ガス冷却器、通風機、ダスト搬送器、ダスト貯留器、ミスト除却機等が含まれます。（耐通2-9-7）

開発研究用減価償却資産

開発研究用減価償却資産は、研究のために使用する減価償却資産で、開発とはその研究結果を具体化させることをいいます。開発研究用減価償却資産は、その目的のために専用で使用されている減価償却資産をいいますので、他の目的のために使用されている減価償却資産を必要に応じ開発研究の用に供されるようなものは含みません。

しかし、開発研究の用に供するために取得した減価償却資産のほか、従来から有していた減価償却資産で他の用途から開発研究の用に転用されたものも含みます。（耐通2-10-2、2-10-3）

開発研究とは、次に掲げる試験研究をいいます。
(1) 新規原理の発見又は新規製品の発明のための研究
(2) 新規製品の製造、製造工程の創設又は未利用資源の活用方法の研究
(3) (1) 又は (2) の研究を基礎とし、これらの研究の成果を企業化するためのデータの収集
(4) 現に企業化されている製造方法その他の生産技術の著しい改善のための研究（耐通2-10-1）

:: 研究開発のためのソフトウェア（法人税基本通達7-1-8の2）

ソフトウェアが開発研究の用に供されている場合には、開発研究用減価償却資産としての耐用年数（3年）が適用されます。

法人が、特定の研究開発にのみ使用するため取得又は製作をしたソフトウェアは、減価償却資産に該当します。ただし、研究開発のためのいわば材料となるものであることが明らかなものは研究開発費として損金の額に算入します。

:: 研究開発費の額（法人税基本通達7-3-15の3）

販売用ソフトウェアの研究費や開発費は、減価償却資産の構成要素とはならず、研究開発費として経費となりますので注意が必要です。

ここでいう開発研究用減価償却資産は、開発や研究の用に供される「道具」としてのソフトウェアのことを意味します。

　無形減価償却資産は、形のない固定資産で減価償却資産に該当するものをいいます。例えば、「特許権」や「ソフトウェア」などが無形減価償却資産に該当します。「電話加入権」や「借地権」、「地役権」などは、非減価償却資産に該当するために、無形固定資産であっても、無形減価償却資産にはなりません。

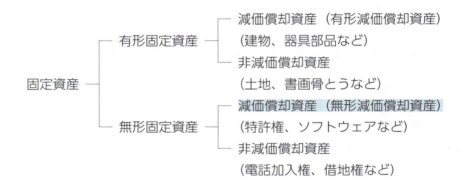

　無形減価償却資産には次のものがあります。
　これらの無形減価償却資産は耐用年数省令の別表第三において、次のものとして限定列挙されています。

> 漁業権、ダム使用権、水利権、特許権、実用新案権、意匠権、商標権、ソフトウェア、育成者権、営業権、専用側線利用権、鉄道軌道連絡通行施設利用権、電気ガス供給施設利用権、水道施設利用権、工業用水道施設利用権、電気通信施設利用権

種類

漁業権

　漁業権は、漁業法に規定される漁業を行う権利のことをいいます。
　海など一定の水面において特定の漁業を一定期間、排他的に営む権利、つまり独占的に漁業を営む権利となります。漁業権の種類としては、定置漁業権、区画漁業権、共同漁業権があります。
　アワビ、サザエ、藻類等を収穫する行為、一定の区域内で、かき、真珠などを養殖する行為、

定置で網などを設置して魚業を営む行為などが漁業権の法律的な効果となります。この漁業権は、民法上の物権とみなされますが、漁業法において貸付が禁止され、譲渡や担保設定についても制限されていますので、民法上の物権と同様の法律効果があるわけではありません。税法上は無形固定資産としての減価償却資産となります。

　漁業権に関する申請・届出・許可・認可などは、「漁業法」で規定しています。これらの取得に要した費用の額や取得経費の額が税務上の漁業権となります。漁業権の耐用年数は10年として定められています。

:: ダム使用権

　ダム使用権は、特定多目的ダム法に定める、「多目的ダムによる一定量の流水の貯留を一定の地域において確保する権利」をいいます。

　ダム使用権は、民法上の物権とみなされ、原則として不動産と同様に扱われます。したがって土地と同様に抵当権の設定なども認められる無形固定資産となります。ただし、ダム使用権は、国土交通大臣の許可を受けなければ、移転、分割、併合又はその設定の目的を変更することはできません。また、ダム使用権又はこれを目的とする抵当権の設定、変更、移転、消滅及び処分の制限は、不動産登記により管理される代わりに、ダム使用権登録簿に登録されることによってその権利等が管理されます。ダム使用権の耐用年数は55年と定められています。

:: 水利権

　水利権は、河川の流水を占用して利用することができる権利で、河川法により規定されている権利をいいます。水利権の性質は、行政機関に対する私法上の債権としての性質を有します。

　水利権には、河川などから取水できる水の量である流量を安定的に利用できることが原則となっている安定水利権、河川の流量が一定流量を超える場合に限り取水できるとされている豊水水利権、事情により、緊急に用水を必要とする場合に許可期限が到来したら失効する条項及び基準渇水流量を超える場合に限りその超える部分の範囲内で取水することができる暫定豊水水利権などがあります。

　水利権の耐用年数は20年と定められています。

:: 特許権（特許法）

　特許権は、新たな発明をした者に対して与えられる権利、その発明を独占することができる権利で、特許法により保護されています。

　特許権は、特許庁に対して出願して審査され、それが認められれば、登録されます。登録が認められれば、出願日から20年間保護されます。

　特許権は、知的創造物についての権利であり、知的財産権の一種です。

　特許権の耐用年数は8年と定められています。

:: 実用新案権（実用新案法）

　物品の形状、構造または組み合わせに係る考案をした者に対して与えられる権利、その考案した権利を主張することができる権利で、実用新案法によって保護されています。
　実用新案権は、特許庁に対して出願して登録されます。登録は出願日から10年間保護されます。また、実用新案権は特許権とは違い、第三者が無断で登録した実用新案を実施している場合には、実用新案技術評価証を掲示して警告を行う必要があります。
　実用新案権は、知的創造物についての権利であり、知的財産権の一種です。
　実用新案権の耐用年数は5年と定められています。

:: 意匠権（意匠法）

　物品あるいは物品の部分における形状・模様・色彩に関するデザインを意匠といいます。なお、これらのデザインには画面デザインも含まれます。意匠権は視覚を通じて美感を起こさせるものがその保護の対象となります。
　意匠権は、特許庁に対して出願して登録査定されます。登録審査がされた意匠登録出願は、登録料を納めれば意匠権の設定の登録がされ、意匠公報が発行されます。意匠権の存続期間は、設定の登録の日から20年間保護されます。
　この意匠権者は、登録された意匠と同一及びこれに類似する意匠にまで効力を有し、登録意匠の実施をする権利を専有することができます。
　意匠権は、知的創造物についての権利であり、知的財産権の一種です。
　意匠権の耐用年数は7年と定められています。

:: 商標権（商標法）

　人の知覚によって認識することができる、文字・図形・記号・立体的な形状、色彩又はこれらの結合、音・動き・ホログラムその他のもので、業として商品を生産し、証明し若しくは譲渡する者がその商品について使用するもの、又は業として役務を提供し若しくは証明する者がその役務について使用するものがその保護の対象となります。
　商標登録出願は、「商標登録を受けようとする商標」と、その商標を使用する商品又はサービス（役務の提供）を指定して、出願します。
　審査の結果、登録査定となった場合には、登録料を納付することによって、商標登録原簿に設定の登録がされ、その商標が登録から10年間保護されます。
　商標権は、知的創造物についての権利であり、知的財産権の一種です。
　商標権の耐用年数は10年と定められています。

:: ソフトウェア

　コンピュータの分野では、パソコンなど電子機器そのものを指して一般にハードウェアといいますが、その対比語として認識される用語がソフトウェアとなります。コンピュータを起動して何らかの処理を行うプログラムのことを総称したコンピュータ用語です。

ソフトウェアは、ワープロソフトや計算ソフトなど、特定の作業や業務を遂行することを目的としたアプリケーションソフトウェアと、コンピュータの稼働自体に必要であり、コンピュータの管理や基本的な処理をするためのアプリケーションソフトウェアやコンピュータを操作するユーザーに対して処理を行うオペレーティングシステム（OS）などのシステムソフトウェアに分類されます。

ソフトウェアは、平成12年度の税制改正前は繰延資産として、その償却期間は一律に「5年」として区分されていましたが、近年のソフトウェア市場は新しい技術がどんどん開発され、先行して開発されたソフトウェアそのものの陳腐化が極めて著しい、という特徴があります。

特に遊戯（ゲーム）ソフトのような販売用ソフトウェアについては、発売当初の需要が著しく高く、その後は急激に減少する傾向にあるとされています。また、既存の各種販売用アプリケーションソフトについても、常にバージョンアップが繰り返されているのが現状です。

このようにスピード感がある状況の中で、ソフトウェアを一律に5年で償却することは、期間が長すぎるとの指摘があり、平成12年度改正後の税制上の取扱いは、償却期間を利用目的別に区分することとし、「複写して販売するための原本」は、通常のソフトウェアよりもその効用期間の実情を考慮して「3年」と短い償却期間で定められています。そして「その他のもの」については従来通り「5年」とされています。なお、「複写して販売するための原本」とは、上記の販売用ゲームソフトや販売用アプリケーションソフトの原本となるソフトウェアをイメージして規定されています。

開発研究の用に供されるソフトウェア（101ページ参照）は、「その他のもの」と同様に、一般的には自己で使用する目的のソフトウェアに該当することが想定されますが、開発研究の用に供されるということで、常に最先端のものが使用されるであろうことを考慮して、その償却期間も通常のものに比して短い「3年」という償却期間で定められています。

:: 育成者権（種苗法）

品種改良によって生み出された新しい品種の農作物や花を育成した場合には、種苗法により登録することによって、育成者権として保護されます。この育成者権は「植物に関する特許」という位置づけの知的財産権で、登録品種の種苗、収穫物、加工品の販売等が独占できるようになります。育成者権の権利者は、毎年定額の登録料を国に納めます。

育成者権は、農林水産省に対して出願して審査され、それが認められれば、登録されます。登録が認められれば、登録から25年間（樹木は30年間）保護されます。

育成者権の耐用年数は、種苗法第4条第2項に規定（出願品種の種苗に係る登録商標又は当該種苗と類似の商品に係る登録商標と同一又は類似のものであるとき）する品種は10年、それ以外のものは8年と定められています。

:: 営業権

営業権は、売買による営業の譲り受けや株式交換、合併、企業買収などを行った際に取得した資産から負債を差し引いた金額と、支払った金額とに差額がある場合に計上される無形固定資産です。一般に「のれん」「ブランド」などと呼ばれ、目に見えない無形の資産を形成します。

企業やブランドを買収したい場合には、実際に相手企業の貸借対照表に計上されている純資産価額を上回る金額でその企業やブランドを買収するのが一般的で、そのブランドの潜在収益力に価値を見いだしたからこそ純資産価額を超過した金額を支払うこととなります。しかし、この超過した価値部分としての営業権は、その無形固定資産自体に価値があるものではなく、今後の収益を獲得するために一時的に支出した費用であるととらえて減価償却資産として計上することになっています。

営業権の耐用年数は5年と定められています。

:: 専用側線利用権

駅構内に設けられた本線以外の線路のことを側線といいます。また、専用線は貨物輸送のために駅から特定の施設まで敷設した線路のことをいいます。専用側線利用権は、鉄道事業者等（鉄道事業法に規定する鉄道事業又は軌道法に規定する軌道を敷設して行う運輸事業を営む者）がこれらの専用線や側線を占有するための権利です。

側線には次のようなものがあります。

仕分線：列車の編成作業に使われる側線

引上線：車両を本線から他の側線に引き上げるために使用する側線

機待線：機関車の付け換えや車両の増結のために設けられた側線

機回線：客車が折り返す必要がある駅に設けられた機関車を移動させるための側線

留置線：運行待機の車両を止めておくために設けられた側線

安全側線：単線区間の駅で、信号を誤って進入してきた列車を進入させるための安全側線。対向
　　　　　列車との正面衝突を避けるために信号機が停止を示しているときは、乗越分岐器が安
　　　　　全側線側に開いている。

専用側線利用権の耐用年数は30年と定められています。

:: 鉄道軌道連絡通行施設利用権

鉄道軌道連絡通行施設利用権は、鉄道事業者等が他の鉄道事業者等、一定の独立行政法人又は国若しくは地方公共団体に対して、他の鉄道事業者等の鉄道若しくは軌道との連絡に必要な橋、地下道その他の施設、または鉄道若しくは軌道の敷設に必要な施設を設けるために要する費用を負担した場合に、これらの施設を利用するための権利をいいます。

鉄道軌道連絡通行施設利用権の耐用年数は30年と定められています。

∷ 電気ガス供給施設利用権

　電気事業法に規定する一般送配電事業、送電事業若しくは発電事業又はガス事業法に規定する一般ガス事業若しくは簡易ガス事業を営む者に対して、電気又はガスの供給施設を設けるために要する費用を負担した場合に、その施設を利用して電気又はガスの供給を受ける権利をいいます。
　電気ガス供給施設利用権の耐用年数は15年と定められています。

【繰延資産となる負担金】
　事業者が、電力会社から電気の供給を受けるため、電力会社における電気供給施設を設けるための費用の負担金は、無形減価償却資産である「電気ガス供給施設利用権」に該当します。
　しかし、これとは逆にたとえば、太陽光発電設備により発電した電力を電力会社に供給するために、電力会社の電気供給設備に太陽光発電設備を系統連系（接続）するため、電力会社の電気供給設備を新たに設置又は変更する場合にあたって負担する連系工事負担金については、自己が便益を受けるために支出する費用でその支出の効果がその支出の日以後一年以上に及ぶものとして繰延資産に該当します。連系工事負担金は、電力会社の所有物となる電気供給設備の工事費用を当社が負担するもので、当社の所有する太陽光発電設備に対する支出ではないため、固定資産の取得価額には含めませんので注意が必要です。

∷ 水道施設利用権

　水道法に規定する水道事業者に対して水道施設を設けるために要する費用を負担した場合に、その施設を利用して水の供給を受ける権利をいいます。
　水道施設利用権の耐用年数は15年と定められています。

∷ 工業用水道施設利用権

　工業用水道事業法に規定する工業用水道事業者に対して、工業用水道施設を設けるために要する費用を負担した場合に、その施設を利用して工業用水の供給を受ける権利をいいます。
　工業用水道施設利用権の耐用年数は15年と定められています。

∷ 電気通信施設利用権

　電気通信事業法に規定する電気通信回線設備を設置する電気通信事業者に対して、電気通信事業の用に供する電気通信設備の設置に要する費用を負担した場合に、その設備を利用して電気通信役務の提供を受ける権利をいいます。ただし、電話加入権及びこれに準ずる権利を除きます。
　電気通信施設利用権の耐用年数は20年と定められています。

第3章

別表・付表の使い方

第1章　耐用年数の調べ方

第2章　耐用年数の選び方

第3章　別表・付表の使い方

別表と付表

:: 1日8時間の稼働

　減価償却資産の耐用年数は、その資産を取得してから廃棄するまでの年月を想定して定められています。例えば機械装置であれば、「その機械装置は新品購入をしてから、いったい何年間使用できるのか？」ということです。

　この場合、機械装置の稼働には、必ず人間である人がその機械装置のそばにいて、監視や運転作業を行うということが想定されますので、基本的に人の稼働に併せて稼働時間が設定されています。つまり1日8時間を目安に運転をしたとして、何年間使用に耐えるのか、ということです。

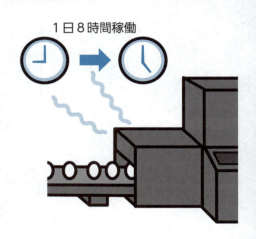

　こういった機械装置で生産をしている生産物の数量を増やしたい場合には、その機械装置で稼働する時間が増えたりすることがあります。

　1日8時間を超えて使用する機械装置については、承認をうけて増加償却をすることができる特例が設けられています。この適用を受ける場合に基準となる機械装置の稼働時間は土日を除く平日の1日8時間を目安として、平均超過使用時間を計算することになっています。

　なお、通常の使用時間が16時間のもの、24時間のものもあります。これらの使用時間は付表5において定められています。

　付表には、それだけを見れば、どういったときにそれを使うものなのかの検討はなかなかつきませんが、例えば、上記のように、付表5は増加償却の平均超過使用時間の算定に使う資料だということがわかれば、すっきりもするものです。

　また、耐用年数を調べていくうちに、カッチリとあてはまるものもあれば、なかなかあてはまらないものもあります。

　減価償却という手続きの中での耐用年数は、数年にわたり使用し徐々に減価していくことを前提とした資産について、その使用期間を予測したうえでその取得価額を各期間の経費として配分していくための、その「予測した使用期間」ということになります。

　本来の耐用年数は、法人の使用の仕方や手入れの仕方によっても、使用年数は、長くもなり、短くもなります。

　それを一律に定めようとするものが、耐用年数省令となりますので、そこまで、こと細かに取り決めるのではなく、あらかたの公平性を保ったうえでの取り決めやルールとなっています。

　つまり、建物や構築物にもなると、毎日屋外で24時間雨風にさらされることを前提に耐用年数は定められていますが、同じ構造のものであっても、これが特殊な化学薬品を貯蔵したり精製し

たりすることを目的とした建物や構築物である場合については、他の用途に使用するものよりもその薬品などによって早く劣化することが想定されますので、耐用年数も通常のものと比べて短い期間で年数が設定されています。

　あくまでも法人の使用の仕方や手入れの仕方によっては実際に使用できる年数は様々でしょうが、おおまかに一律として定められています。

　また、耐用年数省令において、資産の種類、構造又は用途、細目などで区分して、それに該当する減価償却資産の耐用年数をそれぞれに列挙していますが、類似はしますがカッチリと当てはまらないものもあります。また、判断する者の見解の相違によって、同じものであっても、実際に決定され使用される耐用年数は違ったりすることもあります。

　法人税の法解釈としては、重要性や公平性などを考慮した法解釈をすることはもちろん必要ですが、論理的に省令に規定されている内容を鑑みて、その解釈が二通り以上存在するものなのであれば、法人にとって少しでも有利に働くように選択して適用すべきことは当然にして然るべき正しい判断となります。

　そのようなことを踏まえて、別表第一から別表第十一まで、そして付表1から付表10までを参考にして使用していただければと思います。

■ 別表第一　機械及び装置以外の有形減価償却資産の耐用年数表

別表第一に掲げる減価償却資産には、建物、建物附属設備、構築物、船舶、航空機、車両及び運搬具、工具、器具及び備品があります。

別表第一では、これらの資産についてそれぞれ「構造又は用途」の区分ごとに「細目」が定められています。耐用年数を決定するにあたっては、①「種類」→②「構造又は用途」→③「細目」という順序で該当する資産を探します。なお、公害防止用資産や開発研究用資産に該当する資産である場合には、別表第五、別表第六の耐用年数を参照します。

■ 別表第二　機械及び装置の耐用年数表

別表第二に掲げる減価償却資産には、機械及び装置があります。

別表第二では、「設備の種類」ごとに「細目」が定められています。

耐用年数を決定するにあたっては、①「設備の種類」→②「細目」という順序で耐用年数を決定します。なお、公害防止用資産や開発研究用資産に該当する資産である場合には、別表第五、別表第六の耐用年数を参照します。

■ 別表第三　無形減価償却資産の耐用年数表

別表第三に掲げる無形減価償却資産には、漁業権、ダム使用権、水利権、特許権、実用新案権、意匠権、商標権、ソフトウェア、育成者権、営業権、専用側線利用権、鉄道軌道連絡通行施設利用権、電気ガス供給施設利用権、水道施設利用権、工業用水道施設利用権、電気通信施設利用権があります。

該当する権利などがあればその耐用年数を選定します。なお、ソフトウェアと育成者権については、「その他のもの」や「その他」がありますので、注意が必要です。

なお、平成28年度改正により、別表第三より「熱供給施設利用権」が削除されました。しかし、平成28年3月31日以前に取得した「熱供給施設利用権」は従前通り耐用年数15年として減価償却をすることができます。また、平成28年4月1日以後に取得する「熱供給施設利用権」のうち一定のものは耐用年数15年の無形固定資産とみなされます。

■ 別表第四　生物の耐用年数表

別表第四に掲げる生物には、牛、馬、豚、綿羊及びやぎ、かんきつ樹、りんご樹、ぶどう樹、なし樹、桃樹、桜桃樹、びわ樹、くり樹、梅樹、かき樹、あんず樹、すもも樹、いちじく樹、キウイフルーツ樹、ブルーベリー樹、パイナップル、茶樹、オリーブ樹、つばき樹、桑樹、こりやなぎ、みつまた、こうぞ、もう宗竹、アスパラガス、ラミー、まおらん、ホップがあります。

ここに掲げられていない生物であっても、改正により掲載される樹木が追加されることがあります。現在別表第四に揚げられていない農作物用の樹木がある場合には、その農作物の産地を所轄する税務署に問い合わせると、その地域で使用されている参考となる耐用年数を確認できることがあります。

■ 別表第五　公害防止用減価償却資産の耐用年数表

別表第五に掲げる公害防止用減価償却資産には、構築物、機械及び装置があります。

公害防止用減価償却資産は、水質汚濁、大気汚染、騒音、振動、悪臭などの公害を防止するための施設や設備に関する減価償却資産となります。

■ 別表第六　開発研究用減価償却資産の耐用年数表

別表第六に掲げる開発研究用減価償却資産には、建物、建物附属設備、構築物、工具、器具及び備品、機械及び装置、ソフトウェアがあります。

開発研究とは、新規原理の発見又は新規製品の発明、新規製品の製造、製造工程の創設又は未利用資源の活用方法、これらの研究の成果を企業化するためのデータ収集、現に企業化されている製造方法その他の生産技術の著しい改善のための試験研究をいいます。

■ 別表第七　平成19年3月31日以前に取得をされた減価償却資産の償却率表

この表は、平成19年度改正前に取得をした減価償却資産で、減価償却費の算定方法を旧定額法又は旧定率法により償却している資産について適用される償却率が掲載されています。

■ 別表第八　平成19年4月1日以後に取得をされた減価償却資産の定額法の償却率表

この表は、平成19年度改正後に取得をした減価償却資産で、減価償却費の算定方法を定額法により償却している資産について適用される償却率が掲載されています。

■ 別表第九　平成19年4月1日から平成24年3月31日までの間に取得をされた減価償却資産の定率法の償却率、改定償却率及び保証率の表

この表は、平成19年度改正後でかつ平成24年度改正前までに取得をした減価償却資産で、減価償却費の算定方法を定率法により償却している資産について適用される償却率、改定償却率及び保証率が掲載されています。

■ 別表第十　平成24年4月1日以後に取得をされた減価償却資産の定率法の償却率、改定償却率及び保証率の表

この表は、平成24年度改正後に取得をした減価償却資産で、減価償却費の算定方法を定率法により償却している資産について適用される償却率、改定償却率及び保証率が掲載されています。

■ 別表第十一　平成19年3月31日以前に取得をされた減価償却資産の残存割合表

この表は、平成19年度改正前に取得をした減価償却資産で、減価償却費の算定方法を旧定額法により償却している資産について適用される各資産の残存割合が掲載されています。

■ 付表1　塩素、塩酸、硫酸、硝酸その他の著しい腐食性を有する液体又は気体の影響を直接全面的に受ける建物の例示

別表第一に記載されている「建物」の細目に「塩素、塩酸、硫酸、硝酸その他の著しい腐食性を有する液体又は気体の影響を直接全面的に受けるもの」というものがあります。付表1では、これらの影響について、その影響を受ける工程、薬品名、設備について、具体的な例示が掲載されています。

■ **付表2　塩、チリ硝石その他の著しい潮解性を有する固体を常時蔵置するためのもの及び著しい蒸気の影響を直接全面的に受ける建物の例示**

　別表第一に記載されている「建物」の細目に「塩、チリ硝石その他の著しい潮解性を有する固体を常時蔵置するためのもの及び著しい蒸気の影響を直接全面的に受けるもの」というものがあります。付表2では、これらの影響について、その影響を受ける工程、薬品名、設備について、具体的な例示が掲載されています。

■ **付表3　鉄道業及び軌道業の構築物（総合償却資産であるものに限る）の細目と個別耐用年数**

　別表第一「構築物」の「鉄道業用又は軌道業用のもの」の細目に「前掲以外のもの」があります。そこで掲載されている各設備の耐用年数は、総合償却資産としての耐用年数が掲載されています。個々の資産の個別耐用年数が必要なときには、この付表3に掲載されている算定基礎年数を使用します。

■ **付表4　電気業の構築物（総合償却資産であるものに限る）の細目と個別耐用年数**

　別表第一「構築物」の「発電用又は送配電用のもの」の細目に「その他の水力発電用のもの」「汽力発電用のもの」「送電用のもの」があります。そこで掲載されている各設備の耐用年数は、総合償却資産としての耐用年数が掲載されています。個々の資産の個別耐用年数が必要なときには、この付表4に掲載されている算定基礎年数を使用します。

■ **付表5　通常の使用時間が8時間又は16時間の機械装置**

　法人税法施行令第60条【通常の使用時間を超えて使用される機械及び装置の償却限度額の特例】に規定する増加償却の適用を受ける機械及び装置について、超過使用時間の算定に必要となる基準の数値「通常の使用時間」が「設備の種類」ごとに掲載されています。ここで通常の使用時間が24時間となっている設備については「増加償却」の適用はありません。

■ **付表6　漁網、活字地金及び専用金型等以外の資産の基準率、基準回数及び基準直径表**

　漁網、活字に常用されている金属その他の減価償却資産について、汎用性がない特殊なものについては、特別な償却率を選定することができます。特別な償却率を選定するためには、その償却率について、所轄国税局長に申請をしてその認定を受ける必要があります。付表6では、特別な償却率の算定の基礎となる数値や償却率が掲載されています。

■ **付表7　旧定率法未償却残額表及び定率法未償却残額表**

　税制改正による償却率の変更による経過措置によって、経過年数を考慮した耐用年数の償却率を使用する場合の算定、定率法から定額法への償却方法の変更など、定率法で償却をした場合にその未償却残額により、その対象資産の経過年数を見積もることがあります。未償却残額割合に対応する経過年数などを調べる際にこの付表7を使用します。

　付表7では、旧定率法や定率法について、経過年数や未償却残額を計算するための表やその算式が掲載されています。

■ 付表8 「設備の種類」と日本標準産業分類の分類との対比表

　機械及び装置の耐用年数を選定する際には、別表第二の「設備の種類」を確認して耐用年数を選定します。別表第二における「設備の種類」については、各業種における製造設備が記載されているため、その機械及び装置がどの設備に該当するかを判断する際には、それぞれに区分された設備を使用する業種で判断することができます。別表第二における「設備の種類」は、日本標準産業分類の「中分類」における業種ごとに区分されていますので、更に小分類やその小分類における業種の具体例とを対比することによって、別表第二に区分される「設備の種類」を特定することが容易になります。

■ 付表9　機械及び装置の耐用年数表（別表第二）における新旧資産区分の対照表

　機械及び装置の耐用年数表の「設備の種類」の区分については、平成20年度改正前は「設備」ごとに395区分とされていましたが、改正後からその区分は業種ごとの区分となり、「日本標準産業分類の中分類」をベースとして55区分に区分されることになりました。

　付表9においては、機械及び装置における「設備の種類」及び、旧別表第七「農林業用減価償却資産の耐用年数表」における「設備の種類」について、改正後と改正前の資産区分の新旧対照表が掲載されています。

■ 付表10　機械及び装置の耐用年数表（旧別表第二）

　機械及び装置の耐用年数表の「設備の種類」の区分については、平成20年度改正前は「設備」ごとに395区分とされていました。付表10においては、改正前の「設備の種類」における耐用年数が掲載されています。

■ 別表・付表のまとめ

別表・付表	内　容	ページ
別表第一	耐用年数表 機械及び装置以外の有形減価償却資産の耐用年数	117
別表第二	耐用年数表 機械及び装置の有形減価償却資産の耐用年数	137
別表第三	耐用年数表 無形減価償却資産の耐用年数	142
別表第四	耐用年数表 生物の耐用年数	143
別表第五	耐用年数表 公害防止用減価償却資産の耐用年数	145
別表第六	耐用年数表 開発研究用減価償却資産の耐用年数	145
別表第七	償却率表（旧定額法・旧定率法・H19/3/31まで取得） 減価償却費の計算に使用	146
別表第八	償却率表（定額法・H19/4/1から取得） 減価償却費の計算に使用	147
別表第九	償却率表（250％定率法・H19/4/1からH24/3/31まで取得） 減価償却費の計算に使用	148
別表第十	償却率表（200％定率法・H24/4/1から取得） 減価償却費の計算に使用	150
別表第十一	残存割合表（旧定額法・H19/3/31まで取得） 減価償却費の計算に使用	152
付表1	建物の例示 腐食性を有する液体又は気体の影響を受けるもの	153
付表2	建物の例示 潮解性を有する固体を蔵置及び蒸気の影響を受けるもの	161
付表3	個別耐用年数表 鉄道業、軌道業の構築物（総合償却資産）	162
付表4	個別耐用年数表 電気業の構築物（総合償却資産）	163
付表5	通常の使用時間（8時間、16時間の機械及び装置） 割増償却の計算に使用	164
付表6	特別な償却率の算定（基準率・基準回数・基準直径表） なつ染用銅ロール、映画用フイルム、非鉄金属圧延ロール	173
付表7	定率法未償却残額表（旧定率法、定率法） 経過年数や未償却残額を計算	174
付表8	日本標準産業分類による別表第二の対比表（機械及び装置） 「設備の種類」を小分類と具体例により対比	180
付表9	別表第二、新旧対照表（機械及び装置） 「設備の種類」を旧別表第二の区分により対比	197
付表10	旧別表第二（機械及び装置） 「設備の種類」平成20年度改正前における区分	218

別表第一

■ 別表第一　機械及び装置以外の有形減価償却資産の耐用年数表

●建物

種類	構造又は用途	細　　目	解説	耐用年数
建物	鉄骨鉄筋コンクリート造又は鉄筋コンクリート造のもの	事務所用又は美術館用のもの及び下記以外のもの	㊺	50
		住宅用、寄宿舎用、宿泊所用、学校用又は体育館用のもの	㊺	47
		飲食店用、貸席用、劇場用、演奏場用、映画館用又は舞踏場用のもの	㊻	
		飲食店用又は貸席用のもので、延べ面積のうちに占める木造内装部分の面積が3割を超えるもの	㊻	34
		その他のもの		41
		旅館用又はホテル用のもの	㊻	
		延べ面積のうちに占める木造内装部分の面積が3割を超えるもの	㊻	31
		その他のもの		39
		店舗用のもの	㊼	39
		病院用のもの	㊼	39
		変電所用、発電所用、送受信所用、停車場用、車庫用、格納庫用、荷扱所用、映画製作ステージ用、屋内スケート場用、魚市場用又はと畜場用のもの	㊼㊽	38
		公衆浴場用のもの	㊽	31
		工場（作業場を含む。）用又は倉庫用のもの	㊽	
		塩素、塩酸、硫酸、硝酸その他の著しい腐食性を有する液体又は気体の影響を直接全面的に受けるもの、冷蔵倉庫用のもの（倉庫事業の倉庫用のものを除く。）及び放射性同位元素の放射線を直接受けるもの	㊿	24
		塩、チリ硝石その他の著しい潮解性を有する固体を常時蔵置するためのもの及び著しい蒸気の影響を直接全面的に受けるもの	51	31
		その他のもの		
		倉庫事業の倉庫用のもの		
		冷蔵倉庫用のもの		21
		その他のもの		31
		その他のもの		38
	れんが造、石造又はブロック造のもの	事務所用又は美術館用のもの及び下記以外のもの	㊺	41
		店舗用、住宅用、寄宿舎用、宿泊所用、学校用又は体育館用のもの	㊺㊻㊼	38
		飲食店用、貸席用、劇場用、演奏場用、映画館用又は舞踏場用のもの	㊻	38
		旅館用、ホテル用又は病院用のもの	㊻㊼	36
		変電所用、発電所用、送受信所用、停車場用、車庫用、格納庫用、荷扱所用、映画製作ステージ用、屋内スケート場用、魚市場用又はと畜場用のもの	㊼㊽	34
		公衆浴場用のもの	㊽	30

117

種類	構造又は用途	細目	解説	耐用年数
建物	れんが造、石造又はブロック造のもの	工場（作業場を含む。）用又は倉庫用のもの	㊽	
		塩素、塩酸、硫酸、硝酸その他の著しい腐食性を有する液体又は気体の影響を直接全面的に受けるもの及び冷蔵倉庫用のもの（倉庫事業の倉庫用のものを除く。）	㊿	22
		塩、チリ硝石その他の著しい潮解性を有する固体を常時蔵置するためのもの及び著しい蒸気の影響を直接全面的に受けるもの	(51)	28
		その他のもの		
		倉庫事業の倉庫用のもの		
		冷蔵倉庫用のもの		20
		その他のもの		30
		その他のもの		34
	金属造のもの（骨格材の肉厚が4ミリメートルを超えるものに限る。）	事務所用又は美術館用のもの及び下記以外のもの	㊺	38
		店舗用、住宅用、寄宿舎用、宿泊所用、学校用又は体育館用のもの	㊺㊻㊼	34
		飲食店用、貸席用、劇場用、演奏場用、映画館用又は舞踏場用のもの	㊻	31
		変電所用、発電所用、送受信所用、停車場用、車庫用、格納庫用、荷扱所用、映画製作ステージ用、屋内スケート場用、魚市場用又はと畜場用のもの	㊼㊽	31
		旅館用、ホテル用又は病院用のもの	㊻㊼	29
		公衆浴場用のもの	㊽	27
		工場（作業場を含む。）用又は倉庫用のもの	㊽	
		塩素、塩酸、硫酸、硝酸その他の著しい腐食性を有する液体又は気体の影響を直接全面的に受けるもの、冷蔵倉庫用のもの（倉庫事業の倉庫用のものを除く。）及び放射性同位元素の放射線を直接受けるもの	㊿	20
		塩、チリ硝石その他の著しい潮解性を有する固体を常時蔵置するためのもの及び著しい蒸気の影響を直接全面的に受けるもの	(51)	25
		その他のもの		
		倉庫事業の倉庫用のもの		
		冷蔵倉庫用のもの		19
		その他のもの		26
		その他のもの		31
	金属造のもの（骨格材の肉厚が3ミリメートルを超え4ミリメートル以下のものに限る。）	事務所用又は美術館用のもの及び下記以外のもの	㊺	30
		店舗用、住宅用、寄宿舎用、宿泊所用、学校用又は体育館用のもの	㊺㊻㊼	27
		飲食店用、貸席用、劇場用、演奏場用、映画館用又は舞踏場用のもの	㊻	25
		変電所用、発電所用、送受信所用、停車場用、車庫用、格納庫用、荷扱所用、映画製作ステージ用、屋内スケート場用、魚市場用又はと畜場用のもの	㊼㊽	25
		旅館用、ホテル用又は病院用のもの	㊻㊼	24

種類	構造又は用途	細目		解説	耐用年数
建物	金属造のもの（骨格材の肉厚が3ミリメートルを超え4ミリメートル以下のものに限る。）	公衆浴場用のもの		㊽	19
		工場（作業場を含む。）用又は倉庫用のもの		㊽	
			塩素、塩酸、硫酸、硝酸その他の著しい腐食性を有する液体又は気体の影響を直接全面的に受けるもの及び冷蔵倉庫用のもの	㊿	15
			塩、チリ硝石その他の著しい潮解性を有する固体を常時蔵置するためのもの及び著しい蒸気の影響を直接全面的に受けるもの	(51)	19
			その他のもの		24
	金属造のもの（骨格材の肉厚が3ミリメートル以下のものに限る。）	事務所用又は美術館用のもの及び下記以外のもの		㊺	22
		店舗用、住宅用、寄宿舎用、宿泊所用、学校用又は体育館用のもの		㊺㊻㊼	19
		飲食店用、貸席用、劇場用、演奏場用、映画館用又は舞踏場用のもの		㊻	19
		変電所用、発電所用、送受信所用、停車場用、車庫用、格納庫用、荷扱所用、映画製作ステージ用、屋内スケート場用、魚市場用又はと畜場用のもの		㊼㊽	19
		旅館用、ホテル用又は病院用のもの		㊻㊼	17
		公衆浴場用のもの		㊽	15
		工場（作業場を含む。）用又は倉庫用のもの		㊽	
			塩素、塩酸、硫酸、硝酸その他の著しい腐食性を有する液体又は気体の影響を直接全面的に受けるもの及び冷蔵倉庫用のもの	㊿	12
			塩、チリ硝石その他の著しい潮解性を有する固体を常時蔵置するためのもの及び著しい蒸気の影響を直接全面的に受けるもの	(51)	14
			その他のもの		17
	木造又は合成樹脂造のもの	事務所用又は美術館用のもの及び下記以外のもの		㊺	24
		店舗用、住宅用、寄宿舎用、宿泊所用、学校用又は体育館用のもの		㊺㊻㊼	22
		飲食店用、貸席用、劇場用、演奏場用、映画館用又は舞踏場用のもの		㊻	20
		変電所用、発電所用、送受信所用、停車場用、車庫用、格納庫用、荷扱所用、映画製作ステージ用、屋内スケート場用、魚市場用又はと畜場用のもの		㊼㊽	17
		旅館用、ホテル用又は病院用のもの		㊻㊼	17
		公衆浴場用のもの		㊽	12
		工場（作業場を含む。）用又は倉庫用のもの		㊽	
			塩素、塩酸、硫酸、硝酸その他の著しい腐食性を有する液体又は気体の影響を直接全面的に受けるもの及び冷蔵倉庫用のもの	㊿	9
			塩、チリ硝石その他の著しい潮解性を有する固体を常時蔵置するためのもの及び著しい蒸気の影響を直接全面的に受けるもの	(51)	11
			その他のもの		15
	木骨モルタル造のもの		事務所用又は美術館用のもの及び下記以外のもの	㊺	22
			店舗用、住宅用、寄宿舎用、宿泊所用、学校用又は体育館用のもの	㊺㊻㊼	20

種類	構造又は用途	細目	解説	耐用年数
建物	木骨モルタル造のもの	飲食店用、貸席用、劇場用、演奏場用、映画館用又は舞踏場用のもの	㊻	19
		変電所用、発電所用、送受信所用、停車場用、車庫用、格納庫用、荷扱所用、映画製作ステージ用、屋内スケート場用、魚市場用又はと畜場用のもの	㊼㊽	15
		旅館用、ホテル用又は病院用のもの	㊻㊼	15
		公衆浴場用のもの	㊽	11
		工場（作業場を含む。）用又は倉庫用のもの	㊽	
		塩素、塩酸、硫酸、硝酸その他の著しい腐食性を有する液体又は気体の影響を直接全面的に受けるもの及び冷蔵倉庫用のもの	㊿	7
		塩、チリ硝石その他の著しい潮解性を有する固体を常時蔵置するためのもの及び著しい蒸気の影響を直接全面的に受けるもの	51	10
		その他のもの		14
	簡易建物	木製主要柱が10センチメートル角以下のもので、土居ぶき、杉皮ぶき、ルーフィングぶき又はトタンぶきのもの	㊹	10
		掘立造のもの及び仮設のもの	㊹㊺	7

別表第一

●建物附属設備

種類	構造又は用途	細目	解説	耐用年数
建物附属設備	電気設備（照明設備を含む。）	蓄電池電源設備	52	6
		その他のもの	52	15
	給排水又は衛生設備及びガス設備		53	15
	冷房、暖房、通風又はボイラー設備	冷暖房設備（冷凍機の出力が22キロワット以下のもの）	53	13
		その他のもの	53	15
	昇降機設備	エレベーター	54	17
		エスカレーター	54	15
	消火、排煙又は災害報知設備及び格納式避難設備		54	8
	エヤーカーテン又はドアー自動開閉設備		55	12
	アーケード又は日よけ設備	主として金属製のもの	55	15
		その他のもの	55	8
	店用簡易装備		55	3
	可動間仕切り	簡易なもの	55	3
		その他のもの	55	15
	前掲のもの以外のもの及び前掲の区分によらないもの	主として金属製のもの	56	18
		その他のもの	56	10

●構築物

種類	構造又は用途	細目	解説	耐用年数
構築物	鉄道業用又は軌道業用のもの	軌条及びその附属品	58	20
		まくら木	58	
		木製のもの		8
		コンクリート製のもの		20
		金属製のもの		20
		分岐器	58	15
		通信線、信号線及び電灯電力線	58	30
		信号機	58	30
		送配電線及びき電線	59	40
		電車線及び第三軌条	59	20
		帰線ボンド	59	5
		電線支持物（電柱及び腕木を除く。）	59	30
		木柱及び木塔（腕木を含む。）	59	
		架空索道用のもの	59	15
		その他のもの		25
		前掲以外のもの	59	
		線路設備		
		軌道設備	59	
		道床	59	60
		その他のもの		16
		土工設備	60	57
		橋りょう	60	
		鉄筋コンクリート造のもの		50
		鉄骨造のもの		40
		その他のもの		15
		トンネル	60	
		鉄筋コンクリート造のもの		60
		れんが造のもの		35
		その他のもの		30
		その他のもの		21
		停車場設備	60	32
		電路設備	60	

別表第一

種類	構造又は用途	細　目			解説	耐用年数
構築物	鉄道業用又は軌道業用のもの			鉄柱、鉄塔、コンクリート柱及びコンクリート塔	62	45
				踏切保安又は自動列車停止設備		12
				その他のもの		19
			その他のもの			40
	その他の鉄道用又は軌道用のもの	軌条及びその附属品並びにまくら木			58	15
		道　　　床			59	60
		土 工 設 備			60	50
		橋 り ょ う			60	
			鉄筋コンクリート造のもの			50
			鉄骨造のもの			40
			その他のもの			15
		ト ン ネ ル			60	
			鉄筋コンクリート造のもの			60
			れんが造のもの			35
			その他のもの			30
		その他のもの				30
	発電用又は送配電用のもの	小水力発電用のもの（農山漁村電気導入促進法（昭和 27 年法律第 358 号）に基づき建設したものに限る。）				30
		その他の水力発電用のもの（貯水池、調整池及び水路に限る。）			61	57
		汽力発電用のもの（岸壁、さん橋、堤防、防波堤、煙突、その他汽力発電用のものをいう。）			61	41
		送電用のもの			61	25
			地中電線路		61	
			塔、柱、がい子、送電線、地線及び添架電話線		61	36
		配電用のもの			61	
			鉄塔及び鉄柱		62	50
			鉄筋コンクリート柱		62	42
			木　　　柱			15
			配　電　線		61	30
			引　込　線		61	20
			添架電話線		61	30
			地中電線路		61	25

123

種類	構造又は用途	細目	解説	耐用年数
構築物	電気通信事業用のもの	通信ケーブル	㊞㊞	
		光ファイバー製のもの	㊞	10
		その他のもの		13
		地中電線路	㊞	27
		その他の線路設備		21
	放送用又は無線通信用のもの	鉄塔及び鉄柱	㊞	
		円筒空中線式のもの	㊞	30
		その他のもの		40
		鉄筋コンクリート柱	㊞	42
		木塔及び木柱		10
		アンテナ	㊞	10
		接地線及び放送用配線	㊞	10
	農林業用のもの	主としてコンクリート造、れんが造、石造又はブロック造のもの		
		果樹棚又はホップ棚	㊞	14
		その他のもの		17
		主として金属造のもの		14
		主として木造のもの		5
		土管を主としたもの	㊞	10
		その他のもの		8
	広告用のもの	金属造のもの	㊞	20
		その他のもの	㊞	10
	競技場用、運動場用、遊園地用又は学校用のもの	スタンド	㊞	
		主として鉄骨鉄筋コンクリート造又は鉄筋コンクリート造のもの		45
		主として鉄骨造のもの		30
		主として木造のもの		10
		競輪場用競走路	㊞	
		コンクリート敷のもの		15
		その他のもの		10
		ネット設備	㊞	15
		野球場、陸上競技場、ゴルフコースその他のスポーツ場の排水その他の土工施設	㊞	30
		水泳プール	㊞	30

別表第一

種類	構造又は用途	細 目	解説	耐用年数
構築物	競技場用、運動場用、遊園地用又は学校用のもの	その他のもの		
		児童用のもの		
		すべり台、ぶらんこ、ジャングルジムその他の遊戯用のもの		10
		その他のもの	⑥⑷	15
		その他のもの		
		主として木造のもの		15
		その他のもの		30
	緑化施設及び庭園	工場緑化施設	⑥⑷	7
		その他の緑化施設及び庭園（工場緑化施設に含まれるものを除く。）		20
	舗装道路及び舗装路面	コンクリート敷、ブロック敷、れんが敷又は石敷のもの	⑥⑸	15
		アスファルト敷又は木れんが敷のもの	⑥⑸	10
		ビチューマルス敷のもの	⑥⑸	3
	鉄骨鉄筋コンクリート造又は鉄筋コンクリート造のもの（前掲のものを除く。）	水道用ダム	⑥⑸	80
		トンネル	⑥⑸	75
		橋	⑥⑸	60
		岸壁、さん橋、防壁（爆発物用のものを除く。）、堤防、防波堤、塔、やぐら、上水道、水そう及び用水用ダム		50
		乾ドック	⑥⑸	45
		サイロ	⑥⑹	35
		下水道、煙突及び焼却炉		35
		高架道路、製塩用ちんでん池、飼育場及びへい	⑥⑹	30
		爆発物用防壁及び防油堤	⑥⑹	25
		造船台	⑥⑹	24
		放射性同位元素の放射線を直接受けるもの	⑥⑹	15
		その他のもの		60
	コンクリート造又はコンクリート	やぐら及び用水池	⑥⑺	40
		サイロ	⑥⑹	34
	ブロック造のもの（前掲のものを除く。）	岸壁、さん橋、防壁（爆発物用のものを除く。）、堤防、防波堤、トンネル、上水道及び水そう	⑥⑸⑥⑺	30
		下水道、飼育場及びへい	⑥⑹	15
		爆発物用防壁	⑥⑹	13
		引湯管	⑥⑹	10

125

種類	構造又は用途	細目	解説	耐用年数
構築物	ブロック造のもの（前掲のものを除く。）	鉱業用廃石捨場	66	5
		その他のもの		40
	れんが造のもの（前掲のものを除く。）	防壁（爆発物用のものを除く。）、堤防、防波堤及びトンネル	65	50
		煙突、煙道、焼却炉、へい及び爆発物用防壁	66	
		塩素、クロールスルホン酸その他の著しい腐食性を有する気体の影響を受けるもの	66	7
		その他のもの		25
		その他のもの		40
	石造のもの（前掲のものを除く。）	岸壁、さん橋、防壁（爆発物用のものを除く。）、堤防、防波堤、上水道及び用水池	67	50
		乾ドック	65	45
		下水道、へい及び爆発物用防壁	66	35
		その他のもの		50
	土造のもの（前掲のものを除く。）	防壁（爆発物用のものを除く。）、堤防、防波堤及び自動車道	67	40
		上水道及び用水池	67	30
		下水道		15
		へい		20
		爆発物用防壁及び防油堤	66	17
		その他のもの		40
	金属造のもの（前掲のものを除く。）	橋（はね上げ橋を除く。）	65	45
		はね上げ橋及び鋼矢板岸壁	68	25
		サイロ	66	22
		送配管		
		鋳鉄製のもの		30
		鋼鉄製のもの		15
		ガス貯そう		
		液化ガス用のもの		10
		その他のもの		20
		薬品貯そう		
		塩酸、ふっ酸、発煙硫酸、濃硝酸その他の発煙性を有する無機酸用のもの		8
		有機酸用又は硫酸、硝酸その他前掲のもの以外の無機酸用のもの		10

別表第一

種類	構造又は用途	細目	解説	耐用年数
構築物	金属造のもの（前掲のものを除く。）	アルカリ類用、塩水用、アルコール用その他のもの		15
		水そう及び油そう		
		鋳鉄製のもの		25
		鋼鉄製のもの		15
		浮きドック	57 68	20
		飼 育 場	66	15
		つり橋、煙突、焼却炉、打込み井戸、へい、街路灯及びガードレール	68	10
		露天式立体駐車設備	68	15
		その他のもの		45
	合成樹脂造のもの（前掲のものを除く。）		68	10
	木造のもの（前掲のものを除く。）	橋、塔、やぐら及びドック	65	15
		岸壁、さん橋、防壁、堤防、防波堤、トンネル、水そう、引湯管及びへい	66 67	10
		飼 育 場	66	7
		その他のもの		15
	前掲のもの以外のもの及び前掲の区分によらないもの	主として木造のもの		15
		その他のもの		50

127

●船舶

種類	構造又は用途	細 目	解説	耐用年数
船舶	船舶法（明治32年法律第46号）第4条から第19条までの適用を受ける鋼船			
	漁　船	総トン数が500トン以上のもの	⑥⑨	12
		総トン数が500トン未満のもの	⑥⑨	9
	油そう船	総トン数が2,000トン以上のもの	⑦⓪	13
		総トン数が2,000トン未満のもの	⑦⓪	11
	薬品そう船		⑦⓪	10
	その他のもの	総トン数が2,000トン以上のもの		15
		総トン数が2,000トン未満のもの		
		しゅんせつ船及び砂利採取船	⑦⓪	10
		カーフェリー		11
		その他のもの		14
	船舶法第4条から第19条までの適用を受ける木船			
	漁　船		⑥⑨	6
	薬品そう船		⑦⓪	8
	その他のもの			10
	船舶法第4条から第19条までの適用を受ける軽合金（他の項に掲げるものを除く。）			9
	船舶法第4条から第19条までの適用を受ける強化プラスチック船			7
	船舶法第4条から第19条までの適用を受ける水中翼船及びホバークラフト			8
	その他のもの			
	鋼　船	しゅんせつ船及び砂利採取船	⑦⓪	7
		発電船及びとう載漁船		8
		ひ　き　船	⑦⓪	10
		その他のもの		12
	木　船	とう載漁船		4
		しゅんせつ船及び砂利採取船	⑦⓪	5
		動力漁船及びひき船	⑦⓪	6
		薬品そう船	⑦⓪	7
		その他のもの		8
	その他のもの	モーターボート及びとう載漁船		4
		その他のもの		5

128

別表第一

●航空機

種類	構造又は用途	細目	解説	耐用年数
航空機	飛行機	主として金属製のもの	⑦	
		最大離陸重量が 130 トンを超えるもの		10
		最大離陸重量が 130 トン以下のもので 5.7 トンを超えるもの		8
		最大離陸重量が 5.7 トン以下のもの		5
		その他のもの	⑦	5
	その他のもの	ヘリコプター及びグライダー	⑦	5
		その他のもの		5

129

●車両及び運搬具

種類	構造又は用途	細目		解説	耐用年数
車両及び運搬具	鉄道用又は軌道用車両（架空索道用搬器を含む。）	電気又は蒸気機関車		⑦	18
		電車		⑦	13
		内燃動車（制御車及び附随車を含む。）		⑦	11
		貨車			
			高圧ボンベ車及び高圧タンク車	⑦	10
			薬品タンク車及び冷凍車	⑦	12
			その他のタンク車及び特殊構造車		15
			その他のもの		20
		線路建設保守用工作車		⑦	10
		鋼索鉄道用車両		⑦	15
		架空索道用搬器		⑦	
			閉鎖式のもの	⑦	10
			その他のもの		5
		無軌条電車		⑦	8
		その他のもの			20
	特殊自動車（この項には別表第二に掲げる減価償却資産に含まれるブルドーザー、パワーショベルその他の自走式作業用機械並びにトラクター及び農林業用運搬機具を含まない。）	消防車、救急車、レントゲン車、散水車、放送宣伝車、移動無線車及びチップ製造車		⑦	5
		モータースィーパー及び除雪車		⑦	4
		タンク車、じんかい車、し尿車、寝台車、霊きゅう車、トラックミキサー、レッカーその他特殊車体を架装したもの		⑦	
			小型車（じんかい車及びし尿車にあっては積載量が2トン以下、その他のものにあっては総排気量が2リットル以下のものをいう。）		3
			その他のもの		4

別表第一

種類	構造又は用途	細 目			解説	耐用年数
車両及び運搬具	運送事業用、貸自動車業用又は自動車教習所用の車両及び運搬具（前掲のものを除く。）	自動車（二輪又は三輪自動車を含み、乗合自動車を除く。）				
		小型車（貨物自動車にあっては積載量が2トン以下、その他のものにあっては総排気量が2リットル以下のものをいう。）				3
		その他のもの				
			大型乗用車（総排気量が3リットル以上のものをいう。）			5
			その他のもの			4
		乗合自動車			⑰	5
		自転車及びリヤカー			⑰	2
		被けん引車その他のもの			⑰	4
	前掲のもの以外のもの	自動車（二輪又は三輪自動車を除く。）			⑰	
		小型車（総排気量が0.66リットル以下のものをいう。）			⑰	4
		その他のもの				
			貨物自動車			
				ダンプ式のもの		4
				その他のもの		5
			報道通信用のもの		⑰	5
			その他のもの			6
		二輪又は三輪自動車			⑱	3
		自 転 車				2
		鉱山用人車、炭車、鉱車及び台車				
			金属製のもの			7
			その他のもの			4
		フォークリフト			⑱	4
		ト ロ ッ コ			⑱	
			金属製のもの			5
			その他のもの			3
		その他のもの				
			自走能力を有するもの			7
			その他のもの			4

131

●工具

種類	構造又は用途	細　　目	解説	耐用年数
工具	測定工具及び検査工具（電気又は電子を利用するものを含む。）		㉙	5
	治具及び取付工具		㉙	3
	ロ　ー　ル	金属圧延用のもの	㉙	4
		なつ染ロール、粉砕ロール、混練ロールその他のもの	㉙	3
	わく型（型枠を含む。）、鍛圧工具及び打抜工具	プレスその他の金属加工用金型、合成樹脂、ゴム又はガラス成型用金型及び鋳造用型		2
		その他のもの		3
	切削工具		㉚	2
	金属製柱及びカッペ		㉚	3
	活字及び活字に常用される金属	購入活字（活字の形状のまま反復使用するものに限る。）		2
		自製活字及び活字に常用される金属		8
	前掲のもの以外のもの	白金ノズル	㉚	13
		その他のもの		3
	前掲の区分によらないもの	白金ノズル	㉚	13
		その他の主として金属製のもの		8
		その他のもの		4

別表第一

●器具及び備品

種類	構造又は用途	細目		解説	耐用年数
器具及び備品	1 家具、電気機器、ガス機器及び家庭用品（他の項に掲げるものを除く。）	事務机、事務いす及びキャビネット			
			主として金属製のもの		15
			その他のもの		8
		応接セット		⑬⑫	
			接客業用のもの	⑫	5
			その他のもの		8
		ベッド			8
		児童用机及びいす			5
		陳列だな及び陳列ケース		⑫	
			冷凍機付及び冷蔵機付のもの		6
			その他のもの		8
		その他の家具			
			接客業用のもの		5
			その他のもの		
			主として金属製のもの		15
			その他のもの		8
		ラジオ、テレビジョン、テープレコーダーその他の音響機器			5
		冷房用又は暖房用機器		⑫	6
		電気冷蔵庫、電気洗濯機その他これらに類する電気又はガス機器		⑫	6
		氷冷蔵庫及び冷蔵ストッカー（電気式のものを除く。）			4
		カーテン、座ぶとん、寝具、丹前その他これらに類する繊維製品		⑬	3
		じゅうたんその他の床用敷物			
			小売業用、接客業用、放送用、レコード吹込用又は劇場用のもの		3
			その他のもの		6
		室内装飾品			
			主として金属製のもの		15
			その他のもの		8
		食事又はちゅう房用品		⑫	
			陶磁器製又はガラス製のもの		2
			その他のもの		5

種類	構造又は用途	細　　　　　目	解説	耐用年数
器具及び備品	1　家具、電気機器、ガス機器及び家庭用品（他の項に掲げるものを除く。）	その他のもの		
		主として金属製のもの		15
		その他のもの		8
	2　事務機器及び通信機器	謄写機器及びタイプライター	⑧	
		孔版印刷又は印書業用のもの	⑧	3
		その他のもの		5
		電子計算機	⑧	
		パーソナルコンピュータ（サーバー用のものを除く。）		4
		その他のもの		5
		複写機、計算機（電子計算機を除く。）、金銭登録機、タイムレコーダーその他これらに類するもの		5
		その他の事務機器	⑧	5
		テレタイプライター及びファクシミリ		5
		インターホーン及び放送用設備		6
		電話設備その他の通信機器	⑧	
		デジタル構内交換設備及びデジタルボタン電話設備		6
		その他のもの		10
	3　時計、試験機器及び測定機器	時　　　計		10
		度　量　衡　器		5
		試験又は測定機器		5
	4　光学機器及び写真製作機器	オペラグラス		2
		カメラ、映画撮影機、映写機及び望遠鏡	⑧	5
		引伸機、焼付機、乾燥機、顕微鏡その他の機器		8
	5　看板及び広告器具	看板、ネオンサイン及び気球	⑧	3
		マネキン人形及び模型	⑧	2
		その他のもの		
		主として金属製のもの		10
		その他のもの		5

別表第一

種類	構造又は用途	細　　目	解説	耐用年数
器具及び備品	6　容器及び金庫	ボ　ン　ベ		
		溶接製のもの		6
		鍛造製のもの		
		塩素用のもの		8
		その他のもの		10
		ドラムかん、コンテナーその他の容器		
		大型コンテナー（長さが6メートル以上のものに限る。）		7
		その他のもの		
		金属製のもの		3
		その他のもの		2
		金　　　庫	⑧⑤	
		手 さ げ 金 庫		5
		その他のもの		20
	7　理容又は美容機器			5
	8　医療機器	消毒殺菌用機器		4
		手 術 機 器		5
		血液透析又は血しょう交換用機器		7
		ハバードタンクその他の作動部分を有する機能回復訓練機器		6
		調 剤 機 器		6
		歯科診療用ユニット		7
		光学検査機器	⑧⑥	
		ファイバースコープ		6
		その他のもの		8
		その他のもの		
		レントゲンその他の電子装置を使用する機器	⑧⑤	
		移動式のもの、救急医療用のもの及び自動血液分析器		4
		その他のもの		6
		その他のもの		
		陶磁器製又はガラス製のもの		3
		主として金属製のもの		10
		その他のもの		5

種類	構造又は用途	細目	解説	耐用年数
器具及び備品	9 娯楽又はスポーツ器具及び興行又は演劇用具	たまつき用具		8
		パチンコ器、ビンゴ器その他これらに類する球戯用具及び射的用具		2
		ご、しょうぎ、まあじゃん、その他の遊戯具		5
		スポーツ具	(86)	3
		劇場用観客いす		3
		どんちょう及び幕		5
		衣しょう、かつら、小道具及び大道具	(86)	2
		その他のもの		
		主として金属製のもの		10
		その他のもの		5
	10 生物	植物	(87)	
		貸付業用のもの		2
		その他のもの	(87)	15
		動物	(86)	
		魚類	(86)	2
		鳥類	(86)	4
		その他のもの	(86)	8
	11 前掲のもの以外のもの	映画フィルム（スライドを含む。）、磁気テープ及びレコード	⑫	2
		シート及びロープ		2
		きのこ栽培用ほだ木		3
		漁具		3
		葬儀用具		3
		楽器		5
		自動販売機（手動のものを含む。）	(57)(87)	5
		無人駐車管理装置	(87)	5
		焼却炉		5
		その他のもの		
		主として金属製のもの	(87)	10
		その他のもの	(87)	5
	12 前掲する資産のうち、当該資産について定められている前掲の耐用年数によるもの以外のもの及び前掲の区分によらないもの			
		主として金属製のもの		15
		その他のもの		8

別表第一・第二

■ 別表第二　機械及び装置の耐用年数表

番号	設 備 の 種 類	細　　目	解説	耐用年数
1	食料品製造業用設備			10
2	飲料、たばこ又は飼料製造業用設備			10
3	繊維工業用設備	炭素繊維製造設備	❾❷	
		黒鉛化炉	❾❸	3
		その他の設備		7
		その他の設備		7
4	木材又は木製品（家具を除く。）製造業用設備			8
5	家具又は装備品製造業用設備			11
6	パルプ、紙又は紙加工品製造業用設備			12
7	印刷業又は印刷関連業用設備	デジタル印刷システム設備		4
		製本業用設備		7
		新聞業用設備		
		モノタイプ、写真又は通信設備		3
		その他の設備		10
		その他の設備		10
8	化学工業用設備	臭素、よう素又は塩素、臭素若しくはよう素化合物製造設備		5
		塩化りん製造設備		4
		活性炭製造設備		5
		ゼラチン又はにかわ製造設備		5
		半導体用フォトレジスト製造設備		5
		フラットパネル用カラーフィルター、偏光板又は偏光板用フィルム製造設備		5
		その他の設備		8
9	石油製品又は石炭製品製造業用設備			7
10	プラスチック製品製造業用設備（他の号に掲げるものを除く。）			8
11	ゴム製品製造業用設備			9
12	なめし革、なめし革製品又は毛皮製造業用設備			9
13	窯業又は土石製品製造業用設備			9

第1章　耐用年数の調べ方

第2章　耐用年数の選び方

第3章　別表・付表の使い方

137

番号	設 備 の 種 類	細 目	解説	耐用年数
14	鉄鋼業用設備	表面処理鋼材若しくは鉄粉製造業又は鉄スクラップ加工処理業用設備		5
		純鉄、原鉄、ベースメタル、フェロアロイ、鉄素形材又は鋳鉄管製造業用設備		9
		その他の設備		14
15	非鉄金属製造業用設備	核燃料物質加工設備		11
		その他の設備		7
16	金属製品製造業用設備	金属被覆及び彫刻業又は打はく及び金属製ネームプレート製造業用設備		6
		その他の設備		10
17	はん用機械器具（はん用性を有するもので、他の器具及び備品並びに機械及び装置に組み込み、又は取り付けることによりその用に供されるものをいう。）製造業用設備（第20号及び第22号に掲げるものを除く。）			12
18	生産用機械器具（物の生産の用に供されるものをいう。）製造業用設備（次号及び第21号に掲げるものを除く。）	金属加工機械製造設備		9
		その他の設備		12
19	業務用機械器具（業務用又はサービスの生産の用に供されるもの（これらのものであって物の生産の用に供されるものを含む。）をいう。）製造業用設備（第17号、第21号及び第23号に掲げるものを除く。）			7
20	電子部品、デバイス又は電子回路製造業用設備	光ディスク（追記型又は書換え型のものに限る。）製造設備		6
		プリント配線基板製造設備		6
		フラットパネルディスプレイ、半導体集積回路又は半導体素子製造設備		5
		その他の設備		8
21	電気機械器具製造業用設備			7
22	情報通信機械器具製造業用設備			8
23	輸送用機械器具製造業用設備			9
24	その他の製造業用設備			9
25	農業用設備			7
26	林業用設備		91	5
27	漁業用設備（次号に掲げるものを除く。）			5
28	水産養殖業用設備			5

番号	設 備 の 種 類	細 目	解説	耐用年数
29	鉱業、採石業又は砂利採取業用設備	石油又は天然ガス鉱業用設備		
		坑井設備	❾❸	3
		掘さく設備	❾❸	6
		その他の設備	❾❸	12
		その他の設備	❾❸	6
30	総合工事業用設備		❾❸	6
31	電気業用設備	電気業用水力発電設備		22
		その他の水力発電設備		20
		汽力発電設備		15
		内燃力又はガスタービン発電設備		15
		送電又は電気業用変電若しくは配電設備		
		需要者用計器		15
		柱上変圧器		18
		その他の設備		22
		鉄道又は軌道業用変電設備		15
		その他の設備		
		主として金属製のもの		17
		その他のもの		8
32	ガス業用設備	製造用設備		10
		供給用設備		
		鋳鉄製導管		22
		鉄鋳製導管以外の導管		13
		需要者用計量器		13
		その他の設備		15
		その他の設備		
		主として金属製のもの		17
		その他のもの		8
33	熱供給業用設備			17
34	水道業用設備			18
35	通信業用設備			9
36	放送業用設備			6
37	映像、音声又は文字情報制作業用設備			8

番号	設備の種類	細目	解説	耐用年数
38	鉄道業用設備	自動改札装置	❾❸	5
		その他の設備		12
39	道路貨物運送業用設備			12
40	倉庫業用設備			12
41	運輸に附帯するサービス業用設備		❾❶	10
42	飲食料品卸売業用設備			10
43	建築材料、鉱物又は金属材料等卸売業用設備	石油又は液化石油ガス卸売用設備（貯そうを除く。）		13
		その他の設備		8
44	飲食料品小売業用設備			9
45	その他の小売業用設備	ガソリン又は液化石油ガススタンド設備		8
		その他の設備	❾❹	
		主として金属製のもの		17
		その他のもの		8
46	技術サービス業用設備（他の号に掲げるものを除く。）	計量証明業用設備		8
		その他の設備		14
47	宿泊業用設備			10
48	飲食店業用設備			8
49	洗濯業、理容業、美容業又は浴場業用設備			13
50	その他の生活関連サービス業用設備			6
51	娯楽業用設備	映画館又は劇場用設備		11
		遊園地用設備		7
		ボウリング場用設備		13
		その他の設備		
		主として金属製のもの		17
		その他のもの		8
52	教育業（学校教育業を除く。）又は学習支援業用設備	教習用運転シミュレータ設備		5
		その他の設備		
		主として金属製のもの		17
		その他のもの		8
53	自動車整備業用設備			15
54	その他のサービス業用設備		❾❹	12

別表第二

番号	設　備　の　種　類	細　　　　目	解説	耐用年数
55	前掲の機械及び装置以外のもの並びに前掲の区分によらないもの	機械式駐車設備	❾❹	10
		ブルドーザー、パワーショベルその他の自走式作業用機械設備	❾⓪	8
		その他の設備		
		主として金属製のもの		17
		その他のもの		8

■ 別表第三　無形減価償却資産の耐用年数表

種　　類	細　　目	解説	耐用年数（年）
漁　業　権		⑩	10
ダ ム 使 用 権		⑩	55
水　利　権		⑩	20
特　許　権		⑩	8
実 用 新 案 権		⑩	5
意　匠　権		⑩	7
商　標　権		⑩	10
ソフトウエア	複写して販売するための原本	⑩	3
	その他のもの	⑩	5
育 成 者 権	種苗法（平成10年法律第83号）第4条第2項に規定する品種	⑩	10
	そ　の　他	⑩	8
営　業　権		⑩	5
専用側線利用権		⑩	30
鉄道軌道連絡通行施設利用権		⑩	30
電気ガス供給施設利用権		⑩	15
水道施設利用権		⑩	15
工業用水道施設利用権		⑩	15
電気通信施設利用権		⑩	20

別表第三・第四

■ 別表第四　生物の耐用年数表

種　　類	細　　　　目	解説	耐用年数
牛	繁殖用（家畜改良増殖法（昭和 25 年法律第 209 号）に基づく種付証明書、授精証明書、体内受精卵移植証明書又は体外受精卵移植証明書のあるものに限る。）	96	
	役肉用牛		6
	乳用牛		4
	種付用（家畜改良増殖法に基づく種畜証明書の交付を受けた種おす牛に限る。）	96	4
	その他用		6
馬	繁殖用（家畜改良増殖法に基づく種付証明書又は授精証明書のあるものに限る。）	96	6
	種付用（家畜改良増殖法に基づく種畜証明書の交付を受けた種おす馬に限る。）	96	6
	競走用	97	4
	その他用		8
豚			3
綿羊及びやぎ	種付用	96	4
	その他用		6
かんきつ樹	温州みかん		28
	その他		30
りんご樹	わい化りんご		20
	その他		29
ぶどう樹	温室ぶどう		12
	その他		15
な　し　樹			26
桃　　　樹			15
桜　桃　樹			21
び　わ　樹			30
く　り　樹			25
梅　　　樹			25
か　き　樹			36
あ ん ず 樹			25
す も も 樹			16
い ち じ く 樹			11
キウイフルーツ樹			22

143

種　　類	細　　　目	解説	耐用年数
ブルーベリー樹			25
パイナップル			3
茶　　樹			34
オリーブ樹			25
つ ば き 樹			25
桑　　樹	立て通し		18
	根刈り、中刈り、高刈り		9
こりやなぎ			10
み つ ま た			5
こ　う　ぞ			9
もう宗竹			20
アスパラガス			11
ラ　ミ　ー			8
ま お ら ん			10
ホ　ッ　プ			9

別表第四・第五・第六

■ 別表第五　公害防止用減価償却資産の耐用年数表

種　　　類	解説	耐用年数
構　築　物		18
機械及び装置		5

■ 別表第六　開発研究用減価償却資産の耐用年数表

種　　　類	細　　　目	解説	耐用年数
建物及び建物附属設備	建物の全部又は一部を低温室、恒温室、無響室、電磁しゃへい室、放射性同位元素取扱室その他の特殊室にするために特に施設した内部造作又は建物附属設備		5
構　築　物	風どう、試験水そう及び防壁		5
	ガス又は工業薬品貯そう、アンテナ、鉄塔及び特殊用途に使用するもの		7
工　　具			4
器具及び備品	試験又は測定機器、計算機器、撮影機及び顕微鏡		4
機械及び装置	汎用ポンプ、汎用モーター、汎用金属工作機械、汎用金属加工機械その他これらに類するもの		7
	その他のもの		4
ソフトウエア			3

145

■ 別表第七　平成 19 年 3 月 31 日以前に取得をされた減価償却資産の償却率表

耐用年数	旧定額法の償却率 年率	旧定率法の償却率 年率	耐用年数	旧定額法の償却率 年率	旧定率法の償却率 年率	耐用年数	旧定額法の償却率 年率	旧定率法の償却率 年率	耐用年数	旧定額法の償却率 年率	旧定率法の償却率 年率
			26	0.039	0.085	51	0.020	0.044	76	0.014	0.030
2	0.500	0.684	27	0.037	0.082	52	0.020	0.043	77	0.013	0.030
3	0.333	0.536	28	0.036	0.079	53	0.019	0.043	78	0.013	0.029
4	0.250	0.438	29	0.035	0.076	54	0.019	0.042	79	0.013	0.029
5	0.200	0.369	30	0.034	0.074	55	0.019	0.041	80	0.013	0.028
6	0.166	0.319	31	0.033	0.072	56	0.018	0.040	81	0.013	0.028
7	0.142	0.280	32	0.032	0.069	57	0.018	0.040	82	0.013	0.028
8	0.125	0.250	33	0.031	0.067	58	0.018	0.039	83	0.012	0.027
9	0.111	0.226	34	0.030	0.066	59	0.017	0.038	84	0.012	0.027
10	0.100	0.206	35	0.029	0.064	60	0.017	0.038	85	0.012	0.026
11	0.090	0.189	36	0.028	0.062	61	0.017	0.037	86	0.012	0.026
12	0.083	0.175	37	0.027	0.060	62	0.017	0.036	87	0.012	0.026
13	0.076	0.162	38	0.027	0.059	63	0.016	0.036	88	0.012	0.026
14	0.071	0.152	39	0.026	0.057	64	0.016	0.035	89	0.012	0.026
15	0.066	0.142	40	0.025	0.056	65	0.016	0.035	90	0.012	0.025
16	0.062	0.134	41	0.025	0.055	66	0.016	0.034	91	0.011	0.025
17	0.058	0.127	42	0.024	0.053	67	0.015	0.034	92	0.011	0.025
18	0.055	0.120	43	0.024	0.052	68	0.015	0.033	93	0.011	0.025
19	0.052	0.114	44	0.023	0.051	69	0.015	0.033	94	0.011	0.024
20	0.050	0.109	45	0.023	0.050	70	0.015	0.032	95	0.011	0.024
21	0.048	0.104	46	0.022	0.049	71	0.014	0.032	96	0.011	0.024
22	0.046	0.099	47	0.022	0.048	72	0.014	0.032	97	0.011	0.023
23	0.044	0.095	48	0.021	0.047	73	0.014	0.031	98	0.011	0.023
24	0.042	0.092	49	0.021	0.046	74	0.014	0.031	99	0.011	0.023
25	0.040	0.088	50	0.020	0.045	75	0.014	0.030	100	0.010	0.023

別表第七・第八

■ 別表第八　平成19年4月1日以後に取得をされた減価償却資産の定額法の償却率表

耐用年数	定額法 年率	耐用年数	定額法 年率	耐用年数	定額法 年率	耐用年数	定額法 年率
		26	0.039	51	0.020	76	0.014
2	0.500	27	0.038	52	0.020	77	0.013
3	0.334	28	0.036	53	0.019	78	0.013
4	0.250	29	0.035	54	0.019	79	0.013
5	0.200	30	0.034	55	0.019	80	0.013
6	0.167	31	0.033	56	0.018	81	0.013
7	0.143	32	0.032	57	0.018	82	0.013
8	0.125	33	0.031	58	0.018	83	0.013
9	0.112	34	0.030	59	0.017	84	0.012
10	0.100	35	0.029	60	0.017	85	0.012
11	0.091	36	0.028	61	0.017	86	0.012
12	0.084	37	0.028	62	0.017	87	0.012
13	0.077	38	0.027	63	0.016	88	0.012
14	0.072	39	0.026	64	0.016	89	0.012
15	0.067	40	0.025	65	0.016	90	0.012
16	0.063	41	0.025	66	0.016	91	0.011
17	0.059	42	0.024	67	0.015	92	0.011
18	0.056	43	0.024	68	0.015	93	0.011
19	0.053	44	0.023	69	0.015	94	0.011
20	0.050	45	0.023	70	0.015	95	0.011
21	0.048	46	0.022	71	0.015	96	0.011
22	0.046	47	0.022	72	0.014	97	0.011
23	0.044	48	0.021	73	0.014	98	0.011
24	0.042	49	0.021	74	0.014	99	0.011
25	0.040	50	0.020	75	0.014	100	0.010

■ 別表第九　平成19年4月1日から平成24年3月31日までの間に取得をされた減価償却資産の定率法の償却率、改定償却率及び保証率の表

| 耐用年数 | 定率法 | | 保証率 | 耐用年数 | 定率法 | | 保証率 |
| | 償却率 | 改定償却率 | | | 償却率 | 改定償却率 | |
	年率	年率			年率	年率	
				26	0.096	0.100	0.01989
2	1.000	—	—	27	0.093	0.100	0.01902
3	0.833	1.000	0.02789	28	0.089	0.091	0.01866
4	0.625	1.000	0.05274	29	0.086	0.091	0.01803
5	0.500	1.000	0.06249	30	0.083	0.084	0.01766
6	0.417	0.500	0.05776	31	0.081	0.084	0.01688
7	0.357	0.500	0.05496	32	0.078	0.084	0.01655
8	0.313	0.334	0.05111	33	0.076	0.077	0.01585
9	0.278	0.334	0.04731	34	0.074	0.077	0.01532
10	0.250	0.334	0.04448	35	0.071	0.072	0.01532
11	0.227	0.250	0.04123	36	0.069	0.072	0.01494
12	0.208	0.250	0.03870	37	0.068	0.072	0.01425
13	0.192	0.200	0.03633	38	0.066	0.067	0.01393
14	0.179	0.200	0.03389	39	0.064	0.067	0.01370
15	0.167	0.200	0.03217	40	0.063	0.067	0.01317
16	0.156	0.167	0.03063	41	0.061	0.063	0.01306
17	0.147	0.167	0.02905	42	0.060	0.063	0.01261
18	0.139	0.143	0.02757	43	0.058	0.059	0.01248
19	0.132	0.143	0.02616	44	0.057	0.059	0.01210
20	0.125	0.143	0.02517	45	0.056	0.059	0.01175
21	0.119	0.125	0.02408	46	0.054	0.056	0.01175
22	0.114	0.125	0.02296	47	0.053	0.056	0.01153
23	0.109	0.112	0.02226	48	0.052	0.053	0.01126
24	0.104	0.112	0.02157	49	0.051	0.053	0.01102
25	0.100	0.112	0.02058	50	0.050	0.053	0.01072

別表第九

耐用年数	定率法		保証率	耐用年数	定率法		保証率
	償却率	改定償却率			償却率	改定償却率	
	年率	年率			年率	年率	
51	0.049	0.050	0.01053	76	0.033	0.034	0.00726
52	0.048	0.050	0.01036	77	0.032	0.033	0.00726
53	0.047	0.048	0.01028	78	0.032	0.033	0.00716
54	0.046	0.048	0.01015	79	0.032	0.033	0.00693
55	0.045	0.046	0.01007	80	0.031	0.032	0.00693
56	0.045	0.046	0.00961	81	0.031	0.032	0.00683
57	0.044	0.046	0.00952	82	0.030	0.031	0.00683
58	0.043	0.044	0.00945	83	0.030	0.031	0.00673
59	0.042	0.044	0.00934	84	0.030	0.031	0.00653
60	0.042	0.044	0.00895	85	0.029	0.030	0.00653
61	0.041	0.042	0.00892	86	0.029	0.030	0.00645
62	0.040	0.042	0.00882	87	0.029	0.030	0.00627
63	0.040	0.042	0.00847	88	0.028	0.029	0.00627
64	0.039	0.040	0.00847	89	0.028	0.029	0.00620
65	0.038	0.039	0.00847	90	0.028	0.029	0.00603
66	0.038	0.039	0.00828	91	0.027	0.027	0.00649
67	0.037	0.038	0.00828	92	0.027	0.027	0.00632
68	0.037	0.038	0.00810	93	0.027	0.027	0.00615
69	0.036	0.038	0.00800	94	0.027	0.027	0.00598
70	0.036	0.038	0.00771	95	0.026	0.027	0.00594
71	0.035	0.036	0.00771	96	0.026	0.027	0.00578
72	0.035	0.036	0.00751	97	0.026	0.027	0.00563
73	0.034	0.035	0.00751	98	0.026	0.027	0.00549
74	0.034	0.035	0.00738	99	0.025	0.026	0.00549
75	0.033	0.034	0.00738	100	0.025	0.026	0.00546

■ 別表第十　平成 24 年 4 月 1 日以後に取得をされた減価償却資産の定率法の償却率、改定償却率及び保証率の表

耐用年数	定率法 償却率 年率	定率法 改定償却率 年率	保証率	耐用年数	定率法 償却率 年率	定率法 改定償却率 年率	保証率
				26	0.077	0.084	0.02716
2	1.000	—	—	27	0.074	0.077	0.02624
3	0.667	1.000	0.11089	28	0.071	0.072	0.02568
4	0.500	1.000	0.12499	29	0.069	0.072	0.02463
5	0.400	0.500	0.10800	30	0.067	0.072	0.02366
6	0.333	0.334	0.09911	31	0.065	0.067	0.02286
7	0.286	0.334	0.08680	32	0.063	0.067	0.02216
8	0.250	0.334	0.07909	33	0.061	0.063	0.02161
9	0.222	0.250	0.07126	34	0.059	0.063	0.02097
10	0.200	0.250	0.06552	35	0.057	0.059	0.02051
11	0.182	0.200	0.05992	36	0.056	0.059	0.01974
12	0.167	0.200	0.05566	37	0.054	0.056	0.01950
13	0.154	0.167	0.05180	38	0.053	0.056	0.01882
14	0.143	0.167	0.04854	39	0.051	0.053	0.01860
15	0.133	0.143	0.04565	40	0.050	0.053	0.01791
16	0.125	0.143	0.04294	41	0.049	0.050	0.01741
17	0.118	0.125	0.04038	42	0.048	0.050	0.01694
18	0.111	0.112	0.03884	43	0.047	0.048	0.01664
19	0.105	0.112	0.03693	44	0.045	0.046	0.01664
20	0.100	0.112	0.03486	45	0.044	0.046	0.01634
21	0.095	0.100	0.03335	46	0.043	0.044	0.01601
22	0.091	0.100	0.03182	47	0.043	0.044	0.01532
23	0.087	0.091	0.03052	48	0.042	0.044	0.01499
24	0.083	0.084	0.02969	49	0.041	0.042	0.01475
25	0.080	0.084	0.02841	50	0.040	0.042	0.01440

別表第十

耐用年数	定率法		保証率	耐用年数	定率法		保証率
	償却率	改定償却率			償却率	改定償却率	
	年率	年率			年率	年率	
51	0.039	0.040	0.01422	76	0.026	0.027	0.00980
52	0.038	0.039	0.01422	77	0.026	0.027	0.00954
53	0.038	0.039	0.01370	78	0.026	0.027	0.00929
54	0.037	0.038	0.01370	79	0.025	0.026	0.00929
55	0.036	0.038	0.01337	80	0.025	0.026	0.00907
56	0.036	0.038	0.01288	81	0.025	0.026	0.00884
57	0.035	0.036	0.01281	82	0.024	0.024	0.00929
58	0.034	0.035	0.01281	83	0.024	0.024	0.00907
59	0.034	0.035	0.01240	84	0.024	0.024	0.00885
60	0.033	0.034	0.01240	85	0.024	0.024	0.00864
61	0.033	0.034	0.01201	86	0.023	0.023	0.00885
62	0.032	0.033	0.01201	87	0.023	0.023	0.00864
63	0.032	0.033	0.01165	88	0.023	0.023	0.00844
64	0.031	0.032	0.01165	89	0.022	0.022	0.00863
65	0.031	0.032	0.01130	90	0.022	0.022	0.00844
66	0.030	0.031	0.01130	91	0.022	0.022	0.00825
67	0.030	0.031	0.01097	92	0.022	0.022	0.00807
68	0.029	0.030	0.01097	93	0.022	0.022	0.00790
69	0.029	0.030	0.01065	94	0.021	0.021	0.00807
70	0.029	0.030	0.01034	95	0.021	0.021	0.00790
71	0.028	0.029	0.01034	96	0.021	0.021	0.00773
72	0.028	0.029	0.01006	97	0.021	0.021	0.00757
73	0.027	0.027	0.01063	98	0.020	0.020	0.00773
74	0.027	0.027	0.01035	99	0.020	0.020	0.00757
75	0.027	0.027	0.01007	100	0.020	0.020	0.00742

■ 別表第十一　平成 19 年 3 月 31 日以前に取得をされた減価償却資産の残存割合表

種　　　類	細　　　目		残存割合
別表第一、別表第二、別表第五及び別表第六に掲げる減価償却資産（同表に掲げるソフトウエアを除く。）			0.100
別表第三に掲げる無形減価償却資産、別表第六に掲げるソフトウエア並びに鉱業権及び坑道			0
別表第四に掲げる生物	牛		
		繁殖用の乳用牛及び種付用の役肉用牛	0.200
		種付用の乳用牛	0.100
		その他用のもの	0.500
	馬		
		繁殖用及び競走用のもの	0.200
		種付用のもの	0.100
		その他用のもの	0.300
	豚		0.300
	綿羊及びやぎ		0.050
	果樹その他の植物		0.050

別表第十一・付表1

■ 付表1　塩素、塩酸、硫酸、硝酸その他の著しい腐食性を有する液体又は気体の影響を直接全面的に受ける建物の例示

	旧別表第二の「番号」	旧別表第二の「設備の種類」	薬品名	腐食の影響を受ける工程
1	9	化学調味料製造設備	塩酸	化学調味料製造設備のうち、グルタミン酸塩酸塩製造工程
2	72	セロファン製造設備	硫酸	セロファン製造設備のうち、二硫化炭素反応工程、硫化反応工程及び製膜工程
3	82	硫酸又は硝酸製造設備	無水硫酸 発煙硫酸 硫酸	硫酸製造設備のうち、硫酸製造工程の反応工程及び吸収工程
			硝酸 硫酸	（1）濃硝酸製造設備のうち、硝酸濃縮工程及び硫酸回収工程 （2）希硝酸製造設備のうち、アンモニア酸化工程及び希硝酸製造工程
4	83	溶成りん肥製造設備	ふっ酸	溶成りん肥製造設備のうち、溶成りん肥電気炉工程
5	84	その他の化学肥料製造設備	硫酸	高度化成肥料製造設備のうち、中和工程
			ふっ酸 硫酸	過りん酸製造設備のうち、原料配合工程
			硫酸	硫安製造設備のうち、合成工程
			アンモニア 尿素液	尿素製造設備のうち、送液ポンプ、合成筒、濃縮槽、結晶機及び乾燥機の作業工程
6	86	ソーダ灰、塩化アンモニウム、か性ソーダ又はか性カリ製造設備（塩素処理設備を含む。）	塩素 塩酸	ソーダ製造設備のうち、食塩電解工程、合成塩酸製造工程、液体塩素製造工程並びにさらし粉及びさらし液製造工程
			か性ソーダ アンモニア 炭酸ソーダ 塩水	（1）ソーダ灰製造設備のうち、粗重曹製造工程、たん（煆）焼工程及びアンモニア回収工程 （2）アンモニア性か性ソーダ製造設備のうち、か性化工程、煮詰工程及び塩化アンモニウム製造工程 （3）塩水電解工程に使用する原料塩水の精製工程
7	87	硫化ソーダ、水硫化ソーダ、無水ぼう硝、青化ソーダ又は過酸化ソーダ製造設備	アルカリ（濃度が20％以上のもの）	硫化ソーダ製造設備のうち、黒灰抽出工程及び煮詰工程
			硫酸	無水ぼう硝製造設備のうち、蒸発煮詰工程
			シアン	青化ソーダ製造設備のうち、反応工程及び濃縮工程

153

	旧別表第二の「番号」	旧別表第二の「設備の種類」	薬品名	腐食の影響を受ける工程
8	88	その他のソーダ塩又はカリ塩（第97号〔塩素酸塩を除く。〕、第98号及び第106号に掲げるものを除く。）製造設備	塩素	塩素酸カリ製造設備のうち、電解工程及び精製工程のうちの濃縮工程
			硝酸	亜硝酸ソーダ製造設備のうち、酸化窒素製造工程のうちの酸化工程
9	90	アンモニウム塩（硫酸アンモニウム及び塩化アンモニウムを除く。）製造設備	硫酸	重炭酸アンモニア製造設備のうち、重炭酸アンモニア製造工程及びアンモニア回収工程
			硝酸	硝酸ソーダ及び硝酸アンモニア製造設備のうち、中和蒸発工程及び仕上工程
10	95	硫酸鉄製造設備	硫酸	硫酸鉄製造設備のうち、反応工程及び仕上工程
11	96	その他の硫酸塩又は亜硫酸塩製造設備（他の号に掲げるものを除く。）	硫酸	硫酸アルミニウム製造設備のうち、反応工程
12	97	臭素、よう素又は塩素、臭素若しくはよう素化合物製造設備	クロールスルホン酸	クロールスルホン酸製造設備のうち、反応工程及び塩酸ガス発生塔
			塩酸	塩化亜鉛製造設備のうち、反応工程
			塩化亜鉛	塩化亜鉛製造設備のうち、煮詰工程、ろ過工程及び粉砕工程
			塩素 塩酸	塩素誘導体製造設備のうち、電解工程、濃縮工程、反応工程及び塩素回収工程
			塩素	臭素製造設備のうち、発生工程及び蒸留工程
13	98	ふっ酸その他のふっ素化合物製造設備	ふっ酸	ふっ酸その他のふっ素化合物製造設備のうち、反応工程及び精製工程
14	99	塩化りん製造設備	塩素	塩化りん製造設備のうち、三塩化反応がま及びその他の反応工程
15	100	りん酸又は硫化りん製造設備	りん酸	（1）湿式によるりん酸製造設備のうち、分解槽、水和槽及びろ過機の作業工程 （2）電気炉によるりん酸製造設備のうち、電気炉、燃焼炉、溶融槽、吸収塔、分解器及び送排風機の作業工程 （3）硫化りん製造設備のうち、反応がま、反応器、精製器、洗浄器、ろ過機及び遠心分離機の作業工程
16	101	りん又はりん化合物製造設備（他の号に掲げるものを除く。）	りん酸	密閉式電気炉によるりん又はその他のりん化合物製造設備のうち、密閉式電気炉、送風機、凝縮機、圧搾がま、反応機、精製器、洗浄器及びろ過器の作業工程
17	102	べんがら製造設備	硫酸	べんがら製造設備のうち、ばい焼工程及び仕上工程

	旧別表第二の「番号」	旧別表第二の「設備の種類」	薬品名	腐食の影響を受ける工程
18	104	酸化チタン、リトポン又はバリウム塩製造設備	硫酸	リトポン製造設備のうち、硫酸亜鉛の反応工程、酸化チタン製造設備のうち、反応工程及び仕上工程
			塩酸	塩化バリウム製造設備のうち、反応工程及び仕上工程
			硝酸	硝酸バリウム製造設備のうち、反応工程及び仕上工程
19	105	無水クロム酸製造設備	硫酸	無水クロム酸製造設備のうち、反応工程及び仕上工程
			無水クロム酸	無水クロム酸製造設備のうち、結晶かん、遠心分離機及び乾燥機の作業工程
20	106	その他のクロム化合物製造設備	硫酸	重クロム酸塩製造設備のうち、反応工程及び仕上工程
21	109	青酸製造設備	青酸	フォルムアミド法による青酸製造設備のうち、フォルムアミド合成工程、アンモニア冷凍工程及び合成工程
22	110	硝酸銀製造設備	硝酸	硝酸銀製造設備のうち、溶解工程及び結晶工程
23	111	二硫化炭素製造設備	亜硫酸ガス 硫化水素	二硫化炭素製造設備のうち、反応工程、蒸留工程及び精製工程
24	112	過酸化水素製造設備	硫酸	過酸化水素製造設備のうち、原料処理工程
			酸性硫酸アンモニウム、過硫酸アンモニウム	過酸化水素製造設備のうち、電解工程、蒸留工程及び過硫安回収工程
25	113	ヒドラジン製造設備	硫酸	ヒドラジン製造設備のうち、硫酸ヒドラジンの反応工程
			アンモニア か性ソーダ	ヒドラジン製造設備のうち、反応工程及び精製工程
26	117	活性炭製造設備	塩酸 硫酸	活性炭製造設備のうち、焼成賦活工程、ガス洗浄工程、酸洗浄工程、乾燥工程及び塩化亜鉛処理工程
27	118	その他の無機化学薬品製造設備	硫化水素	硫化水素製造設備のうち、回収製造工程及び充てん工程
			過酸化水素	過ほう酸ソーダ製造設備のうち、化合工程及び乾燥工程
28	119	石炭ガス、オイルガス又は石油を原料とする芳香族その他の化合物分離精製設備	硫酸	タール酸製造設備のうち、分解工程

	旧別表第二の「番号」	旧別表第二の「設備の種類」	薬品名	腐食の影響を受ける工程
29	120	染料中間体製造設備	硫酸、発煙硫酸、無水硫酸、硝酸、塩素、塩酸、クロールスルホン酸	染料中間体製造設備のうち、硫酸化工程、塩素化工程、硝化工程その他の反応工程及び精製工程
			希硫酸、亜硫酸ガス、硫化ソーダ、りん酸、酢酸	染料中間体製造設備のうち、反応工程及び精製工程
30	122	カプロラクタム、シクロヘキサノン又はテレフタル酸（テレフタル酸ジメチルを含む。）製造設備	発煙硫酸塩酸	カプロラクタム製造設備のうち、亜硫酸製造工程、ニトロ亜硫酸安製造工程、アミノ反応工程、シクロヘキサンオキシム製造工程、ラクタム転位工程及びラクタム中和工程
			酢酸	パラキシロールを原料とするテレフタル酸製造設備のうち、乾燥工程
31	123	イソシアネート類製造設備	塩素塩酸硝酸	トルイレンジイソシアネート製造設備のうち、ホスゲン製造工程、アミン製造工程及びニトロ化工程
32	124	炭化水素の塩化物、臭化物又はふっ化物製造設備	塩素塩酸	（1）フロンガス製造設備のうち、反応工程、塩酸回収工程及び精製工程 （2）クロロメタン製造設備のうち、反応工程及び精製工程
33	127	アセトアルデヒド又は酢酸製造設備	塩酸硝酸硫酸	酢酸製造設備のうち、アセチレンガス清浄工程及びアセトアルデヒド水加反応工程
			酢酸	酢酸製造設備のうち、酢酸反応工程及び蒸留工程
34	128	シクロヘキシルアミン製造設備	無水硫酸塩酸	シクロヘキシルアミン製造設備のうち、反応工程及び精製工程
35	130	ぎ酸、しゅう酸、乳酸、酒石酸（酒石酸塩類を含む。）、こはく酸、くえん酸、タンニン酸又は没食子酸製造設備	硫酸	ぎ酸及びしゅう酸製造設備のうち、分解工程及び反応工程
			硫酸塩酸	乳酸製造設備及びこはく酸製造設備のうち、酸化工程
36	133	アクリルニトリル又はアクリル酸エステル製造設備	シアン	アクリルニトリル製造設備のうち、合成工程、蒸留工程及び精製工程

付表1

	旧別表第二の「番号」	旧別表第二の「設備の種類」	薬品名	腐食の影響を受ける工程
37	136	その他のオレフィン系又はアセチレン系誘導体製造設備（他の号に掲げるものを除く。）	硝酸	グリキザール製造設備のうち、硝酸酸化工程
			硫酸	デヒドロ酢酸製造設備のうち、硫酸酸化工程
			塩素	モノクロール酢酸製造設備のうち、反応工程、蒸留工程及び塩酸回収工程
			酢酸 無水酢酸	酢酸エチル製造設備、アセト酢酸エステル製造設備、無水酢酸製造設備並びにジケテン製造設備のうち、反応工程及び酢酸回収工程
38	139	セルロイド又は硝化綿製造設備	硝酸 硫酸	硝化綿製造設備のうち、硝化用混酸調合工程、硝化工程及び洗浄工程
39	140	酢酸繊維素製造設備	酢酸 無水酢酸	酢酸綿製造設備のうち、酸化工程、熟成工程、ろ過工程、沈殿工程、洗浄工程、回収抽出工程、蒸留工程及び反応工程
40	143	塩化ビニリデン系樹脂、酢酸ビニール系樹脂、ナイロン樹脂、ポリエチレンテレフタレート系樹脂、ふっ素樹脂又はけい素樹脂製造設備	塩素	塩化ビニリデン系樹脂製造設備のうち、重合工程
			塩酸	酢酸ビニール系樹脂製造設備のうち、酢酸回収における塩酸賦活工程
			酢酸	酢酸ビニール樹脂製造設備のうち、アセチレン発生工程、モノマー反応工程及び精りゅう工程並びに重合工程、けん化工程及び酢酸回収工程
41	145	尿素系、メラミン系又は石炭酸系合成樹脂製造設備	硫酸 塩酸 アンモニア ぎ酸	尿素系、メラミン系及び石炭酸系合成樹脂製造設備のうち、反応工程
42	146	その他の合成樹脂又は合成ゴム製造設備	塩素 塩酸	塩化ビニール系合成樹脂製造設備のうち、モノマー合成工程、重合工程及び乾燥工程
			硫酸	合成ゴム製造設備のうち、凝固工程
43	147	レーヨン糸又はレーヨンステープル製造設備	塩素 塩酸 希硫酸	レーヨン糸又はレーヨンステープル製造設備のうち、紡糸酸浴工程、回収工程及び精練工程
			か性ソーダ、硫化水素、二硫化炭素、硫化ソーダ、亜硫酸ガス、硫酸銅、アンモニア	レーヨン糸又はレーヨンステープル製造設備のうち、パルプ及びリンター処理工程、紡糸酸浴工程及び精練仕上工程

	旧別表 第二の 「番号」	旧別表第二の「設備の種類」	薬 品 名	腐 食 の 影 響 を 受 け る 工 程
44	149	合成繊維製造設備	硝　　酸	アクリルニトリル系合成繊維製造設備のうち、原料処理工程、回収工程及び紡糸工程
			アセトンベンゼンエチレングリコール	乾式紡糸法によるポリ塩化ビニール繊維製造設備のうち、原料処理工程及び紡糸工程
			ぼう硝、希硫酸、ホルマリン	ビニロン製造設備のうち、原料処理工程及び紡糸工程
			チオシアン酸ソーダ	アクリルニトリル系合成繊維製造設備のうち、原料処理工程
45	151	硬化油、脂肪酸又はグリセリン製造設備	硝　　酸 硫　　酸 塩　　酸	（1）　硬化油製造設備のうち、触媒回収設備の分解工程 （2）　脂肪酸製造設備のうち、硫酸処理工程 （3）　グリセリン製造設備のうち、塩酸処理工程
46	152	合成洗剤又は界面活性剤製造設備	発 煙 硫 酸 無 水 硫 酸 塩 酸 ガ ス	合成洗剤又は界面活性剤製造設備のうち、反応工程
			り　ん　酸 亜硫酸ガス 硫 化 水 素	潤滑油添加剤製造設備のうち、反応工程、蒸留工程、ろ過工程及び溶解工程
47	153	ビタミン剤製造設備	塩　　　素 塩　　　酸 硝　　　酸 シ ア ン 硫　　　酸	ビタミン B_1、ビタミン B_6、ビタミン C、葉酸、ビタミン B_2、パントテン酸カルシウム製造設備（これらの誘導体製造設備を含む。）のうち、合成工程、抽出工程及び発酵工程
48	154	その他の医薬品製造設備（製剤又は小分包装設備を含む。）	塩 酸 ガ ス 塩　　　酸 クロールスルホン酸 塩　　　素 硫　　　酸 硝　　　酸	合成代謝性医薬品、結核治療剤、活性アスパラギン酸製剤、サルファ剤、解熱鎮痛剤の製造設備のうち、合成工程及び抽出工程
49	155	殺菌剤、殺虫剤、殺そ剤、除草剤その他の動植物用製剤製造設備	硫　　　酸 塩　　　酸	水銀系農薬製造設備（農薬原体の製造に係るものに限る。）のうち、反応工程及び乾燥工程
50	156	産業用火薬類（花火を含む。）製造設備	発 煙 硫 酸 硫　　　酸 硝　　　酸	（1）　産業用火薬類製造設備のうち、硫酸及び硝酸の濃縮工程、混酸製造工程、綿薬の硝化工程及び煮洗工程 （2）　爆薬（起爆薬を含む。）の硝化工程及び精製工程並びに廃酸処理工程

付表1

	旧別表第二の「番号」	旧別表第二の「設備の種類」	薬品名	腐食の影響を受ける工程
51	157	その他の火薬類製造設備（弾薬装てん又は組立設備を含む。）	発煙硫酸 硝　　酸 硫　　酸	（1）　産業用以外の火薬類製造設備のうち、硫酸及び硝酸の濃縮工程、混酸製造工程、綿薬の硝化工程及び煮洗工程 （2）　爆薬（起爆薬を含む。）の硝化工程及び精製工程並びに廃酸処理工程
52	160	染料又は顔料製造設備（他の号に掲げるものを除く。）	硫酸、発煙硫酸、無水硫酸、硝酸、塩素、塩酸、クロールスルホン酸	染料及び顔料製造設備のうち、硫酸化工程、塩素化工程、硝化工程、その他の反応工程並びに精製工程及び仕上工程
			希硫酸亜硫酸ガス硫化ソーダりん酸、酢酸	染料及び顔料製造設備のうち、反応工程、精製工程及び仕上工程
53	161	抜染剤又は漂白剤製造設備（他の号に掲げるものを除く。）	塩　　酸 硫　　酸	抜染剤製造設備のうち、化成工程
			亜硫酸ガスか性ソーダ	抜染剤製造設備のうち、反応工程
54	162	試薬製造設備	塩　　酸 ふ　っ　酸 硝　　酸 硫　　酸 発 煙 硫 酸	試薬製造設備のうち、蒸留工程及び精製工程
55	163	合成樹脂用可塑剤製造設備	希硫酸、二酸化塩素ガス	可塑剤製造設備のうち、反応工程、蒸留工程、ろ過工程、溶解工程及び晶出工程
56	164	合成樹脂用安定剤製造設備	硫　　酸 塩　　酸 無 水 硫 酸	合成樹脂用安定剤製造設備のうち、反応工程及び精製工程
57	165	有機ゴム薬品、写真薬品又は人造香料製造設備	硫　　酸 塩　　酸 塩　　素	有機ゴム薬品、写真薬品及び人造香料製造設備のうち、反応工程及び精製工程
			希 硫 酸 か性ソーダ 硫 化 水 素 亜硫酸ガス アンモニア	有機ゴム薬品及び写真薬品製造設備のうち、反応工程
58	181	石油精製設備（廃油再生又はグリース類製造設備を含む。）	硫　　酸	潤滑油製造設備のうち、硫酸洗浄工程
59	189	糸ゴム製造設備	氷 酢 酸 酢　　酸	紡糸法による糸ゴム製造設備のうち、紡糸工程

第1章　耐用年数の調べ方

第2章　耐用年数の選び方

第3章　別表・付表の使い方

159

	旧別表 第二の 「番号」	旧別表第二の「設備の種類」	薬 品 名	腐 食 の 影 響 を 受 け る 工 程
60	198	人造研削材製造設備	塩　　酸 硫　　酸	人造研削材製造設備のうち、酸洗工程

付表 1・付表 2

■ 付表 2　塩、チリ硝石………の影響を直接全面的に受ける建物の例示

	旧別表第二の「番号」	旧別表第二の「設備の種類」	薬品名	腐食の影響を受ける工程
1	46	染色整理又は仕上設備	蒸　気	浸染工程
2	86	ソーダ灰、塩化アンモニウム、か性ソーダ又はか性カリ製造設備（塩素処理設備を含む。）	塩	塩水精製工程のうち、原塩倉庫
			塩化アンモニウム	塩安倉庫
3	87	硫化ソーダ、水硫化ソーダ、無水ぼう硝、青化ソーダ又は過酸化ソーダ製造設備	人絹結晶ぼう硝	原料倉庫
4	105	無水クロム酸製造設備	無水クロム酸	製品倉庫
5	106	その他のクロム化合物製造設備	重クロム酸塩類	重クロム酸ソーダ倉庫
			塩	副生食塩倉庫
			消　石　灰	消石灰倉庫
6	126	その他のアルコール又はケトン製造設備	蒸　気	蒸留アルコール製造設備のうち、けん化蒸留工程
7	154	その他の医薬品製造設備（製剤又は小分包装設備を含む。）	蒸　気	注射薬製造設備のうち、蒸留水製造工程及び滅菌工程
			食塩、硫化アンモニア、塩化アンモニア、か性ソーダ、ソーダ灰	原料倉庫
8	156	産業用火薬類（花火を含む。）製造設備	硝酸アンモニウム 過塩素酸アンモニウム、塩	原料倉庫並びに原料処理設備のうち、粉砕工程及び乾燥工程
9	157	その他の火薬類製造設備（弾薬装てん又は組立設備を含む。）	硝酸アンモニウム 過塩素酸アンモニウム	原料倉庫
10	160	染料又は顔料製造設備（他の号に掲げるものを除く。）	塩 塩化カルシウム	染料及び顔料製造設備のうち、乾燥工程、粉砕工程及び配合工程

第1章　耐用年数の調べ方

第2章　耐用年数の選び方

第3章　別表・付表の使い方

161

■ 付表3　鉄道業及び軌道業の構築物（総合償却資産であるものに限る）の細目と個別耐用年数

耐　用　年　数　省　令　別　表　第　一				細　　　目	算定基礎年数
種　　　類	構造又は用途	細　　　目	耐用年数		
構　築　物	鉄道業用又は軌道業用のもの	前掲以外のもの 　線　路　設　備 　　軌道設備	年		年
		道　　床	60	道　　　　　　　床	60
		その他のもの	16	舗　　　　　　　装	15
				諸　標　車　止　め	20
				線　路　切　取	70
		土工設備	57	線　路　築　堤	70
				川　道　付　替　え	70
				土　　留　　め	40
		その他のもの	21	排　水　設　備	30
				線　路　諸　設　備	
				踏　　切　　道	15
				防　護　設　備	15
				さ　く　か　き	15
				雑　　設　　備	15
		停車場設備	32	転　車　及　び　遷　車　台	25
				給水及び給炭設備	25
				給　油　設　備	25
				検　車　洗　浄　設　備	25
				乗降場及び積卸場	30
				地　　下　　道	55
				雑　　設　　備	30
		電路設備			
		その他のもの	19	通　信　設　備	15
				電　気　保　安　設　備	20
				電　力　線　設　備	25

付表4　電気業の構築物（総合償却資産であるものに限る）の細目と個別耐用年数

耐　用　年　数　省　令　別　表　第　一				細　目	算定基礎年数
種　類	構造又は用途	細　目	耐用年数		
			年		年
構　築　物	発電用又は送配電用のもの	その他の水力発電用のもの（貯水池、調整池及び水路に限る。）	57	貯　水　池	80
				調　整　池	80
				水　路	
				え　ん　堤	70
				洪　水　路	70
				取　水　路	70
				開　渠	55
				が　い　渠	55
				ず　い　道	55
				水　圧　鉄　管	40
				沈　砂　池	55
				水　槽	55
				放　水　路	55
				そ　の　他	
		汽力発電用のもの（岸壁、桟橋、堤防、防波堤、煙突、その他汽力発電用のものをいう。）	41	岸　壁	50
				貯　水　池	40
				桟　橋	50
				深　井　戸	40
				防波堤及び堤防	50
				取　水　路	40
				煙　突	35
				排　水　路	40
				そ　の　他	
		送電用のもの　地中電線路	25	管　路	25
				ケ　ー　ブ　ル	25
				そ　の　他	
		塔、柱、がい子、送電線、地線及び添架電話線	36	鉄　塔	50
				鉄　柱	50
				コンクリート柱	50
				木　柱	25
				が　い　子	25
				送　電　線	40
				地　線	20
				電　話　線	30

■ 付表5　通常の使用時間が8時間又は16時間の機械装置

旧別表第二の「番号」	旧別表第二の「設備の種類」	区　　分	通常の使用時間	備　　考
1	食肉又は食鳥処理加工設備		8	
2	鶏卵処理加工及びマヨネーズ製造設備		8	
3	市乳処理設備及び発酵乳、乳酸菌飲料その他の乳製品製造設備（集乳設備を含む。）	発酵乳及び乳酸菌飲料製造設備 その他	24 8	
4	水産練製品、つくだ煮、寒天その他の水産食料品製造設備		8	
5	漬物製造設備		8	
6	トマト加工品製造設備		8	
7	その他の果実又はそ菜処理加工設備缶		8	
8	詰又は瓶詰製造設備		8	
10	味そ又はしょう油（だしの素類を含む。）製造設備		8	
10の2	食酢又はソース製造設備	食酢製造設備 ソース製造設備	24 8	
11	その他の調味料製造設備		8	
12	精穀設備		16	
14	豆腐類、こんにゃく又は食ふ製造設備		8	
15	その他の豆類処理加工設備		8	
17	その他の農産物加工設備		8	
19	その他の乾めん、生めん又は強化米製造設備		16	
23	パン又は菓子類製造設備	生パン類製造設備 その他	16 8	
24	荒茶製造設備		8	
25	再製茶製造設備		8	
26	清涼飲料製造設備		8	
30	その他の飲料製造設備		8	
34	発酵飼料又は酵母飼料製造設備	酵母飼料製造設備 その他	24 8	
35	その他の飼料製造設備		8	
36	その他の食料品製造設備		8	

付表5

旧別表第二の「番号」	旧別表第二の「設備の種類」	区　分	通常の使用時間	備　考
37	生糸製造設備	自動繰糸式生糸製造設備 その他	16 8	ただし、繭乾燥工程は、16 時間
38	繭乾燥業用設備		16	
39	紡績設備	和紡績設備 その他	8 24	
43	ねん糸業用又は糸（前号に掲げるものを除く。）製造業用設備	ねん糸業用設備造設備 その他	8 16	
45	メリヤス生地、編み手袋又は靴下製造設備	フルファッション式製編設備及び縦編メリヤス生地製造設備 その他	24 16	
46	染色整理又は仕上設備		8	
48	洗毛、化炭、羊毛トップ、ラップペニー、反毛、製綿又は再生綿業用設備	洗毛、化炭、羊毛トップ及び反毛設備 その他	16 8	
49	整経又はサイジング業用設備		16	
50	不織布製造設備		16	
51	フェルト又はフェルト製品製造設備	羊毛フェルト及び極硬質フェルト製造設備 その他	16 8	
52	綱、網又はひも製造設備		8	
53	レース製造設備		16	
54	塗装布製造設備		8	
55	繊維製又は紙製衛生材料製造設備		8	
56	縫製品製造業用設備		8	
57	その他の繊維製品製造設備		8	
58	可搬式造林、伐木又は搬出設備		8	
59	製材業用設備		8	
60	チップ製造業用設備		8	
61	単板又は合板製造設備		8	ただし、乾燥工程は、16 時間
62	その他の木製品製造設備		8	

第1章　耐用年数の調べ方

第2章　耐用年数の選び方

第3章　別表・付表の使い方

旧別表第二の「番号」	旧別表第二の「設備の種類」	区　分	通常の使用時間	備　考
63	木材防腐処理設備		8	
65	手すき和紙製造設備		8	
68	ヴァルカナイズドファイバー又は加工紙製造設備	ヴァルカナイズドファイバー製造設備 その他	16 8	
69	段ボール、段ボール箱又は板紙製容器製造設備		8	
70	その他の紙製品製造設備		8	
71	枚葉紙樹脂加工設備		8	
74	日刊新聞紙印刷設備		8	
75	印刷設備		8	
76	活字鋳造業用設備		8	
77	金属板その他の特殊物印刷設備		8	
78	製本設備		8	
79	写真製版業用設備		8	
80	複写業用設備		8	
85	配合肥料その他の肥料製造設備		8	
154	その他の医薬品製造設備（製剤又は小分包装設備を含む。）	錠剤、液剤及び注射薬製造設備並びに小分包装設備 その他	8 24	
156	産業用火薬類（花火を含む。）製造設備		8	
157	その他の火薬類製造設備（弾薬装てん又は組立設備を含む。）		8	
158	塗料又は印刷インキ製造設備		8	ただし、合成樹脂製造工程は、24時間
159	その他のインキ製造設備		8	
166	つや出し剤、研摩油剤又は乳化油剤製造設備		8	
167	接着剤製造設備		8	
170	化粧品製造設備		8	
174	磁気テープ製造設備		16	
178	電気絶縁材料（マイカ系を含む。）製造設備		8	

付表5

旧別表第二の「番号」	旧別表第二の「設備の種類」	区　分	通常の使用時間	備　考
182	アスファルト乳剤その他のアスファルト製品製造設備		8	
184	練炭、豆炭類、オガライト（オガタンを含む。）又は炭素粉末製造設備	炭素粉末製造設備 その他	24 8	
186	タイヤ又はチューブ製造設備		8	ただし、加硫工程は、24時間
187	再生ゴム製造設備		8	ただし、加硫工程は、24時間
190	その他のゴム製品製造設備		8	ただし、加硫工程は、24時間
191	製革設備		8	ただし、じゅう成工程は、24時間
192	機械ぐつ製造設備		8	
193	その他の革製品製造設備		8	
195	その他のガラス製品製造設備（光学ガラス製造設備を含む。）		8	ただし、炉設備は、24時間
196	陶磁器、粘土製品、耐火物、けいそう土製品、はい土又はうわ薬製造設備		8	ただし、炉設備は、24時間
197	炭素繊維製造設備		8	ただし、炉設備は、24時間
197の2	その他の炭素製品製造設備		8	ただし、炉設備は、24時間
198	人造研削材製造設備		8	ただし、炉設備は、24時間
199	研削と石又は研摩布紙製造設備		8	ただし、炉設備は、24時間
201	生コンクリート製造設備		16	
202	セメント製品（気ほうコンクリート製品を含む。）製造設備		8	ただし、養生及び乾燥工程は、24時間
205	石こうボード製造設備		8	ただし、炉設備は、24時間
206	ほうろう鉄器製造設備		8	ただし、炉設備は、24時間
207	石綿又は石綿セメント製品製造設備		8	ただし、養生及び乾燥工程は、24時間
209	石工品又は擬石製造設備		8	
215	鉄鋼熱間圧延設備		16	

旧別表第二の「番号」	旧別表第二の「設備の種類」	区　分	通常の使用時間	備　考
216	鉄鋼冷間圧延又は鉄鋼冷間成形設備	冷延鋼板圧延設備 その他	16 8	
217	鋼管製造設備	継目無鋼管及び鍛接鋼管製造設備 その他	16 8	
218	鉄鋼伸線（引き抜きを含む。）設備及び鉄鋼卸売業用シャーリング設備並びに伸鉄又はシャーリング業用設備	伸鉄及びシャーリング業用設備 その他	16 8	
218の2	鉄くず処理業用設備		8	
219	鉄鋼鍛造業用設備		8	
220	鋼鋳物又は銑鉄鋳物製造業用設備		8	
221	金属熱処理業用設備		16	
229	非鉄金属圧延、押出又は伸線設備		8	
230	非鉄金属鋳物製造業用設備		8	
231	電線又はケーブル製造設備		8	ただし、銅線の荒引工程及び巻線の焼付工程は、16時間
231の2	光ファイバー製造設備		8	
232	金属粉末又ははく（圧延によるものを除く。）製造設備	打はく設備 その他	8 24	
233	粉末冶金製品製造設備		8	
234	鋼索製造設備		8	
235	鎖製造設備		8	
236	溶接棒製造設備		8	
237	くぎ、リベット又はスプリング製造業用設備		8	
237の2	ねじ製造業用設備		8	
238	溶接金網製造設備		8	
239	その他の金網又は針金製品製造設備		8	
240	縫針又はミシン針製造設備		8	
241	押出しチューブ又は自動組立方式による金属缶製造設備		8	
242	その他の金属製容器製造設備		8	
243	電気錫めっき鉄板製造設備		16	
244	その他のめっき又はアルマイト加工設備		8	
245	金属塗装設備		8	

付表5

旧別表 第二の 「番号」	旧別表第二の「設備の種類」	区　　分	通常 の使 用時 間	備　　考
245の2	合成樹脂被覆、彫刻又はアルミニウムはくの加工設備		8	
246	手工具又はのこぎり刃その他の刃物類（他の号に掲げるものを除く。）製造設備		8	
247	農業用機具製造設備		8	
248	金属製洋食器又はかみそり刃製造設備		8	
249	金属製家具若しくは、建具又は建築金物製造設備		8	
250	鋼製構造物製造設備		8	
251	プレス、打抜き、しぼり出しその他の金属加工品製造業用設備		8	
251の2	核燃料物質加工設備		8	
252	その他の金属製品製造設備		8	
253	ボイラー製造設備		8	
254	エンジン、タービン又は水車製造設備		8	
255	農業用機械製造設備		8	
256	建設機械、鉱山機械又は原動機付車両（他の号に掲げるものを除く。）製造設備		8	
257	金属加工機械製造設備		8	
258	鋳造用機械、合成樹脂加工機械又は木材加工用機械製造設備		8	
259	機械工具、金型又は治具製造業用設備		8	
260	繊維機械（ミシンを含む。）又は同部分品若しくは附属品製造設備		8	
261	風水力機器、金属製弁又は遠心分離機製造設備		8	
261の2	冷凍機製造設備		8	
262	玉又はコロ軸受若しくは同部分品製造設備		8	
263	歯車、油圧機器その他の動力伝達装置製造業用設備		8	
263の2	産業用ロボット製造設備		8	
264	その他の産業用機器又は部分品若しくは附属品製造設備		8	
265	事務用機器製造設備		8	

旧別表 第二の 「番号」	旧別表第二の「設備の種類」	区　分	通常 の使 用時 間	備　　考
266	食品用、暖ちゅう房用、家庭用又はサービス用機器（電気機器を除く。）製造設備		8	
267	産業用又は民生用電気機器製造設備		8	
268	電気計測器、電気通信用機器、電子応用機器又は同部分品（他の号に掲げるものを除く。）製造設備		8	
268の2	フラットパネルディスプレイ又はフラットパネル用フィルム材料製造設備		8	
269	交通信号保安機器製造設備		8	
270	電球、電子管又は放電灯製造設備		8	
271	半導体集積回路（素子数が500以上のものに限る。）製造設備		8	
271の2	その他の半導体素子製造設備		8	
272	抵抗器又は蓄電器製造設備		8	
272の2	プリント配線基板製造設備		8	
272の3	フェライト製品製造設備		8	
273	電気機器部分品製造設備		8	
274	乾電池製造設備		8	
274の2	その他の電池製造設備		8	
275	自動車製造設備		8	
276	自動車車体製造又は架装設備		8	
277	鉄道車両又は同部分品製造設備		8	
278	車両用エンジン、同部分品又は車両用電装品製造設備（ミッション又はクラッチ製造設備を含む。）		8	
279	車両用ブレーキ製造設備		8	
280	その他の車両部分品又は附属品製造設備		8	
281	自転車又は同部分品若しくは附属品製造設備		8	
282	鋼船製造又は修理設備		8	
283	木船製造又は修理設備		8	
284	舶用推進器、甲板機械又はハッチカバー製造設備		8	

旧別表 第二の 「番号」	旧別表第二の「設備の種類」	区　　分	通常 の使 用時 間	備　　考
285	航空機若しくは同部分品（ニンジン、機内空気加圧装置、回転機器、プロペラ、計器、降着装置又は油圧部品に限る。）製造又は修理設備		8	
286	その他の輸送用機器製造設備		8	
287	試験機、測定器又は計量機製造設備		8	
288	医療用機器製造設備		8	
288の2	理化学用機器製造設備		8	
289	レンズ又は光学機器若しくは同部分品製造設備		8	
290	ウォッチ若しくは同部分品又は写真機用シャッター製造設備		8	
291	クロック若しくは同部分品、オルゴールムーブメント又は写真フィルム用スプール製造設備		8	
292	銃弾製造設備		8	
293	銃砲、爆発物又は信管、薬きょうその他の銃砲用品製造設備		8	
294	自動車分解製備業用設備		8	
295	前掲以外の機械器具、部分品又は附属品製造設備		8	
297	楽器製造設備		8	
298	レコード製造設備		8	
299	がん具製造設備	合成樹脂成形設備 その他の設備	16 8	
300	万年筆、シャープペンシル又はペン先製造設備		8	
301	ボールペン製造設備		8	
302	鉛筆製造設備		8	
303	絵の具その他の絵画用具製造設備		8	
304	身辺用細貨類、ブラシ又はシガレットライター製造設備		8	
305	ボタン製造設備		8	
306	スライドファスナー製造設備		8	
307	合成樹脂成形加工又は合成樹脂製品加工業用設備		16	

旧別表第二の「番号」	旧別表第二の「設備の種類」	区　分	通常の使用時間	備　考
309	繊維壁材製造設備		8	
310	歯科材料製造設備		8	
311	真空蒸着処理業用設備		16	
312	マッチ製造設備		8	
313	コルク又はコルク製品製造設備		8	
314	つりざお又は附属品製造設備		8	
315	墨汁製造設備		8	
316	ろうそく製造設備		8	
317	リノリウム、リノタイル又はアスファルトタイル製造設備		8	
318	畳表製造設備		8	
319	畳製造設備		8	
319の2	その他のわら工品製造設備		8	
323	真珠、貴石又は半貴石加工設備		8	
344	ラジオ又はテレビジョン放送設備		16	
359	クリーニング設備		8	
360の2	故紙梱包設備		8	
364	天然色写真現像焼付設備		16	
365	その他の写真現像焼付設備		16	
367	遊園地用遊戯設備（原動機付のものに限る。）		8	

■ 付表6 漁網、活字地金及び専用金型等以外の資産の基準率、基準回数及び基準直径表

（1）　なつ染用銅ロールの特別な償却率の算定の基礎となる彫刻可能回数

彫刻模様 ＼ 区分 ＼ ロールの種類	普　通　ロ　ー　ル						カンガー用ロ　ー　ル	
	長さ92センチ未満		長さ92センチ以上115センチ未満		長さ115センチ以上			
	彫刻可能回数	換算率	彫刻可能回数	換算率	彫刻可能回数	換算率	彫刻可能回数	換算率
抜染なつ染を除いた服地柄（基準模様）	22	－	20	－	18	－	－	－
抜染なつ染による服地柄	20	1.1	18	1.111	16	1.125	－	－
和装柄、夜具地柄、起毛織物、服地及び和装柄	18	1.222	16	1.25	14	1.286	－	－
ワックス、サロン及びサロン類似柄	－	－	14	1.429	12	1.5	－	－
カ　ン　ガ　ー	－	－	－	－	－	－	5	1

注（イ）換算率とは、抜染なつ染を除いた服地柄（以下「基準模様」という。）を彫刻する場合における彫刻可能回数（以下「基礎回数」という。）の基準模様以外の模様を彫刻する場合における当該模様の彫刻可能回数に対する割合であって、基準模様以外の模様を彫刻した場合においても計算の便宜上、彫刻可能回数を基礎回数とし、実際彫刻回数を実際彫刻回数に当該模様の換算率を乗じたものとするためのものである。

（ロ）普通ロールとは、カンガー用ロール以外のロールをいう。

（2）　映画用フイルムの特別な償却率

上映日からの経過月数	1	2	3	4	5	6	7	8	9	10
特別な償却率	60%	80	87	91	94	96	97	98	99	100

ただし、（2）の表による認定を受けている法人が各事業年度（事業年度の期間が6か月の場合に限る。）ごとに封切上映したものの全部について一律に特別な償却率を適用しようとする場合には、各事業年度において封切上映したものについては、当該事業年度にあっては85%を、当該事業年度の翌事業年度にあっては15%を、それぞれ認定に係る償却率とすることができる。

（3）　非鉄金属圧延用ロールの特別な償却率の算定の基礎となる使用可能直径

用途による区分 ＼ 材質による区分		普通チルドロール	合金チルドロール	グレンロール	鋳鋼ロール	鍛鋼ロール
熱間圧延ロール		25ミリメートル	－	ロールの製作時の直径から当該ロールのロールチョックの径を控除した値の7割	同　左	20ミリメートル
冷間圧延ロール	中延べ（荒延べを含む。）ロール	30ミリメートル	30ミリメートル	－	－	15ミリメートル
	仕　上　げ　ロ　ー　ル	30ミリメートル	30ミリメートル	－	－	10ミリメートル（はく用ロールについては5ミリメートル）

■ 付表7(1) 旧定率法未償却残額表（平成19年3月31日以前取得分）

経過年数＼耐用年数	3	4	5	6	7	8	9	10	11	12	13	14	15	16	17	18	19	20	21	22	23	24	25
償却率	0.536	0.438	0.369	0.319	0.280	0.250	0.226	0.206	0.189	0.175	0.162	0.152	0.142	0.134	0.127	0.120	0.114	0.109	0.104	0.099	0.095	0.092	0.088
1年	0.464	0.562	0.631	0.681	0.720	0.750	0.774	0.794	0.811	0.825	0.838	0.848	0.858	0.866	0.873	0.880	0.886	0.891	0.896	0.901	0.905	0.909	0.912
2	0.215	0.316	0.398	0.464	0.518	0.562	0.599	0.631	0.658	0.681	0.702	0.720	0.736	0.750	0.762	0.774	0.785	0.794	0.803	0.811	0.819	0.825	0.832
3	0.100	0.178	0.251	0.316	0.373	0.422	0.464	0.501	0.534	0.562	0.588	0.611	0.631	0.649	0.666	0.681	0.695	0.708	0.720	0.731	0.741	0.750	0.759
4	0.050	0.100	0.158	0.215	0.268	0.316	0.359	0.398	0.434	0.464	0.492	0.518	0.541	0.562	0.582	0.599	0.616	0.631	0.645	0.658	0.670	0.681	0.692
5	0.040	0.056	0.100	0.147	0.193	0.237	0.278	0.316	0.351	0.383	0.412	0.439	0.464	0.487	0.508	0.527	0.546	0.562	0.578	0.593	0.606	0.619	0.631
6	0.030	0.050	0.063	0.100	0.139	0.178	0.215	0.251	0.285	0.316	0.346	0.373	0.398	0.422	0.444	0.464	0.483	0.501	0.518	0.534	0.548	0.562	0.575
7	0.020	0.040	0.050	0.068	0.100	0.133	0.167	0.200	0.231	0.261	0.289	0.316	0.341	0.365	0.387	0.408	0.428	0.447	0.464	0.481	0.496	0.511	0.525
8	0.010	0.030	0.040	0.050	0.072	0.100	0.129	0.158	0.187	0.215	0.242	0.268	0.293	0.316	0.338	0.359	0.379	0.398	0.416	0.433	0.449	0.464	0.479
9	0.000	0.020	0.030	0.040	0.052	0.075	0.100	0.126	0.152	0.178	0.203	0.228	0.251	0.274	0.296	0.316	0.336	0.355	0.373	0.390	0.406	0.422	0.437
10		0.010	0.020	0.030	0.050	0.056	0.077	0.100	0.123	0.147	0.170	0.193	0.215	0.237	0.258	0.278	0.298	0.316	0.334	0.351	0.367	0.383	0.398
11		0.000	0.010	0.020	0.040	0.050	0.060	0.079	0.100	0.121	0.143	0.164	0.185	0.205	0.225	0.245	0.264	0.282	0.299	0.316	0.332	0.348	0.363
12			0.000	0.010	0.030	0.040	0.050	0.063	0.081	0.100	0.119	0.139	0.158	0.178	0.197	0.215	0.234	0.251	0.268	0.285	0.301	0.316	0.331
13				0.000	0.020	0.030	0.040	0.0501	0.066	0.083	0.100	0.118	0.136	0.154	0.172	0.190	0.207	0.224	0.240	0.257	0.272	0.287	0.302
14					0.010	0.020	0.030	0.050	0.053	0.068	0.084	0.100	0.117	0.133	0.150	0.167	0.183	0.200	0.215	0.231	0.246	0.261	0.275
15					0.000	0.010	0.020	0.040	0.050	0.056	0.070	0.085	0.100	0.115	0.131	0.147	0.162	0.178	0.193	0.208	0.223	0.237	0.251
16						0.000	0.010	0.030	0.040	0.050	0.059	0.072	0.086	0.100	0.115	0.129	0.144	0.158	0.173	0.187	0.202	0.215	0.229
17							0.000	0.020	0.030	0.040	0.050	0.061	0.074	0.087	0.100	0.114	0.127	0.141	0.155	0.169	0.182	0.196	0.209
18								0.010	0.020	0.030	0.040	0.052	0.063	0.075	0.087	0.100	0.113	0.126	0.139	0.152	0.165	0.178	0.191
19								0.000	0.010	0.020	0.030	0.044	0.054	0.065	0.076	0.088	0.100	0.112	0.125	0.137	0.149	0.162	0.174
20									0.000	0.010	0.020	0.040	0.050	0.056	0.067	0.077	0.089	0.100	0.112	0.123	0.135	0.147	0.158
21年										0.000	0.010	0.030	0.040	0.050	0.058	0.068	0.078	0.089	0.100	0.111	0.122	0.133	0.145
22											0.000	0.020	0.030	0.040	0.051	0.060	0.070	0.079	0.090	0.100	0.111	0.121	0.132
23												0.010	0.020	0.030	0.050	0.053	0.062	0.071	0.080	0.090	0.100	0.110	0.120
24												0.000	0.010	0.020	0.040	0.050	0.053	0.063	0.072	0.081	0.090	0.100	0.110
25													0.000	0.010	0.030	0.040	0.050	0.056	0.064	0.073	0.082	0.091	0.100
26														0.000	0.020	0.030	0.040	0.0501	0.058	0.066	0.074	0.083	0.091
27															0.010	0.020	0.030	0.050	0.052	0.059	0.067	0.075	0.083
28															0.000	0.010	0.020	0.040	0.050	0.053	0.061	0.068	0.076
29																0.000	0.010	0.030	0.040	0.050	0.055	0.062	0.069
30																	0.000	0.020	0.030	0.040	0.050	0.056	0.063
31																		0.010	0.020	0.030	0.040	0.051	0.058
32																		0.000	0.010	0.020	0.030	0.050	0.052
33																			0.000	0.010	0.020	0.040	0.050
34																				0.000	0.010	0.030	0.040
35																					0.000	0.020	0.030
36年																						0.010	0.020
37																						0.000	0.010
38																							0.000

〔備考〕

1　この表は、旧定率法によって償却をする場合の各経過年末における未償却残額割合を示したものである。 $\left[\dfrac{未償却残高}{取得価額}\right]$

2　この表は、次の算式によって求めたものであるが、(1)の計算の基礎となる償却率は、小数第6位を四捨五入したものにより、算出された未償却残額割合は、小数第4位を四捨五入したものによった。ただし、小数第4位を四捨五入した割合が0.050となる場合には、小数第5位を四捨五入したものによった。

(2)の算式の到達後経過年数は、未償却残額割合が5%に到達した翌事業年度以後の経過年数をいう。

(1) 未償却残額割合 ＞ 5％ の場合

$$未償却残額割合＝（1－旧定率法償却率）^{経過年数}$$

(2) 未償却残額割合 ≦ 5％ の場合

$$未償却残額割合＝0.050－（0.050×12÷60）×到達後経過年数$$

3　経過年数を求める方式は次の例による。

〔例示〕

法定耐用年数15年　取得価額100,000円　変更時の帳簿価額22,150円

(1) 変更時の帳簿価額22,150円÷取得価額100,000円＝0.222（小数第4位を四捨五入）

(2) 「0.222」は、「耐用年数15年」の欄の「0.251」と「0.215」の中間に位するから、下位の「0.215」に応ずる「経過年数10年」を経過年数とする。

26	27	28	29	30	31	32	33	34	35	36	37	38	39	40	41	42	43	44	45	46	47	48	49	50
0.085	0.082	0.079	0.076	0.074	0.072	0.069	0.067	0.066	0.064	0.062	0.060	0.059	0.057	0.056	0.055	0.053	0.052	0.051	0.050	0.049	0.048	0.047	0.046	0.045
0.915	0.918	0.921	0.924	0.926	0.928	0.931	0.933	0.935	0.936	0.938	0.940	0.941	0.943	0.944	0.945	0.947	0.948	0.949	0.950	0.951	0.952	0.953	0.954	0.955
0.838	0.843	0.848	0.853	0.858	0.862	0.866	0.870	0.873	0.877	0.880	0.883	0.886	0.889	0.891	0.894	0.896	0.898	0.901	0.903	0.905	0.907	0.909	0.910	0.912
0.767	0.774	0.781	0.788	0.794	0.800	0.806	0.811	0.816	0.821	0.825	0.830	0.834	0.838	0.841	0.845	0.848	0.852	0.855	0.858	0.861	0.863	0.866	0.869	0.871
0.702	0.711	0.720	0.728	0.736	0.743	0.750	0.756	0.763	0.769	0.774	0.780	0.785	0.790	0.794	0.799	0.803	0.807	0.811	0.815	0.819	0.822	0.825	0.829	0.832
0.642	0.653	0.663	0.672	0.681	0.690	0.698	0.705	0.7[illegible]3	0.720	0.726	0.733	0.739	0.744	0.750	0.755	0.760	0.765	0.770	0.774	0.779	0.783	0.787	0.791	0.794
0.588	0.599	0.611	0.621	0.631	0.640	0.649	0.658	0.6[illegible]6	0.674	0.681	0.688	0.695	0.702	0.708	0.714	0.720	0.725	0.731	0.736	0.741	0.745	0.750	0.754	0.759
0.538	0.550	0.562	0.574	0.584	0.595	0.604	0.614	0.622	0.631	0.639	0.647	0.654	0.661	0.668	0.675	0.681	0.687	0.693	0.699	0.704	0.710	0.715	0.720	0.724
0.492	0.505	0.518	0.530	0.541	0.552	0.562	0.572	0.582	0.591	0.599	0.608	0.616	0.624	0.631	0.638	0.645	0.652	0.658	0.664	0.670	0.676	0.681	0.687	0.692
0.451	0.464	0.477	0.489	0.501	0.512	0.523	0.534	0.5[illegible]4	0.553	0.562	0.571	0.580	0.588	0.596	0.603	0.611	0.618	0.624	0.631	0.637	0.643	0.649	0.655	0.661
0.412	0.426	0.439	0.452	0.464	0.476	0.487	0.498	0.508	0.518	0.527	0.537	0.546	0.554	0.562	0.570	0.578	0.585	0.593	0.599	0.606	0.613	0.619	0.625	0.631
0.378	0.391	0.405	0.418	0.430	0.442	0.453	0.464	0.475	0.485	0.495	0.504	0.513	0.522	0.531	0.539	0.547	0.555	0.562	0.570	0.577	0.583	0.590	0.596	0.603
0.346	0.359	0.373	0.386	0.398	0.410	0.422	0.433	0.444	0.454	0.464	0.474	0.483	0.492	0.501	0.510	0.518	0.526	0.534	0.541	0.548	0.555	0.562	0.569	0.575
0.316	0.330	0.343	0.356	0.369	0.381	0.392	0.404	0.4[illegible]5	0.425	0.435	0.445	0.455	0.464	0.473	0.482	0.490	0.499	0.506	0.514	0.522	0.529	0.536	0.543	0.550
0.289	0.303	0.316	0.329	0.341	0.353	0.365	0.376	0.387	0.398	0.408	0.418	0.428	0.438	0.447	0.456	0.464	0.473	0.481	0.489	0.496	0.504	0.511	0.518	0.525
0.265	0.278	0.291	0.304	0.316	0.328	0.340	0.351	0.3[illegible]2	0.373	0.383	0.393	0.403	0.412	0.422	0.431	0.439	0.448	0.456	0.464	0.472	0.480	0.487	0.494	0.501
0.242	0.255	0.268	0.281	0.293	0.305	0.316	0.327	0.3[illegible]8	0.349	0.359	0.369	0.379	0.389	0.398	0.407	0.416	0.425	0.433	0.441	0.449	0.457	0.464	0.472	0.479
0.222	0.235	0.247	0.259	0.271	0.283	0.294	0.305	0.3[illegible]6	0.327	0.337	0.347	0.357	0.367	0.376	0.385	0.394	0.402	0.411	0.419	0.427	0.435	0.442	0.450	0.457
0.203	0.215	0.228	0.239	0.251	0.263	0.274	0.285	0.296	0.306	0.316	0.326	0.336	0.346	0.355	0.364	0.373	0.381	0.390	0.398	0.406	0.414	0.422	0.429	0.436
0.186	0.198	0.210	0.221	0.233	0.244	0.255	0.266	0.276	0.287	0.297	0.307	0.316	0.326	0.335	0.344	0.353	0.362	0.370	0.378	0.386	0.394	0.402	0.410	0.417
0.170	0.182	0.193	0.204	0.215	0.226	0.237	0.248	0.258	0.268	0.278	0.288	0.298	0.307	0.316	0.325	0.334	0.343	0.351	0.359	0.367	0.375	0.383	0.391	0.398
0.156	0.167	0.178	0.189	0.200	0.210	0.221	0.231	0.241	0.251	0.261	0.271	0.280	0.289	0.299	0.307	0.316	0.325	0.333	0.341	0.350	0.357	0.365	0.373	0.380
0.143	0.153	0.164	0.174	0.185	0.195	0.205	0.215	0.225	0.235	0.245	0.254	0.264	0.273	0.282	0.291	0.299	0.308	0.316	0.324	0.332	0.340	0.348	0.356	0.363
0.130	0.141	0.151	0.161	0.171	0.181	0.191	0.201	0.211	0.220	0.230	0.239	0.248	0.257	0.266	0.275	0.283	0.292	0.300	0.308	0.316	0.324	0.332	0.339	0.347
0.119	0.129	0.139	0.149	0.158	0.168	0.178	0.187	0.197	0.206	0.215	0.225	0.234	0.242	0.251	0.260	0.268	0.277	0.285	0.293	0.301	0.309	0.316	0.324	0.331
0.109	0.119	0.128	0.137	0.147	0.156	0.165	0.175	0.184	0.193	0.202	0.211	0.220	0.229	0.237	0.246	0.254	0.262	0.270	0.278	0.286	0.294	0.301	0.309	0.316
0.100	0.109	0.118	0.127	0.136	0.145	0.154	0.163	0.172	0.181	0.190	0.198	0.207	0.215	0.224	0.232	0.240	0.249	0.256	0.264	0.272	0.280	0.287	0.295	0.302
0.092	0.100	0.109	0.117	0.126	0.135	0.143	0.152	0.161	0.169	0.178	0.186	0.195	0.203	0.211	0.220	0.228	0.236	0.243	0.251	0.259	0.266	0.274	0.281	0.288
0.084	0.092	0.100	0.108	0.117	0.125	0.133	0.142	0.150	0.158	0.167	0.175	0.183	0.191	0.200	0.208	0.215	0.223	0.231	0.239	0.246	0.254	0.261	0.268	0.275
0.077	0.084	0.092	0.100	0.108	0.116	0.124	0.132	0.140	0.148	0.156	0.164	0.172	0.180	0.188	0.196	0.204	0.212	0.219	0.227	0.234	0.242	0.249	0.256	0.263
0.070	0.077	0.085	0.092	0.100	0.108	0.115	0.123	0.13[illegible]	0.139	0.147	0.155	0.162	0.170	0.178	0.185	0.193	0.201	0.208	0.215	0.223	0.230	0.237	0.244	0.251
0.064	0.071	0.078	0.085	0.093	0.100	0.107	0.115	0.123	0.130	0.138	0.145	0.153	0.160	0.168	0.175	0.183	0.190	0.197	0.205	0.212	0.219	0.226	0.233	0.240
0.059	0.065	0.072	0.079	0.086	0.093	0.100	0.107	0.115	0.122	0.129	0.136	0.144	0.151	0.158	0.166	0.173	0.180	0.187	0.194	0.202	0.209	0.215	0.222	0.229
0.054	0.060	0.066	0.073	0.079	0.086	0.093	0.100	0.107	0.114	0.121	0.128	0.135	0.143	0.150	0.157	0.164	0.171	0.178	0.185	0.192	0.199	0.205	0.212	0.219
0.050	0.055	0.061	0.067	0.074	0.080	0.087	0.093	0.100	0.107	0.114	0.121	0.127	0.134	0.141	0.148	0.155	0.162	0.169	0.176	0.182	0.189	0.196	0.202	0.209
0.040	0.051	0.056	0.062	0.068	0.074	0.081	0.087	0.093	0.100	0.107	0.113	0.120	0.127	0.133	0.140	0.147	0.153	0.160	0.167	0.173	0.180	0.187	0.193	0.200
0.030	0.050	0.052	0.057	0.063	0.069	0.075	0.081	0.08[illegible]	0.094	0.100	0.106	0.113	0.119	0.126	0.132	0.139	0.145	0.152	0.158	0.165	0.171	0.178	0.184	0.191
0.020	0.040	0.050	0.053	0.058	0.064	0.070	0.076	0.082	0.088	0.094	0.100	0.106	0.113	0.119	0.125	0.132	0.138	0.144	0.151	0.157	0.163	0.169	0.176	0.182
0.010	0.030	0.040	0.050	0.054	0.059	0.065	0.071	0.07[illegible]	0.082	0.088	0.094	0.100	0.106	0.112	0.118	0.125	0.131	0.137	0.143	0.149	0.155	0.162	0.168	0.174
0.000	0.020	0.030	0.040	0.0501	0.055	0.060	0.066	0.07[illegible]	0.077	0.083	0.088	0.094	0.100	0.106	0.112	0.118	0.124	0.130	0.136	0.142	0.148	0.154	0.160	0.166
	0.010	0.020	0.030	0.050	0.051	0.056	0.061	0.06[illegible]	0.072	0.077	0.083	0.089	0.094	0.100	0.106	0.112	0.117	0.123	0.129	0.135	0.141	0.147	0.153	0.158
	0.000	0.010	0.020	0.040	0.050	0.052	0.057	0.062	0.067	0.073	0.078	0.083	0.089	0.094	0.100	0.106	0.111	0.117	0.123	0.128	0.134	0.140	0.146	0.151
		0.000	0.010	0.030	0.040	0.050	0.053	0.058	0.063	0.068	0.073	0.078	0.084	0.089	0.095	0.100	0.106	0.111	0.117	0.122	0.128	0.133	0.139	0.145
			0.000	0.020	0.030	0.040	0.050	0.05[illegible]	0.059	0.064	0.069	0.074	0.079	0.084	0.089	0.095	0.100	0.105	0.111	0.116	0.122	0.127	0.133	0.138
				0.010	0.020	0.030	0.040	0.05[illegible]	0.055	0.060	0.065	0.070	0.074	0.079	0.085	0.090	0.095	0.100	0.105	0.111	0.116	0.121	0.127	0.132
				0.000	0.010	0.020	0.030	0.050	0.052	0.056	0.061	0.065	0.070	0.075	0.080	0.085	0.090	0.095	0.100	0.105	0.110	0.115	0.121	0.126
					0.000	0.010	0.020	0.040	0.050	0.053	0.057	0.062	0.066	0.071	0.076	0.080	0.085	0.090	0.095	0.100	0.105	0.110	0.115	0.120
						0.000	0.010	0.030	0.040	0.050	0.054	0.058	0.062	0.067	0.071	0.076	0.081	0.085	0.090	0.095	0.100	0.105	0.110	0.115
							0.000	0.020	0.030	0.040	0.0504	0.055	0.059	0.063	0.068	0.072	0.077	0.081	0.086	0.090	0.095	0.100	0.105	0.110
								0.010	0.020	0.030	0.050	0.051	0.055	0.060	0.064	0.068	0.073	0.077	0.081	0.086	0.091	0.095	0.100	0.105
								0.000	0.010	0.020	0.040	0.050	0.052	0.056	0.060	0.064	0.069	0.073	0.077	0.082	0.086	0.091	0.095	0.100
								51年	0.000	0.010	0.030	0.040	0.050	0.053	0.057	0.061	0.065	0.069	0.074	0.078	0.082	0.087	0.091	0.095
								52		0.000	0.020	0.030	0.040	0.0501	0.054	0.058	0.062	0.066	0.070	0.074	0.078	0.083	0.087	0.091
								53			0.010	0.020	0.030	0.050	0.051	0.055	0.059	0.062	0.066	0.070	0.075	0.079	0.083	0.087
								54			0.000	0.010	0.020	0.040	0.050	0.052	0.055	0.059	0.063	0.067	0.071	0.075	0.079	0.083
								55				0.000	0.010	0.030	0.040	0.050	0.053	0.056	0.060	0.064	0.068	0.071	0.075	0.079
								56					0.000	0.020	0.030	0.040	0.050	0.053	0.057	0.061	0.064	0.068	0.072	0.076
								57						0.010	0.020	0.030	0.040	0.051	0.054	0.058	0.061	0.065	0.069	0.072
								58						0.000	0.010	0.020	0.030	0.050	0.051	0.055	0.058	0.062	0.066	0.069
								59							0.000	0.010	0.020	0.040	0.050	0.052	0.056	0.059	0.063	0.066
								60								0.000	0.010	0.030	0.040	0.050	0.053	0.056	0.060	0.063
																61年	0.000	0.020	0.030	0.040	0.0504	0.054	0.057	0.060
																62		0.010	0.020	0.030	0.050	0.051	0.054	0.058
																63		0.000	0.010	0.020	0.040	0.050	0.052	0.055
																64			0.000	0.010	0.030	0.040	0.050	0.052
																65				0.000	0.020	0.030	0.040	0.0501
																66					0.010	0.020	0.030	0.050
																67					0.000	0.010	0.020	0.040
																68						0.000	0.010	0.030
																69							0.000	0.020
																70								0.010
																71								0.000

■ 付表7⑵　定率法未償却残額表（平成19年4月1日から平成24年3月31日まで取得分）

耐用年数／経過年数	3	4	5	6	7	8	9	10	11	12	13	14	15	16	17	18	19	20	21	22	23	24	25
償却率	0.833	0.625	0.500	0.417	0.357	0.313	0.278	0.250	0.227	0.208	0.192	0.179	0.167	0.156	0.147	0.139	0.132	0.125	0.119	0.114	0.109	0.104	0.100
改定償却率	1.000	1.000	1.000	0.500	0.500	0.334	0.334	0.334	0.250	0.250	0.200	0.200	0.200	0.167	0.167	0.143	0.143	0.143	0.125	0.125	0.112	0.112	0.112
1 年	0.167	0.375	0.500	0.583	0.643	0.687	0.722	0.750	0.773	0.792	0.808	0.821	0.833	0.844	0.853	0.861	0.868	0.875	0.881	0.886	0.891	0.896	0.900
2	0.028	0.141	0.250	0.340	0.413	0.472	0.521	0.563	0.598	0.627	0.653	0.674	0.694	0.712	0.728	0.741	0.753	0.766	0.776	0.785	0.794	0.803	0.810
3	0.000	0.053	0.125	0.198	0.266	0.324	0.376	0.422	0.462	0.497	0.528	0.553	0.578	0.601	0.621	0.638	0.654	0.670	0.684	0.696	0.707	0.719	0.729
4		0.000	0.063	0.116	0.171	0.223	0.272	0.316	0.357	0.393	0.426	0.454	0.481	0.507	0.529	0.550	0.568	0.585	0.602	0.616	0.630	0.645	0.656
5			0.000	0.058	0.110	0.153	0.196	0.237	0.276	0.312	0.344	0.373	0.401	0.428	0.452	0.473	0.493	0.513	0.531	0.546	0.562	0.577	0.590
6				0.000	0.055	0.102	0.142	0.178	0.213	0.247	0.278	0.306	0.334	0.361	0.385	0.407	0.428	0.449	0.468	0.484	0.500	0.517	0.531
7					0.000	0.051	0.094	0.133	0.165	0.195	0.225	0.251	0.278	0.305	0.329	0.351	0.371	0.393	0.412	0.429	0.446	0.464	0.478
8						0.000	0.047	0.089	0.124	0.155	0.182	0.206	0.232	0.257	0.280	0.302	0.322	0.344	0.363	0.380	0.397	0.415	0.430
9							0.000	0.044	0.082	0.116	0.145	0.169	0.193	0.217	0.239	0.260	0.280	0.301	0.320	0.336	0.354	0.372	0.387
10								0.000	0.041	0.077	0.109	0.136	0.161	0.183	0.204	0.224	0.243	0.263	0.282	0.298	0.315	0.333	0.349
11								11年	0.000	0.039	0.073	0.102	0.129	0.153	0.174	0.193	0.211	0.230	0.248	0.264	0.281	0.299	0.314
12								12		0.000	0.036	0.068	0.097	0.122	0.145	0.165	0.183	0.201	0.219	0.234	0.250	0.268	0.282
13								13			0.000	0.034	0.064	0.092	0.116	0.138	0.157	0.176	0.193	0.207	0.223	0.240	0.254
14								14				0.000	0.032	0.061	0.087	0.110	0.131	0.151	0.169	0.184	0.199	0.215	0.229
15								15					0.000	0.030	0.058	0.083	0.104	0.126	0.144	0.161	0.176	0.193	0.206
16								16						0.000	0.029	0.055	0.078	0.101	0.120	0.138	0.154	0.171	0.185
17								17							0.000	0.027	0.052	0.075	0.096	0.115	0.132	0.149	0.165
18								18								0.000	0.026	0.050	0.072	0.092	0.110	0.128	0.144
19								19									0.000	0.025	0.048	0.069	0.087	0.106	0.123
20								20										0.000	0.024	0.046	0.065	0.085	0.102
21																		21年	0.000	0.023	0.043	0.063	0.082
22																		22		0.000	0.021	0.042	0.061
23																		23			0.000	0.020	0.040
24																		24				0.000	0.019
25																		25					0.000
26																		26					
27																		27					
28																		28					
29																		29					
30																		30					
31																							
32																							
33																							
34																							
35																							
36																							
37																							
38																							
39																							
40																							
41																							
42																							
43																							
44																							
45																							
46																							
47																							
48																							
49																							
50																							

（備考）

1　この表は、定率法によって償却をする場合の各経過年数における未償却残額割合（未償却残額／取得価額）を示したものである。

2　この表は、耐用年数省令別表第九に掲げる定率法の償却率、改定償却率及び保証率に基づき計算したものである。なお、算出された未償却残額割合は小数第4位を四捨五入したものによった。

3　経過年数を求める方式は次の例による。

〔例示〕

　法定耐用年数15年　取得価額100,000円　変更時の帳簿価額22,150円

　(1)　変更時の帳簿価額22,150円÷取得価額100,000円＝0.222（小数第4位を四捨五入）

　(2)　「0.222」は、「耐用年数15年」の欄の「0.232」と「0.193」の中間に位するから、下位の「0.193」に応ずる「経過年数9年」を経過年数とする。

付表7

26	27	28	29	30	31	32	33	34	35	36	37	38	39	40	41	42	43	44	45	46	47	48	49	50
0.096	0.093	0.089	0.086	0.083	0.081	0.078	0.076	0.074	0.071	0.069	0.068	0.066	0.064	0.063	0.061	0.060	0.058	0.057	0.056	0.054	0.053	0.052	0.051	0.050
0.100	0.100	0.091	0.091	0.084	0.084	0.084	0.077	0.077	0.072	0.072	0.072	0.067	0.067	0.067	0.063	0.063	0.059	0.059	0.059	0.056	0.056	0.053	0.053	0.053
0.904	0.907	0.911	0.914	0.917	0.919	0.922	0.924	0.926	0.929	0.931	0.932	0.934	0.936	0.937	0.939	0.940	0.942	0.943	0.944	0.946	0.947	0.948	0.949	0.950
0.817	0.823	0.830	0.835	0.841	0.845	0.850	0.854	0.857	0.863	0.867	0.869	0.872	0.876	0.878	0.882	0.884	0.887	0.889	0.891	0.895	0.897	0.899	0.901	0.903
0.739	0.746	0.756	0.764	0.771	0.776	0.784	0.789	0.794	0.802	0.807	0.810	0.815	0.820	0.823	0.828	0.831	0.836	0.839	0.841	0.847	0.849	0.852	0.855	0.857
0.668	0.677	0.689	0.698	0.707	0.713	0.723	0.729	0.735	0.745	0.751	0.755	0.761	0.768	0.771	0.777	0.781	0.787	0.791	0.794	0.801	0.804	0.808	0.811	0.815
0.604	0.614	0.627	0.638	0.648	0.656	0.666	0.674	0.681	0.692	0.699	0.703	0.711	0.718	0.722	0.730	0.734	0.742	0.746	0.750	0.758	0.762	0.766	0.770	0.774
0.546	0.557	0.572	0.583	0.595	0.602	0.614	0.622	0.630	0.643	0.651	0.655	0.664	0.672	0.677	0.685	0.690	0.699	0.703	0.708	0.717	0.721	0.726	0.730	0.735
0.493	0.505	0.521	0.533	0.545	0.554	0.566	0.575	0.584	0.597	0.606	0.611	0.620	0.629	0.634	0.644	0.648	0.658	0.663	0.668	0.678	0.683	0.688	0.693	0.698
0.446	0.458	0.474	0.487	0.500	0.509	0.522	0.531	0.541	0.555	0.564	0.569	0.579	0.589	0.594	0.604	0.610	0.620	0.625	0.631	0.641	0.647	0.652	0.658	0.663
0.403	0.415	0.432	0.445	0.458	0.468	0.481	0.491	0.501	0.515	0.525	0.531	0.541	0.551	0.557	0.568	0.573	0.584	0.590	0.595	0.607	0.613	0.618	0.623	0.630
0.364	0.377	0.394	0.407	0.420	0.430	0.444	0.454	0.464	0.479	0.489	0.494	0.505	0.516	0.522	0.533	0.539	0.550	0.556	0.562	0.574	0.580	0.586	0.592	0.599
0.330	0.342	0.359	0.372	0.386	0.395	0.409	0.419	0.429	0.445	0.455	0.461	0.472	0.483	0.489	0.500	0.506	0.518	0.524	0.531	0.543	0.549	0.556	0.562	0.569
0.298	0.310	0.327	0.340	0.354	0.363	0.377	0.387	0.397	0.413	0.424	0.430	0.441	0.452	0.458	0.470	0.476	0.488	0.494	0.501	0.514	0.520	0.527	0.534	0.540
0.269	0.281	0.298	0.311	0.324	0.334	0.348	0.358	0.368	0.384	0.395	0.400	0.412	0.423	0.429	0.441	0.447	0.460	0.466	0.473	0.486	0.493	0.499	0.506	0.513
0.243	0.255	0.271	0.284	0.297	0.306	0.321	0.331	0.341	0.357	0.368	0.373	0.384	0.396	0.402	0.414	0.421	0.433	0.440	0.446	0.460	0.467	0.474	0.481	0.488
0.220	0.231	0.247	0.260	0.273	0.282	0.296	0.306	0.316	0.331	0.342	0.348	0.359	0.371	0.377	0.389	0.395	0.408	0.415	0.421	0.435	0.442	0.449	0.456	0.463
0.199	0.210	0.225	0.237	0.250	0.259	0.273	0.282	0.292	0.308	0.319	0.324	0.335	0.347	0.353	0.365	0.372	0.384	0.391	0.398	0.411	0.418	0.426	0.433	0.440
0.179	0.190	0.205	0.217	0.229	0.238	0.251	0.261	0.271	0.286	0.297	0.302	0.313	0.325	0.331	0.343	0.349	0.362	0.369	0.375	0.389	0.396	0.403	0.411	0.418
0.159	0.171	0.186	0.198	0.210	0.219	0.232	0.241	0.251	0.266	0.276	0.282	0.293	0.304	0.310	0.322	0.328	0.341	0.348	0.354	0.368	0.375	0.382	0.390	0.397
0.139	0.152	0.168	0.180	0.193	0.201	0.214	0.223	0.232	0.247	0.257	0.262	0.273	0.285	0.290	0.302	0.309	0.321	0.328	0.335	0.348	0.355	0.363	0.370	0.377
0.119	0.133	0.149	0.162	0.175	0.184	0.197	0.206	0.215	0.229	0.239	0.245	0.255	0.266	0.272	0.284	0.290	0.303	0.309	0.316	0.329	0.337	0.344	0.351	0.358
0.099	0.114	0.130	0.144	0.157	0.167	0.181	0.190	0.199	0.213	0.223	0.228	0.238	0.249	0.255	0.267	0.273	0.285	0.292	0.298	0.312	0.319	0.326	0.333	0.341
0.080	0.095	0.112	0.126	0.140	0.150	0.164	0.174	0.184	0.198	0.207	0.212	0.223	0.233	0.239	0.250	0.256	0.269	0.275	0.281	0.295	0.302	0.309	0.316	0.324
0.060	0.076	0.093	0.108	0.122	0.133	0.147	0.158	0.168	0.182	0.193	0.198	0.208	0.218	0.224	0.235	0.241	0.253	0.259	0.266	0.279	0.286	0.293	0.300	0.307
0.040	0.057	0.074	0.090	0.104	0.117	0.131	0.142	0.153	0.167	0.178	0.184	0.194	0.204	0.210	0.221	0.227	0.238	0.245	0.251	0.264	0.271	0.278	0.285	0.292
0.020	0.038	0.056	0.072	0.087	0.100	0.114	0.127	0.138	0.152	0.163	0.169	0.180	0.191	0.197	0.207	0.213	0.225	0.231	0.237	0.250	0.256	0.263	0.270	0.277
0.000	0.019	0.037	0.054	0.069	0.083	0.098	0.111	0.122	0.136	0.148	0.155	0.166	0.177	0.183	0.194	0.200	0.212	0.217	0.224	0.236	0.243	0.249	0.256	0.264
	0.000	0.018	0.036	0.051	0.066	0.081	0.095	0.107	0.121	0.133	0.141	0.152	0.163	0.170	0.181	0.188	0.199	0.205	0.211	0.223	0.230	0.237	0.243	0.250
		0.000	0.018	0.034	0.049	0.065	0.079	0.092	0.106	0.118	0.127	0.138	0.150	0.157	0.168	0.175	0.187	0.193	0.199	0.211	0.218	0.224	0.231	0.238
			0.000	0.016	0.032	0.048	0.063	0.075	0.090	0.103	0.112	0.124	0.136	0.144	0.155	0.162	0.174	0.181	0.187	0.199	0.206	0.213	0.219	0.226
				0.000	0.015	0.032	0.047	0.060	0.075	0.088	0.098	0.110	0.122	0.131	0.142	0.150	0.162	0.169	0.176	0.188	0.195	0.201	0.208	0.215
31年	0.000	0.015	0.031	0.045	0.060	0.073	0.084	0.097	0.109	0.118	0.129	0.137	0.149	0.157	0.164	0.176	0.183	0.190	0.197	0.204
32		0.000	0.016	0.030	0.044	0.058	0.070	0.083	0.095	0.104	0.116	0.124	0.137	0.145	0.152	0.164	0.172	0.179	0.186	0.193
33			0.000	0.015	0.029	0.043	0.055	0.069	0.081	0.091	0.103	0.112	0.124	0.132	0.140	0.152	0.160	0.167	0.175	0.182
34				0.000	0.014	0.028	0.041	0.055	0.067	0.078	0.090	0.099	0.112	0.120	0.129	0.140	0.148	0.156	0.164	0.171
35					0.000	0.013	0.027	0.041	0.054	0.065	0.077	0.087	0.099	0.108	0.117	0.128	0.137	0.145	0.153	0.161
36						0.000	0.013	0.027	0.040	0.052	0.064	0.074	0.087	0.096	0.105	0.117	0.125	0.134	0.142	0.150
37							0.000	0.013	0.026	0.039	0.051	0.061	0.074	0.084	0.093	0.105	0.114	0.122	0.131	0.139
38								0.000	0.013	0.025	0.038	0.049	0.062	0.072	0.082	0.093	0.102	0.111	0.120	0.128
39									0.000	0.012	0.024	0.036	0.049	0.060	0.070	0.081	0.091	0.100	0.109	0.117
40										0.000	0.011	0.024	0.037	0.048	0.058	0.069	0.079	0.089	0.098	0.107
41年											0.000	0.011	0.024	0.036	0.046	0.057	0.068	0.077	0.087	0.096
42												0.000	0.012	0.024	0.035	0.046	0.056	0.066	0.076	0.085
43													0.000	0.011	0.023	0.034	0.045	0.055	0.065	0.074
44														0.000	0.011	0.022	0.033	0.044	0.054	0.063
45															0.000	0.010	0.021	0.032	0.043	0.053
46																0.000	0.010	0.021	0.032	0.042
47																	0.000	0.010	0.021	0.031
48																		0.000	0.010	0.020
49																			0.000	0.009
50																				0.000

177

■ 付表 7（3）　定率法未償却残額表（平成 24 年 4 月 1 日以後取得分）

耐用年数／経過年数	3	4	5	6	7	8	9	10	11	12	13	14	15	16	17	18	19	20	21	22	23	24	25
償却率	0.667	0.500	0.400	0.333	0.286	0.250	0.222	0.200	0.182	0.167	0.154	0.143	0.133	0.125	0.118	0.111	0.105	0.100	0.095	0.091	0.087	0.083	0.080
改定償却率・保証率	1.000	1.000	0.500	0.334	0.334	0.334	0.250	0.250	0.200	0.200	0.167	0.167	0.143	0.143	0.125	0.112	0.112	0.112	0.100	0.100	0.091	0.084	0.084
1 年	0.333	0.500	0.600	0.667	0.714	0.750	0.778	0.800	0.818	0.833	0.846	0.857	0.867	0.875	0.882	0.889	0.895	0.900	0.905	0.909	0.913	0.917	0.920
2	0.111	0.250	0.360	0.445	0.510	0.563	0.605	0.640	0.669	0.694	0.716	0.734	0.752	0.766	0.778	0.790	0.801	0.810	0.819	0.826	0.834	0.841	0.846
3	0.000	0.125	0.216	0.297	0.364	0.422	0.471	0.512	0.547	0.578	0.605	0.629	0.652	0.670	0.686	0.703	0.717	0.729	0.741	0.751	0.761	0.771	0.779
4		0.000	0.108	0.198	0.260	0.316	0.366	0.410	0.448	0.481	0.512	0.539	0.565	0.586	0.605	0.625	0.642	0.656	0.671	0.683	0.695	0.707	0.716
5			0.000	0.099	0.173	0.237	0.285	0.328	0.366	0.401	0.433	0.462	0.490	0.513	0.534	0.555	0.574	0.590	0.607	0.621	0.634	0.648	0.659
6				0.000	0.086	0.158	0.214	0.262	0.300	0.334	0.367	0.396	0.425	0.449	0.471	0.494	0.514	0.531	0.549	0.564	0.579	0.595	0.606
7					0.000	0.079	0.143	0.197	0.240	0.278	0.310	0.340	0.368	0.393	0.415	0.439	0.460	0.478	0.497	0.513	0.529	0.545	0.558
8						0.000	0.071	0.131	0.180	0.223	0.258	0.291	0.319	0.344	0.366	0.390	0.412	0.430	0.450	0.466	0.483	0.500	0.513
9							0.000	0.066	0.120	0.167	0.207	0.242	0.274	0.301	0.323	0.347	0.368	0.387	0.407	0.424	0.441	0.458	0.472
10								0.000	0.060	0.111	0.155	0.194	0.228	0.258	0.283	0.308	0.330	0.349	0.369	0.385	0.402	0.420	0.434
11								11年	0.000	0.056	0.103	0.145	0.182	0.215	0.242	0.269	0.293	0.314	0.334	0.350	0.367	0.386	0.400
12								12年		0.000	0.051	0.097	0.137	0.172	0.202	0.230	0.256	0.279	0.300	0.318	0.335	0.354	0.368
13								13年			0.000	0.048	0.091	0.129	0.162	0.191	0.219	0.244	0.267	0.286	0.305	0.324	0.338
14								14年				0.000	0.045	0.086	0.121	0.153	0.182	0.208	0.233	0.255	0.274	0.294	0.310
15								15年					0.000	0.043	0.081	0.114	0.145	0.173	0.200	0.223	0.244	0.264	0.281
16								16年						0.000	0.040	0.075	0.108	0.138	0.167	0.191	0.213	0.235	0.253
17								17年							0.000	0.036	0.071	0.103	0.133	0.159	0.183	0.205	0.225
18								18年								0.000	0.034	0.068	0.100	0.127	0.152	0.175	0.196
19								19年									0.000	0.033	0.067	0.095	0.122	0.146	0.168
20								20年										0.000	0.033	0.064	0.091	0.116	0.139
21																		21年	0.000	0.032	0.061	0.086	0.111
22																		22年		0.000	0.030	0.057	0.083
23																		23年			0.000	0.027	0.054
24																		24年				0.000	0.026
25																		25年					0.000
26																		26年					
27																		27年					
28																		28年					
29																		29年					
30																		30年					

（備考）

1　この表は、定率法によって償却をする場合の各経過年数における未償却残額割合〔未償却残額／取得価額〕を示したものである。

2　この表は、耐用年数省令別表第十に掲げる定率法の償却率、改定償却率及び保証率に基づき計算したものである。なお、算出された未償却残額割合は小数第4位を四捨五入したものによった。

3　経過年数を求める方式は次の例による。

〔例示〕

法定耐用年数15年　取得価額 100,000円　変更時の帳簿価額 22,150円

(1) 変更時の帳簿価額 22,150円÷取得価額 100,000円＝0.222（小数第4位を四捨五入）

(2) 「0.222」は、「耐用年数15年」の欄の「0.228」と「0.182」の中間に位するから、下位の「0.182」に応ずる「経過年数11年」を経過年数とする。

付表7

26	27	28	29	30	31	32	33	34	35	36	37	38	39	40	41	42	43	44	45	46	47	48	49	50
0.077	0.074	0.071	0.069	0.067	0.065	0.063	0.061	0.059	0.057	0.056	0.054	0.053	0.051	0.050	0.049	0.048	0.047	0.045	0.044	0.043	0.043	0.042	0.041	0.040
0.084	0.077	0.072	0.072	0.072	0.067	0.067	0.063	0.063	0.059	0.059	0.056	0.056	0.053	0.053	0.050	0.050	0.048	0.046	0.046	0.044	0.044	0.044	0.042	0.042
0.923	0.926	0.929	0.931	0.933	0.935	0.937	0.939	0.941	0.943	0.944	0.946	0.947	0.949	0.950	0.951	0.952	0.953	0.955	0.956	0.957	0.957	0.958	0.959	0.960
0.852	0.857	0.863	0.867	0.870	0.874	0.878	0.882	0.885	0.889	0.891	0.895	0.897	0.901	0.903	0.904	0.906	0.908	0.912	0.914	0.916	0.916	0.918	0.920	0.922
0.786	0.794	0.802	0.807	0.812	0.817	0.823	0.828	0.833	0.839	0.841	0.847	0.849	0.855	0.857	0.860	0.863	0.866	0.871	0.874	0.876	0.876	0.879	0.882	0.885
0.726	0.735	0.745	0.751	0.758	0.764	0.771	0.777	0.784	0.791	0.794	0.801	0.804	0.811	0.815	0.818	0.821	0.825	0.832	0.835	0.839	0.839	0.842	0.846	0.849
0.670	0.681	0.692	0.699	0.707	0.715	0.722	0.730	0.738	0.746	0.750	0.758	0.762	0.770	0.774	0.778	0.782	0.786	0.794	0.799	0.803	0.803	0.807	0.811	0.815
0.618	0.630	0.643	0.651	0.660	0.668	0.677	0.685	0.694	0.703	0.708	0.717	0.721	0.730	0.735	0.740	0.744	0.749	0.759	0.763	0.768	0.768	0.773	0.778	0.783
0.571	0.584	0.597	0.606	0.615	0.625	0.634	0.644	0.653	0.663	0.668	0.678	0.683	0.693	0.698	0.704	0.709	0.714	0.724	0.730	0.735	0.735	0.741	0.746	0.751
0.527	0.541	0.555	0.564	0.574	0.584	0.594	0.604	0.615	0.625	0.631	0.641	0.647	0.658	0.663	0.669	0.675	0.680	0.692	0.698	0.704	0.704	0.709	0.715	0.721
0.486	0.501	0.515	0.525	0.536	0.546	0.557	0.568	0.579	0.590	0.595	0.607	0.613	0.624	0.630	0.636	0.642	0.648	0.661	0.667	0.673	0.673	0.680	0.686	0.693
0.449	0.464	0.479	0.489	0.500	0.511	0.522	0.533	0.544	0.556	0.562	0.574	0.580	0.592	0.599	0.605	0.611	0.618	0.631	0.638	0.644	0.644	0.651	0.658	0.665
0.414	0.429	0.445	0.455	0.466	0.477	0.489	0.500	0.512	0.524	0.531	0.543	0.549	0.562	0.569	0.575	0.582	0.589	0.603	0.610	0.617	0.617	0.624	0.631	0.638
0.382	0.397	0.413	0.424	0.435	0.446	0.458	0.470	0.482	0.494	0.501	0.514	0.520	0.534	0.540	0.547	0.554	0.561	0.575	0.583	0.590	0.590	0.598	0.605	0.613
0.353	0.368	0.384	0.395	0.406	0.417	0.429	0.441	0.454	0.466	0.473	0.486	0.493	0.506	0.513	0.520	0.528	0.535	0.550	0.557	0.565	0.565	0.572	0.580	0.588
0.326	0.341	0.357	0.368	0.379	0.390	0.402	0.414	0.427	0.440	0.446	0.460	0.467	0.481	0.488	0.495	0.502	0.510	0.525	0.533	0.540	0.540	0.548	0.557	0.565
0.298	0.315	0.331	0.342	0.353	0.365	0.377	0.389	0.402	0.415	0.421	0.435	0.442	0.456	0.463	0.471	0.478	0.486	0.501	0.509	0.517	0.517	0.525	0.534	0.542
0.271	0.288	0.305	0.318	0.330	0.341	0.353	0.365	0.378	0.391	0.398	0.411	0.418	0.433	0.440	0.448	0.455	0.463	0.479	0.487	0.495	0.495	0.503	0.512	0.520
0.244	0.262	0.280	0.293	0.306	0.318	0.331	0.343	0.356	0.369	0.376	0.389	0.396	0.411	0.418	0.426	0.433	0.441	0.457	0.465	0.474	0.474	0.482	0.491	0.500
0.216	0.236	0.254	0.268	0.282	0.295	0.309	0.321	0.335	0.348	0.354	0.368	0.375	0.390	0.397	0.405	0.413	0.420	0.437	0.445	0.453	0.453	0.462	0.471	0.480
0.189	0.210	0.228	0.244	0.258	0.273	0.286	0.300	0.314	0.327	0.335	0.348	0.355	0.370	0.377	0.385	0.393	0.401	0.417	0.425	0.434	0.434	0.443	0.451	0.460
0.162	0.183	0.203	0.219	0.235	0.250	0.264	0.278	0.292	0.307	0.315	0.329	0.337	0.351	0.358	0.366	0.374	0.382	0.398	0.407	0.415	0.415	0.424	0.433	0.442
0.134	0.157	0.177	0.194	0.211	0.227	0.242	0.257	0.271	0.286	0.295	0.309	0.318	0.332	0.341	0.348	0.356	0.364	0.380	0.389	0.397	0.397	0.406	0.415	0.424
0.107	0.131	0.151	0.170	0.187	0.204	0.220	0.235	0.250	0.266	0.275	0.290	0.299	0.314	0.323	0.331	0.339	0.347	0.363	0.372	0.380	0.380	0.389	0.398	0.407
0.079	0.105	0.126	0.145	0.164	0.181	0.198	0.213	0.229	0.245	0.256	0.270	0.280	0.295	0.304	0.313	0.322	0.330	0.346	0.355	0.364	0.364	0.373	0.382	0.391
0.052	0.078	0.100	0.120	0.140	0.158	0.176	0.192	0.208	0.225	0.236	0.251	0.261	0.277	0.286	0.296	0.305	0.313	0.330	0.339	0.348	0.348	0.357	0.366	0.375
0.025	0.052	0.074	0.096	0.116	0.135	0.153	0.170	0.187	0.204	0.216	0.231	0.242	0.258	0.268	0.279	0.288	0.297	0.313	0.323	0.332	0.333	0.342	0.351	0.360
0.000	0.026	0.049	0.071	0.092	0.113	0.131	0.149	0.166	0.184	0.196	0.212	0.223	0.239	0.250	0.261	0.271	0.280	0.296	0.306	0.316	0.318	0.327	0.336	0.346
	0.000	0.023	0.047	0.069	0.090	0.109	0.127	0.145	0.163	0.177	0.192	0.205	0.221	0.232	0.244	0.254	0.264	0.280	0.290	0.300	0.302	0.312	0.322	0.331
		0.000	0.022	0.045	0.067	0.087	0.105	0.124	0.143	0.157	0.173	0.186	0.202	0.214	0.226	0.237	0.247	0.263	0.274	0.284	0.287	0.297	0.307	0.317
			0.000	0.021	0.044	0.065	0.084	0.103	0.122	0.137	0.153	0.167	0.184	0.196	0.209	0.220	0.230	0.246	0.257	0.268	0.272	0.282	0.292	0.302
				0.000	0.021	0.043	0.062	0.082	0.102	0.117	0.134	0.148	0.165	0.178	0.192	0.203	0.214	0.230	0.241	0.252	0.256	0.267	0.277	0.288
				31年	0.000	0.021	0.040	0.061	0.081	0.098	0.114	0.129	0.146	0.160	0.174	0.186	0.197	0.213	0.225	0.236	0.241	0.252	0.263	0.273
					32年	0.000	0.019	0.039	0.061	0.078	0.095	0.110	0.128	0.142	0.157	0.169	0.180	0.196	0.208	0.220	0.226	0.237	0.248	0.259
						33年	0.000	0.018	0.040	0.058	0.075	0.092	0.109	0.124	0.139	0.152	0.164	0.179	0.192	0.204	0.210	0.222	0.233	0.244
							34年	0.000	0.019	0.038	0.056	0.073	0.091	0.106	0.122	0.136	0.147	0.163	0.176	0.188	0.195	0.207	0.218	0.230
								35年	0.000	0.019	0.036	0.054	0.072	0.088	0.104	0.119	0.130	0.146	0.159	0.172	0.180	0.192	0.204	0.215
									36年	0.000	0.017	0.035	0.053	0.070	0.087	0.102	0.114	0.129	0.143	0.156	0.164	0.177	0.189	0.201
										37年	0.000	0.016	0.035	0.052	0.070	0.085	0.097	0.113	0.126	0.140	0.149	0.161	0.174	0.186
											38年	0.000	0.016	0.034	0.052	0.068	0.080	0.096	0.110	0.124	0.134	0.146	0.159	0.172
												39年	0.000	0.016	0.035	0.051	0.064	0.079	0.094	0.108	0.118	0.131	0.145	0.157
													40年	0.000	0.017	0.034	0.047	0.062	0.077	0.092	0.103	0.116	0.130	0.143
														41年	0.000	0.017	0.031	0.046	0.061	0.076	0.088	0.101	0.115	0.128
															42年	0.000	0.014	0.029	0.045	0.060	0.072	0.086	0.100	0.113
																43年	0.000	0.012	0.028	0.044	0.057	0.071	0.086	0.099
																	44年	0.000	0.012	0.028	0.042	0.056	0.071	0.084
																		45年	0.000	0.012	0.026	0.041	0.056	0.070
																			46年	0.000	0.011	0.026	0.041	0.055
																				47年	0.000	0.011	0.027	0.041
																					48年	0.000	0.012	0.026
																						49年	0.000	0.012
																							50年	0.000

■ 付表8 「設備の種類」と日本標準産業の分類との対比表

別表第二の番号	設備の種類		小分類	左の具体例
1	食料品製造業用設備		「091」畜産食料品製造業	部分肉・冷凍肉製造業、ハム製造業、乳製品製造業、はちみつ処理加工業
			「092」水産食料品製造業	水産缶詰・瓶詰製造業、かまぼこ製造業
			「093」野菜缶詰・果実缶詰・農産保存食料品製造業	野菜缶詰・瓶詰製造業、乾燥野菜製造業、かんぴょう製造業、野菜漬物製造業
			「094」調味料製造業	味そ製造業、しょう油製造業、食酢製造業
			「095」糖類製造業	砂糖精製業、ぶどう糖製造業
			「096」精穀・製粉業	精米業、小麦粉製造業、米粉製造業
			「097」パン・菓子製造業	食パン製造業、氷菓製造業、チューインガム製造業
			「098」動植物油脂製造業	牛脂製造業、マーガリン製造業
			「099」その他の食料品製造業	レトルト食品製造業、粉末ジュース製造業、パン粉製造業
2	飲料、たばこ又は飼料製造業用設備		「101」清涼飲料製造業	清涼飲料製造業、シロップ製造業
			「102」酒類製造業	ビール製造業、清酒製造業
			「103」茶・コーヒー製造業（清涼飲料を除く。）	荒茶製造業、コーヒー豆ばい煎業
			「104」製氷業	氷製造業（天然氷を除く。）
			「105」たばこ製造業	たばこ製造業、葉たばこ処理業
			「106」飼料・有機質肥料製造業	配合飼料製造業、ドッグフード製造業、海産肥料製造業
3	繊維工業用設備			
		炭酸繊維製造設備　黒鉛化炉　その他の設備	「111」製糸業、紡績業、化学繊維・ねん糸等製造業の一部	炭素繊維製造業
		その他の設備	「111」製糸業、紡績業、化学繊維・ねん糸等製造業の一部	器械生糸製造業、綿紡績業、かさ高加工糸製造業
			「112」織物業	綿織物業、織フェルト製造業
			「113」ニット生地製造業	丸編ニット生地製造業
			「114」染色整理業	毛織物・毛風合成繊維織物機械無地染業、織物乾燥業
			「115」綱・網・レース・繊維粗製品製造業	ロープ製造業、漁網製造業、洗毛化炭業

別表第二の番号	設備の種類	小分類	左の具体例
		「116」外衣・シャツ製造業（和式を除く。）	織物製ワイシャツ製造業、織物製学校服製造業
		「117」下着類製造業	ニット製下着製造業、織物製パジャマ製造業
		「118」和装製品・その他の衣服・繊維製身の回り品製造業	帯製造業、ネクタイ製造業、マフラー製造業
		「119」その他の繊維製品製造業	毛布製造業、じゅうたん製造業、脱脂綿製造業
4	木材又は木製品（家具を除く。）製造業用設備	「121」製材業、木製品製造業	製材業、木材チップ製造業
		「122」造作材・合板・建築用組立材料製造業	合板製造業、集成材製造業、床板製造業
		「123」木製容器製造業（竹、とうを含む。）	かご製造業、木箱製造業、酒たる製造業
		「129」その他の木製品製造業（竹、とうを含む。）	木材防腐処理業、コルク栓製造業、木製サンダル製造業
5	家具又は装備品製造業用設備	「131」家具製造業	たんす製造業、金属製家具製造業
		「132」宗教用具製造業	神仏具製造業、みこし製造業、仏壇製造業
		「133」建具製造業	戸・障子製造業、ふすま製造業
		「139」その他の家具・装備品製造業	陳列ケース製造業、ブラインド製造業、石製家具製造業
6	パルプ、紙又は紙加工品製造業用設備	「141」パルプ製造業	溶解サルファイトパルプ製造業
		「142」紙製造業	新聞用紙製造業、段ボール原紙製造業
		「143」加工紙製造業	バルカナイズドファイバー製造業、段ボール製造業
		「144」紙製品製造業	帳簿類製造業、包装紙製造業
		「145」紙製容器製造業	セメント袋製造業、ショッピングバッグ製造業
		「149」その他のパルプ・紙・紙加工品製造業	紙ひも製造業、セロファン製造業、紙おむつ製造業
7	印刷業又は印刷関連業用設備		
	デジタル印刷システム設備	「151」印刷業の一部	印刷業
	製本業用設備	「153」製本業、印刷物加工業の一部	製本業

別表第二の番号	設備の種類	小分類	左の具体例
	新聞業用設備 　モノタイプ、写真又は通信設備 　その他の設備	「151」印刷業の一部	新聞印刷業、新聞印刷発行業
	その他の設備	「151」印刷業の一部	オフセット印刷業、金属印刷業
		「152」製版業	写真製版業、グラビア製版業、活字製造業
		「153」製本業、印刷物加工業の一部	印刷物光沢加工業
		「159」印刷関連サービス業	校正刷業、刷版研磨業
8	化学工業用設備		
	臭素、よう素又は塩素、臭素若しくはよう素化合物製造設備	「162」無機化学工業製品製造業の一部	臭素製造業、よう素製造業、液体塩素製造業
	塩化りん製造設備	「162」無機化学工業製品製造業の一部	塩化りん製造業
	活性炭製造設備	「162」無機化学工業製品製造業の一部	活性炭製造業
	ゼラチン又はにかわ製造設備	「169」その他の化学工業の一部	ゼラチン製造業、にかわ製造業
	半導体用フォトレジスト製造設備	「169」その他の化学工業の一部	半導体用フォトレジスト製造業
	フラットパネル用カラーフィルター、偏光板又は偏光板用フィルム製造設備	「169」その他の化学工業の一部	偏光板用フィルム製造業
	その他の設備	「161」化学肥料製造業	アンモニア製造業、複合肥料製造業
		「162」無機化学工業製品製造業の一部	ソーダ灰製造業、ネオンガス製造業、アルゴン製造業、塩製造業
		「163」有機化学工業製品製造業	エチルアルコール製造業、ポリエチレン製造業、合成ゴム製造業
		「164」油脂加工製品・石けん・合成洗剤・界面活性剤・塗料製造業	脂肪酸製造業、ペイント製造業、ろうそく製造業
		「165」医薬品製造業	内服薬製造業、殺虫剤製造業（農薬を除く。）、ワクチン製造業
		「166」化粧品・歯磨・その他の化粧用調整品製造業	香水製造業、頭髪料製造業
		「169」その他の化学工業の一部	殺虫剤製造業（農薬に限る。）、天然香料製造業、写真感光紙製造業

別表第二の番号	設備の種類	小分類	左の具体例
9	石油製品又は石炭製品製造業用設備	「171」石油精製業	石油精製業、ガソリン製造業
		「172」潤滑油・グリース製造業（石油精製業によらないもの）	潤滑油製造業、グリース製造業
		「173」コークス製造業	コークス製造業、半成コークス製造業
		「174」舗装材料製造業	舗装材料製造業、アスファルトブロック製造業
		「179」その他の石油製品・石炭製品製造業	石油コークス製造業、練炭製造業
10	プラスチック製品製造業用設備（他の号に掲げるものを除く。）	「181」プラスチック板・棒・管・継手・異形押出製品製造業	プラスチック平板製造業、プラスチック硬質管製造業、プラスチック管加工業
		「182」プラスチックフィルム・シート・床材・合成皮革製造業	プラスチックフィルム製造業、プラスチックタイル製造業、合成皮革加工業
		「183」工業用プラスチック製品製造業	プラスチック製冷蔵庫内装用品製造業、工業用プラスチック製品加工業
		「184」発泡・強化プラスチック製品製造業	軟質ポリウレタンフォーム製造業、強化プラスチック製容器製造業
		「185」プラスチック成形材料製造業（廃プラスチックを含む。）	再生プラスチック製造業、廃プラスチック製品製造業
		「189」その他のプラスチック製品製造業	プラスチック製容器製造業、プラスチック結束テープ製造業
11	ゴム製品製造業用設備	「191」タイヤ・チューブ製造業	自動車タイヤ製造業、自転車タイヤ・チューブ製造業
		「192」ゴム製・プラスチック製履物・同附属品製造業	地下足袋製造業、プラスチック製靴製造業、合成皮革製靴製造業
		「193」ゴムベルト・ゴムホース・工業用ゴム製品製造業	工業用エボナイト製品製造業、ゴムライニング加工業
		「199」その他のゴム製品製造業	ゴム引布製造業、ゴム製医療用品製造業、更生タイヤ製造業
12	なめし革、なめし革製品又は毛皮製造業用設備	「201」なめし革製造業	皮なめし業、水産革製造業、は虫類革製造業
		「202」工業用革製品製造業（手袋を除く。）	革ベルト製造業
		「203」革製履物用材料・同附属品製造業	革製製靴材料製造業、革製靴底製造業

別表第二の番号	設備の種類		小分類	左の具体例
			「204」革製履物製造業	革靴製造業、革製サンダル製造業
			「205」革製手袋製造業	革製手袋製造業、スポーツ用革手袋製造業
			「206」かばん製造業	革製かばん製造業、繊維製かばん製造業
			「207」袋物製造業	革製袋物製造業、革製ハンドバッグ製造業
			「208」毛皮製造業	毛皮製造業、毛皮染色・仕上業
			「209」その他のなめし革製品製造業	室内用革製品製造業、腕時計用革バンド製造業
13	窯業又は土石製品製造業用設備		「211」ガラス・同製品製造業	板ガラス製造業、ビール瓶製造業、ガラス繊維製造業、ガラス製絶縁材料製造業
			「212」セメント・同製品製造業	生コンクリート製造業、空洞コンクリートブロック製造業
			「213」建設用粘土製品製造業（陶磁器製を除く。）	粘土かわら製造業、普通れんが製造業
			「214」陶磁器・同関連製品製造業	陶磁器製食器製造業、陶磁器製絶縁材料製造業、陶磁器製タイル製造業、陶土精製業
			「215」耐火物製造業	耐火れんが製造業、耐火モルタル製造業
			「216」炭素・黒鉛製品製造業	炭素電極製造業、炭素棒製造業
			「217」研磨材・同製品製造業	研削用ガーネット製造業、研磨布製造業
			「218」骨材・石工品等製造業	玉石砕石製造業、人工骨材製造業、けいそう土精製業
			「219」その他の窯業・土石製品製造業	焼石こう製造業、ほうろう鉄器製造業、七宝製品製造業
14	鉄鋼業用設備			
		表面処理鋼材若しくは鉄粉製造業又は鉄スクラップ加工処理業用設備	「224」表面処理鋼材製造業の一部	亜鉛鉄板製造業、亜鉛めっき鋼管製造業
			「229」その他の鉄鋼業の一部	鉄粉製造業、鉄スクラップ加工処理業
		純鉄、原鉄、ベースメタル、フェロアロイ、鉄素形材又は鋳鉄管製造業用設備	「221」製鉄業の一部	純鉄製造業、原鉄製造業、ベースメタル製造業、合金鉄製造業
			「225」鉄素形材製造業	機械用銑鉄鋳物製造業、鋳鋼製造業、鍛鋼製造業
			「229」その他の鉄鋼業の一部	鋳鉄管製造業

別表第二の番号	設備の種類	小分類	左の具体例
	その他の設備	「221」製鉄業の一部	高炉銑製造業、電気炉銑製造業
		「222」製鋼・製鋼圧延業	製鋼業、圧延鋼材製造業
		「223」製鋼を行わない鋼材製造業（表面処理鋼材を除く。）	冷延鋼板製造業、伸鉄製造業、引抜鋼管製造業、鉄線製造業
		「224」表面処理鋼材製造業の一部	ブリキ製造業
		「229」その他の鉄鋼業の一部	鉄鋼シャーリング業
15	非鉄金属製造業用設備		
	核燃料物質加工設備	「239」その他の非鉄金属製造業の一部	核燃料成形加工業
	その他の設備	「231」非鉄金属第1次製錬・精製業	銅製錬・精製業、電気亜鉛精製業、貴金属製錬・精製業
		「232」非鉄金属第2次製錬・精製業（非鉄金属合金製造業を含む。）	鉛再生業、アルミニウム合金製造業
		「233」非鉄金属・同合金圧延業（抽伸、押出しを含む。）	銅圧延業、アルミニウム管製造業
		「234」電線・ケーブル製造業	裸電線製造業、光ファイバケーブル製造業
		「235」非鉄金属素形材製造業	銅・同合金鋳物製造業、アルミニウム・同合金ダイカスト製造業
		「239」その他の非鉄金属製造業の一部	非鉄金属シャーリング業
16	金属製品製造業用設備		
	金属被覆及び彫刻業又は打はく及び金属製ネームプレート製造業用設備	「246」金属被覆・彫刻業、熱処理業（ほうろう鉄器を除く。）の一部	金属製品塗装業、溶融めっき業、金属彫刻業
		「249」その他の金属製品製造業の一部	金属製ネームプレート製造業
	その他の設備	「241」ブリキ缶・その他のめっき板等製品製造業	缶詰用缶製造業、ブリキ缶製造業
		「242」洋食器・刃物・手道具・金物類製造業	養蚕用・養きん用機器製造業、農業用刃物製造業、建築用金物製造業
		「243」暖房・調理等装置、装置・配管工事用附属品製造業	配管工事用附属品製造業、ガス機器製造業、温風暖房機製造業

別表第二の番号	設備の種類		小分類	左の具体例
			「244」建設用・建築用金属製品製造業（製缶板金業を含む。）	鉄骨製造業、鉄塔製造業、住宅用・ビル用アルミニウム製サッシ製造業、製缶業
			「245」金属素形材製品製造業	金属プレス製品製造業、粉末冶金製品製造業
			「246」金属被覆・彫刻業、熱処理業（ほうろう鉄器を除く。）の一部	金属熱処理業
			「247」金属線製品製造業（ねじ類を除く。）	鉄くぎ製造業、ワイヤチェーン製造業
			「248」ボルト・ナット・リベット・小ねじ・木ねじ等製造業	ボルト・ナット製造業、ビス製造業
			「249」その他の金属製品製造業の一部	金庫製造業、板ばね製造業
17	はん用機械器具（はん用性を有するもので、他の器具及び備品並びに機械及び装置に組み込み、又は取り付けることによりその用に供されるものをいう。）製造業用設備（第20号及び第22号に掲げるものを除く。）		「251」ボイラ・原動機製造業	工業用ボイラ製造業、蒸気タービン製造業、はん用ガソリン機関製造業
			「252」ポンプ・圧縮機器製造業	動力ポンプ製造業、圧縮機製造業、油圧ポンプ製造業
			「253」一般産業用機械・装置製造業	歯車製造業、エレベータ製造業、コンベヤ製造業、冷凍機製造業
			「259」その他のはん用機械・同部分品製造業	消化器製造業、一般バルブ・コック製造業、ピストンリング製造業
18	生産用機械器具（物の生産の用に供されるものをいう。）製造業用設備（次号及び第21号に掲げるものを除く。）			
		金属加工機械製造設備	「266」金属加工機械製造業	金属工作機械製造業、金属加工機械製造業
		その他の設備	「261」農業用機械製造業（農業用器具を除く。）	動力耕うん機製造業、脱穀機製造業、除草機製造業
			「266」金属加工機械製造業	金属工作機械製造業、金属加工機械製造業
			「261」農業用機械製造業（農業用器具を除く。）	動力耕うん機製造業、脱穀機製造業、除草機製造業
			「262」建設機械・鉱山機械製造業	建設機械・同装置・部分品・附属品製造業、建設用クレーン製造業
			「263」繊維機械製造業	綿・スフ紡績機械製造業、絹・人絹織機製造業、工業用ミシン製造業

別表第二の番号	設備の種類	小分類	左の具体例
		「264」生活関連産業用機械製造業	精米機械・同装置製造業、製材機械製造業、パルプ製造機械・同装置製造業
		「265」基礎素材産業用機械製造業	鋳造装置製造業、化学機械・同装置製造業
		「267」半導体・フラットパネルディスプレイ製造装置製造業	ウェーハ加工装置製造業、液晶パネル熱処理装置製造業
		「269」その他の生産用機械・同部分品製造業	金属製品用金型製造業、ロボット製造業
19	業務用機械器具（業務用又はサービスの生産の用に供されるもの（これらのものであって物の生産の用に供されるものを含む。）をいう。）製造業用設備（第17号、第21号及び第23号に掲げるものを除く。）	「271」事務用機械器具製造業	複写機製造業、事務用機械器具製造業
		「272」サービス用・娯楽用機械器具製造業	営業用洗濯機製造業、アミューズメント機器製造業、自動販売機・同部分品製造業
		「273」計量器・測定器・分析機器・試験機・測量機械器具・理化学機械器具製造業	ガスメータ製造業、血圧計製造業、マイクロメータ製造業、金属材料試験機製造業
		「274」医療用機械器具・医療用品製造業	医科用鋼製器具製造業、人工血管製造業、歯科用合金製造業
		「275」光学機械器具・レンズ製造業	顕微鏡製造業、写真機製造業、光学レンズ製造業
		「276」武器製造業	けん銃製造業
20	電子部品、デバイス又は電子回路製造業用設備		
	光ディスク（追記型又は書換え型のものに限る。）製造設備	「283」記録メディア製造業の一部	光ディスク製造業
	プリント配線基板製造設備	「284」電子回路製造業の一部	片面・両面・多層リジッドプリント配線板製造業
	フラットパネルディスプレイ、半導体集積回路又は半導体素子製造設備	「281」電子デバイス製造業の一部	半導体集積回路製造業、トランジスタ製造業
	その他の設備	「281」電子デバイス製造業の一部	マイクロ波管製造業、発光ダイオード製造業
		「282」電子部品製造業	抵抗器製造業、スピーカ部品製造業、スイッチ製造業
		「283」記録メディア製造業の一部	ＳＤメモリカード製造業、メモリースティック製造業
		「284」電子回路製造業の一部	チップ部品実装基板製造業

別表第二の番号	設備の種類	小分類	左の具体例
		「285」ユニット部品製造業	スイッチング電源製造業、紙幣識別ユニット製造業
		「289」その他の電子部品・デバイス・電子回路製造業	整流器製造業、ダイヤル製造業
21	電気機械器具製造業用設備	「291」発電用・送電用・配電用電気機械器具製造業	発電機製造業、変圧器製造業、配電盤製造業
		「292」産業用電気機械器具製造業	電弧溶接機製造業、スターターモータ製造業
		「293」民生用電気機械器具製造業	家庭用電気洗濯機製造業、電気ストーブ製造業
		「294」電球・電気照明器具製造業	映写機用ランプ製造業、天井灯照明器具製造業
		「295」電池製造業	蓄電池製造業、乾電池製造業
		「296」電子応用装置製造業	医療用・歯科用X線装置製造業、磁気探知機製造業
		「297」電気計測器製造業	電流計製造業、温度自動調節装置製造業、心電計製造業
		「299」その他の電気機械器具製造業	電球口金製造業、太陽電池製造業
22	情報通信機械器具製造業用設備	「301」通信機械器具・同関連機械器具製造業	携帯電話機製造業、テレビジョン放送装置製造業、カーナビゲーション製造業、火災警報装置製造業
		「302」映像・音響機械器具製造業	ＤＶＤプレーヤ製造業、デジタルカメラ製造業、ステレオ製造業
		「303」電子計算機・同附属装置製造業	デジタル形電子計算機製造業、パーソナルコンピュータ製造業、外部記憶装置製造業、スキャナー製造業
23	輸送用機械器具製造業用設備	「311」自動車・同附属品製造業	自動車製造業、自動車エンジン・同部分品製造業
		「312」鉄道車両・同部分品製造業	電車製造業、戸閉装置製造業
		「313」船舶製造・修理業、舶用機関製造業	鋼船製造・修理業、船体ブロック製造業、舟艇製造業、舶用機関製造業
		「314」航空機・同附属品製造業	飛行機製造業、気球製造業
		「315」産業用運搬車両・同部分品・附属品製造業	フォークリフトトラック・同部分品・附属品製造業、動力付運搬車製造業

別表第二の番号	設備の種類	小分類	左の具体例
		「315」産業用運搬車両・同部分品・附属品製造業	フォークリフトトラック・同部分品・附属品製造業、動力付運搬車製造業
		「319」その他の輸送用機械器具製造業	自転車製造組立業、車いす製造組立業
24	その他の製造業用設備	「321」貴金属・宝石製品製造業	装身具製造業（貴金属・宝石製のもの）、宝石附属品加工業
		「322」装身具・装飾品・ボタン・同関連品製造業（貴金属・宝石製を除く。）	装身具製造業（貴金属・宝石製を除く。）、造花製造業、針製造業、かつら製造業
		「323」時計・同部分品製造業	時計製造業、電気時計製造業
		「324」楽器製造業	ピアノ製造業、ギター製造業、オルゴール製造業
		「325」がん具・運動用具製造業	家庭用テレビゲーム機製造業、人形製造業、スポーツ用具製造業
		「326」ペン・鉛筆・絵画用品・その他の事務用品製造業	シャープペンシル製造業、油絵具製造業、手押スタンプ製造業
		「327」漆器製造業	漆塗り家具製造業、漆器製造業
		「328」畳等生活雑貨製品製造業	麦わら帽子製造業、扇子・扇子骨製造業、ブラシ類製造業、喫煙用具製造業
		「329」他に分類されない製造業	花火製造業、ネオンサイン製造業、模型製造業、眼鏡製造業
25	農業用設備	「011」耕種農業	水稲作農業、野菜作農業、しいたけ栽培農業、たばこ作農業
		「012」畜産農業	酪農業、肉用牛肥育業、昆虫類飼育業、養蚕農業、養蜂業
		「013」農業サービス業（園芸サービス業を除く。）	共同選果場、花き共同選別場
		「014」園芸サービス業	造園業
26	林業用設備	「021」育林業	私有林経営業
		「022」素材生産業	一般材生産業、パルプ材生産業
		「023」特用林産物生産業（きのこ類の栽培を除く。）	薪製造業、木炭製造業、松やに採取業
		「024」林業サービス業	育林請負業、薪請負製造業
		「029」その他の林業	狩猟業、昆虫類採捕業、山林用種苗業
27	漁業用設備（次号に掲げるものを除く。）	「031」海面漁業	遠洋底びき網漁業、あさり採取業
		「032」内水面漁業	河川漁業、湖沼漁業

別表第二の番号	設備の種類		小分類	左の具体例
28	水産養殖業用設備		「041」海面養殖業	魚類養殖業、貝類養殖業、藻類養殖業、真珠養殖業
			「042」内水面養殖業	こい養殖業、すっぽん養殖業
29	鉱業、採石業又は砂利採取業用設備			
		石油又は天然ガス鉱業用設備 坑井設備 掘さく設備 その他の設備	「053」原油・天然ガス鉱業	原油鉱業、天然ガス鉱業
		その他の設備	「051」金属鉱業	金鉱業、鉄鉱業
			「052」石炭・亜炭鉱業	石炭鉱業、石炭回収業
			「054」採石業、砂・砂利・玉石採取業	花こう岩採石業、大理石採石業、砂採取業
			「055」窯業原料用鉱物鉱業（耐火物・陶磁器・ガラス・セメント原料用に限る。）	耐火粘土鉱業、ろう石鉱業、石灰石鉱業
			「059」その他の鉱業	酸性白土鉱業、けいそう土鉱業、天然氷採取業
30	総合工事業用設備		「061」一般土木建築工事業	一般土木建築工事業
			「062」土木工事業（舗装工事業を除く。）	土木工事業、造園工事業、しゅんせつ工事業
			「063」舗装工事業	道路舗装工事業
			「064」建築工事業（木造建築工事業を除く。）	建築工事請負業、組立鉄筋コンクリート造建築工事業
			「065」木造建築工事業	木造住宅建築工事業
			「066」建築リフォーム工事業	住宅リフォーム工事業
			「071」大工工事業	大工工事業、型枠大工工事業
			「072」とび・土工・コンクリート工事業	とび工事業、土工工事業、特殊コンクリート基礎工事業
			「073」鉄骨・鉄筋工事業	鉄骨工事業、鉄筋工事業
			「074」石工・れんが・タイル・ブロック工事業	石工工事業、れんが工事業、タイル工事業、コンクリートブロック工事業
			「075」左官工事業	左官業、漆くい工事業
			「076」板金・金物工事業	鉄板屋根ふき業、板金工事業、建築金物工事業
			「077」塗装工事業	塗装工事業、道路標示・区画線工事業

別表第二の番号	設備の種類	小分類	左の具体例
		「078」床・内装工事業	床張工事業、壁紙工事業
		「079」その他の職別工事業	ガラス工事業、金属製建具取付業、防水工事業
		「081」電気工事業	電気設備工事業、電気配線工事業
		「082」電気通信・信号装置工事業	電気通信工事業、有線テレビジョン放送設備設置工事業
		「083」管工事業（さく井工事業を除く。）	一般管工事業、給排水設備工事業
		「084」機械器具設置工事業	機械器具設置工事業、昇降設備工事業
		「089」その他の設備工事業	築炉工事業、さく井工事業
31	電気業用設備 　電気業用水力発電設備 　その他の水力発電設備 　汽力発電設備 　内燃力又はガスタービン発電設備 　送電又は電気業用変電若しくは配電設備 　　需要者用計器 　　柱上変圧器 　　その他の設備 　鉄道又は軌道業用変電設備 　その他の設備 　　主として金属製のもの 　　その他のもの	「331」電気業	水力発電所、火力発電所、変電所
32	ガス業用設備 　製造用設備 　供給用設備 　　鋳鉄製導管 　　鋳鉄製導管以外の導管 　　需要者用計量器 　　その他の設備	「341」ガス業	ガス製造工場、ガス供給所、ガス整圧所

別表第二の番号	設備の種類	小分類	左の具体例
	その他の設備 　　主として金属製のもの 　　その他のもの		
33	熱供給業用設備	「351」熱供給業	地域暖冷房業、蒸気供給業
34	水道業用設備	「361」上水道業	上水道業、水道用水供給事業
		「362」工業用水道業	工業用水道業、工業用水浄水場
		「363」下水道業	下水道処理施設維持管理業、下水道管路施設維持管理業
35	通信業用設備	「371」固定電気通信業	インターネット・サービス・プロバイダ
		「372」移動電気通信業	携帯電話業、無線呼出し業
		「373」電気通信に附帯するサービス業	電気通信業務受託会社、移動無線センター
36	放送業用設備	「382」民間放送業（有線放送業を除く。）	テレビジョン放送事業者、ラジオ放送事業者
		「383」有線放送業	有線テレビジョン放送業、有線ラジオ放送業
37	映像、音声又は文字情報制作業用設備	「411」映像情報制作・配給業	映画撮影所、テレビジョン番組制作業、アニメーション制作業
		「412」音声情報制作業	レコード会社、ラジオ番組制作業
		「413」新聞業	新聞社、新聞発行業
		「414」出版業	書籍出版・印刷出版業、パンフレット出版・印刷出版業
		「415」広告制作業	広告制作業、広告制作プロダクション
		「416」映像・音声・文字情報制作に附帯するサービス業	ニュース供給業、映画フィルム現像業
38	鉄道業用設備 　　自動改札装置 　　その他の設備	「421」鉄道業	鉄道事業者、モノレール鉄道業、ケーブルカー業、リフト業
39	道路貨物運送業用設備	「441」一般貨物自動車運送業	一般貨物自動車運送業
		「442」特定貨物自動車運送業	特定貨物自動車運送業
		「443」貨物軽自動車運送業	貨物軽自動車運送業
		「444」集配利用運送業	集配利用運送業（第二種利用運送業）

付表8

別表第二の番号	設備の種類	小分類	左の具体例
		「449」その他の道路貨物運送業	自転車貨物運送業
40	倉庫業用設備	「471」倉庫業（冷蔵倉庫業を除く。）	普通倉庫業、水面木材倉庫業
		「472」冷蔵倉庫業	冷蔵倉庫業
41	運輸に附帯するサービス業用設備	「481」港湾運送業	一般港湾運送業、はしけ運送業
		「482」貨物運送取扱業（集配利用運送業を除く。）	利用運送業（第一種利用運送業）、運送取次業
		「483」運送代理店	海運代理店、航空運送代理店
		「484」こん包業	荷造業、貨物こん包業、組立こん包業
		「485」運輸施設提供業	鉄道施設提供業（第三種鉄道事業者）、自動車道業、バスターミナル業
		「489」その他の運輸に附帯するサービス業	海運仲立業、検数業、検量業、サルベージ業
42	飲食料品卸売業用設備	「521」農畜産物・水産物卸売業	米穀卸売業、青物卸売業、精肉卸売業、原毛皮卸売業
		「522」食料・飲料卸売業	砂糖卸売業、乾物問屋、清涼飲料卸売業
43	建築材料、鉱物又は金属材料等卸売業用設備		
	石油又は液化石油ガス卸売用設備（貯そうを除く。）	「533」石油・鉱物卸売業の一部	石油卸売業、液化石油ガス卸売業
	その他の設備	「531」建築材料卸売業	木材卸売業、セメント卸売業、板ガラス卸売業
		「532」化学製品卸売業	塗料卸売業、プラスチック卸売業、工業薬品卸売業
		「533」石油・鉱物卸売業の一部	石炭卸売業、鉄鉱卸売業
		「534」鉄鋼製品卸売業	銑鉄卸売業、鋼板卸売業
		「535」非鉄金属卸売業	銅地金卸売業、アルミニウム板卸売業
		「536」再生資源卸売業	空缶問屋、鉄スクラップ問屋、製紙原料古紙問屋
44	飲食料品小売業用設備	「581」各種食品小売業	各種食料品店、食料雑貨店
		「582」野菜・果実小売業	八百屋、果物屋
		「583」食肉小売業	肉屋、肉製品小売業
		「584」鮮魚小売業	魚屋

第1章 耐用年数の調べ方

第2章 耐用年数の選び方

第3章 別表・付表の使い方

別表第二の番号	設備の種類	小分類	左の具体例
		「585」酒小売業	酒屋
		「586」菓子・パン小売業	洋菓子小売業、パン小売業
		「589」その他の飲食料品小売業	コンビニエンスストア、コーヒー小売業、豆腐小売業
45	その他の小売業用設備		
	ガソリン又は液化石油ガススタンド設備	「605」燃料小売業の一部	ガソリンスタンド、液化石油ガススタンド
	その他の設備　主として金属製のもの　その他もの	「601」家具・建具・畳小売業	家具小売業、建具小売業、畳小売業
		「602」じゅう器小売業	金物店、漆器小売業
		「603」医薬品・化粧品小売業	ドラッグストア、化粧品店
		「604」農耕用品小売業	農業用機械器具小売業、種苗小売業、飼料小売業
		「605」燃料小売業の一部	プロパンガス小売業
		「606」書籍・文房具小売業	書店、新聞販売店
		「607」スポーツ用品・がん具・娯楽用品・楽器小売業	運動具小売業、おもちゃ屋、洋楽器小売業
		「608」写真機・時計・眼鏡小売業	写真機小売業、時計屋、眼鏡小売業
		「609」他に分類されない小売業	ホームセンター、花屋、宝石小売業
46	技術サービス業用設備（他の号に掲げるものを除く。）		
	計量証明業用設備	「745」計量証明業	質量計量証明業
	その他の設備	「742」土木建築サービス業	設計監理業、測量業、地質調査業
		「743」機械設計業	機械設計業、機械設計製図業
		「744」商品・非破壊検査業	商品検査業、非破壊検査業
		「746」写真業	写真撮影業、商業写真業
		「749」その他の技術サービス業	プラントエンジニアリング業、プラントメンテナンス業
47	宿泊業用設備	「751」旅館、ホテル	シティホテル、民宿
		「752」簡易宿所	簡易宿泊所、カプセルホテル
		「759」その他の宿泊業	リゾートクラブ、キャンプ場
48	飲食店業用設備	「761」食堂、レストラン（専門料理店を除く。）	食堂、ファミリーレストラン
		「762」専門料理店	てんぷら料理店、中華料理店、焼肉店、西洋料理店

別表第二の番号	設備の種類	小分類	左の具体例
		「763」そば・うどん店	そば屋、うどん店
		「764」すし店	すし屋
		「765」酒場、ビヤホール	大衆酒場、焼鳥屋
		「766」バー、キャバレー、ナイトクラブ	バー、スナックバー
		「767」喫茶店	喫茶店
		「769」その他の飲食店	ハンバーガー店、お好み焼店、ドーナツ店
		「771」持ち帰り飲食サービス業	持ち帰りすし店、持ち帰り弁当屋
		「772」配達飲食サービス業	宅配ピザ屋、仕出し料理・弁当屋、給食センター
49	洗濯業、理容業、美容業又は浴場業用設備	「781」洗濯業	クリーニング業、リネンサプライ業
		「782」理容業	理容店
		「783」美容業	美容室、ビューティサロン
		「784」一般公衆浴場業	銭湯業
		「785」その他の公衆浴場業	温泉浴場業、スパ業、スーパー銭湯
		「789」その他の洗濯・理容・美容・浴場業	洗張業、エステティックサロン、コインランドリー業
50	その他の生活関連サービス業用設備	「791」旅行業	旅行業
		「793」衣服裁縫修理業	衣服修理業
		「794」物品預り業	自転車預り業
		「795」火葬・墓地管理業	火葬業
		「796」冠婚葬祭業	葬儀屋、結婚式場業
		「799」他に分類されない生活関連サービス業	写真現像・焼付業、ペット美容室
51	娯楽業用設備		
	映画館又は劇場用設備	「801」映画館	映画館
		「802」興行場、興行団の一部	劇場
	遊園地用設備	「805」公園、遊園地の一部	遊園地、テーマパーク
	ボウリング場用設備	「804」スポーツ施設提供業の一部	ボウリング場

別表第二の番号	設備の種類	小分類	左の具体例
	その他の設備 　主として金属製のもの 　その他もの	「802」興行場、興行団の一部	寄席、曲芸・軽業興行場、ボクシングジム
		「804」スポーツ施設提供業の一部	スケートリンク、乗馬クラブ、ゴルフ練習場、バッティングセンター、フィットネスクラブ
		「805」公園、遊園地の一部	公園、庭園
		「806」遊戯場	ゲームセンター
		「809」その他の娯楽業	マリーナ業、カラオケボックス、釣堀業
52	教育業（学校教育業を除く。）又は学習支援業用設備		
	教習用運転シミュレータ設備	「829」他に分類されない教育、学習支援業の一部	自動車教習所
	その他の設備 　主として金属製のもの 　その他もの	「821」社会教育	天文博物館、動物園、水族館
		「823」学習塾	学習塾
		「824」教養・技能教授業	スイミングスクール、ゴルフスクール
		「829」他に分類されない教育、学習支援業の一部	料理学校
53	自動車整備業用設備	「891」自動車整備業	自動車整備業、自動車修理業
54	その他のサービス業用設備	「952」と畜場	と畜請負業
55	前掲の機械及び装置以外のもの並びに前掲の区分によらないもの		
	機械式駐車設備		
	その他の設備 　主として金属製のもの 　その他もの		

付表9

■ 付表9　機械及び装置の耐用年数表（別表第二）における新旧資産区分の対照表

改正後の資産区分		改正前の資産区分	
番号	設備の種類及び細目	番号	設備の種類及び細目
1	食料品製造業用設備	1	食肉又は食鳥処理加工設備
		2	鶏卵処理加工又はマヨネーズ製造設備
		3	市乳処理設備及び発酵乳、乳酸菌飲料その他の乳製品製造設備（集乳設備を含む。）
		4	水産練製品、つくだ煮、寒天その他の水産食料品製造設備
		5	つけ物製造設備
		6	トマト加工品製造設備
		7	その他の果実又はそ菜処理加工設備 　　むろ内用バナナ熟成装置 　　その他の設備
		8	かん詰又はびん詰製造設備
		9	化学調味料製造設備
		10	味そ又はしよう油（だしの素類を含む。）製造設備 　　コンクリート製仕込そう 　　その他の設備
		10の2	食酢又はソース製造設備
		11	その他の調味料製造設備
		12	精穀設備
		13	小麦粉製造設備
		14	豆腐類、こんにやく又は食ふ製造設備
		15	その他の豆類処理加工設備
		16	コーンスターチ製造設備
		17	その他の農産物加工設備 　　粗製でん粉貯そう 　　その他の設備
		18	マカロニ類又は即席めん類製造設備
		19	その他の乾めん、生めん又は強化米製造設備
		20	砂糖製造設備
		21	砂糖精製設備
		22	水あめ、ぶどう糖又はカラメル製造設備
		23	パン又は菓子類製造設備
		30	その他の飲料製造設備
		31	酵母、酵素、種菌、麦芽又はこうじ製造設備（医薬用のものを除く。）
		32	動植物油脂製造又は精製設備（マーガリン又はリンター製造設備を含む。）
		36	その他の食料品製造設備

197

改正後の資産区分		改正前の資産区分	
番号	設備の種類及び細目	番号	設備の種類及び細目
2	飲料、たばこ又は飼料製造業用設備	15	その他の豆類処理加工設備
		24	荒茶製造設備
		25	再製茶製造設備
		26	清涼飲料製造設備
		27	ビール又は発酵法による発ぽう酒製造設備
		28	清酒、みりん又は果実酒製造設備
		29	その他の酒類製造設備
		30	その他の飲料製造設備
		33	冷凍、製氷又は冷蔵業用設備 　　結氷かん及び凍結さら 　　その他の設備
		34	発酵飼料又は酵母飼料製造設備
		35	その他の飼料製造設備
		36の2	たばこ製造設備
		85	配合肥料その他の肥料製造設備
3	繊維工業用設備		
	炭素繊維製造設備 　黒鉛化炉	197	炭素繊維製造設備 　　黒鉛化炉
	その他の設備	197	炭素繊維製造設備 　　その他の設備
	その他の設備	37	生糸製造設備 　　自動繰糸機 　　その他の設備
		38	繭乾燥業用設備
		39	紡績設備
		42	合成繊維かさ高加工糸製造設備
		43	ねん糸業用又は糸（前号に掲げるものを除く。）製造業用設備
		44	織物設備
		45	メリヤス生地、編み手袋又はくつ下製造設備
		46	染色整理又は仕上設備 　　圧縮用電極板 　　その他の設備
		48	洗毛、化炭、羊毛トップ、ラップペニー、反毛、製綿又は再生綿業用設備
		49	整経又はサイジング業用設備
		50	不織布製造設備
		51	フエルト又はフエルト製品製造設備
		52	綱、網又はひも製造設備

付表9

改正後の資産区分		改正前の資産区分	
番号	設備の種類及び細目	番号	設備の種類及び細目
		53	レース製造設備 　　　ラッセルレース機 　　　その他の設備
		54	塗装布製造設備
		55	繊維製又は紙製衛生材料製造設備
		56	縫製品製造業用設備
		57	その他の繊維製品製造設備
		147	レーヨン糸又はレーヨンステープル製造設備
		148	酢酸繊維製造設備
		149	合成繊維製造設備
4	木材又は木製品（家具を除く。）製造業用設備	59	製材業用設備 　　　製材用自動送材装置 　　　その他の設備
		60	チップ製造業用設備
		61	単板又は合板製造設備
		62	その他の木製品製造設備
		63	木材防腐処理設備
		313	コルク又はコルク製品製造設備
5	家具又は装備品製造業用設備	62	その他の木製品製造設備
		209	石工品又は擬石製造設備
		249	金属製家具若しくは建具又は建築金物製造設備 　　　めつき又はアルマイト加工設備 　　　溶接設備 　　　その他の設備
6	パルプ、紙又は紙加工品製造業用設備	55	繊維製又は紙製衛生材料製造設備
		64	パルプ製造設備
		65	手すき和紙製造設備
		66	丸網式又は短網式製紙設備
		67	長網式製紙設備
		68	ヴァルカナイズドファイバー又は加工紙製造設備
		69	段ボール、段ボール箱又は板紙製容器製造設備
		70	その他の紙製品製造設備
		72	セロファン製造設備
		73	繊維板製造設備
7	印刷業又は印刷関連業用設備		
	デジタル印刷システム設備	75	印刷設備
		79	写真製版業用設備

199

改正後の資産区分		改正前の資産区分	
番号	設備の種類及び細目	番号	設備の種類及び細目
	製本業用設備	78	製本設備
	新聞業用設備	74	日刊新聞紙印刷設備
	モノタイプ、写真又は通信設備		モノタイプ、写真又は通信設備
	その他の設備		その他の設備
	その他の設備	75	印刷設備
		76	活字鋳造業用設備
		77	金属板その他の特殊物印刷設備
		71	枚葉紙樹脂加工設備
		80	複写業用設備
8	化学工業用設備		
	臭素、よう素又は塩素、臭素若しくはよう素化合物製造設備	97	臭素、よう素又は塩素、臭素若しくはよう素化合物製造設備
			よう素用坑井設備
			その他の設備
	塩化りん製造設備	99	塩化りん製造設備
	活性炭製造設備	117	活性炭製造設備
	ゼラチン又はにかわ製造設備	171	ゼラチン又はにかわ製造設備
	半導体用フォトレジスト製造設備	173	半導体用フォトレジスト製造設備
	フラットパネル用カラーフィルター、偏光板又は偏光板用フィルム製造設備	268の2	フラットパネルディスプレイ又はフラットパネル用フィルム材料製造設備
	その他の設備	81	アンモニア製造設備
		82	硫酸又は硝酸製造設備
		83	溶成りん肥製造設備
		84	その他の化学肥料製造設備
		86	ソーダ灰、塩化アンモニウム、か性ソーダ又はか性カリ製造設備（塩素処理設備を含む。）
		87	硫化ソーダ、水硫化ソーダ、無水ぼう硝、青化ソーダ又は過酸化ソーダ製造設備
		88	その他のソーダ塩又はカリ塩（第97号（塩素酸塩を除く。）、第98号及び第106号に掲げるものを除く。）製造設備
		89	金属ソーダ製造設備
		90	アンモニウム塩（硫酸アンモニウム及び塩化アンモニウムを除く。）製造設備
		91	炭酸マグネシウム製造設備
		92	苦汁製品又はその誘導体製造設備
		93	軽質炭酸カルシウム製造設備

付表9

| 改正後の資産区分 || 改正前の資産区分 ||
番号	設備の種類及び細目	番号	設備の種類及び細目
		94	カーバイド製造設備（電極製造設備を除く。）
		95	硫酸鉄製造設備
		96	その他の硫酸塩又は亜硫酸塩製造設備（他の号に掲げるものを除く。）
		98	ふつ酸その他のふつ素化合物製造設備
		100	りん酸又は硫化りん製造設備
		101	りん又はりん化合物製造設備（他の号に掲げるものを除く。）
		102	べんがら製造設備
		103	鉛丹、リサージ又は亜鉛華製造設備
		104	酸化チタン、リトポン又はバリウム塩製造設備
		105	無水クロム酸製造設備
		106	その他のクロム化合物製造設備
		107	二酸化マンガン製造設備
		108	ほう酸その他のほう素化合物製造設備（他の号に掲げるものを除く。）
		109	青酸製造設備
		110	硝酸銀製造設備
		111	二硫化炭素製造設備
		112	過酸化水素製造設備
		113	ヒドラジン製造設備
		114	酸素、水素、二酸化炭素又は溶解アセチレン製造設備
		115	加圧式又は真空式製塩設備
		116	その他のかん水若しくは塩製造又は食塩加工設備 　　　　合成樹脂製濃縮盤及びイオン交換膜 　　　　その他の設備
		118	その他の無機化学薬品製造設備
		119	石炭ガス、オイルガス又は石油を原料とする芳香族その他の化合物分離精製設備
		120	染料中間体製造設備
		121	アルキルベンゾール又はアルキルフェノール製造設備
		122	カプロラクタム、シクロヘキサノン又はテレフタル酸（テレフタル酸ジメチルを含む。）製造設備
		123	イソシアネート類製造設備
		124	炭化水素の塩化物、臭化物又はふつ化物製造設備
		125	メタノール、エタノール又はその誘導体製造設備（他の号に掲げるものを除く。）
		126	その他のアルコール又はケトン製造設備
		127	アセトアルデヒド又は酢酸製造設備

改正後の資産区分		改正前の資産区分	
番号	設備の種類及び細目	番号	設備の種類及び細目
		128	シクロヘキシルアミン製造設備
		129	アミン又はメラミン製造設備
		130	ぎ酸、しゆう酸、乳酸、酒石酸（酒石酸塩類を含む。）、こはく酸、くえん酸、タンニン酸又は没食子酸製造設備
		131	石油又は天然ガスを原料とするエチレン、プロピレン、ブチレン、ブタジエン又はアセチレン製造設備
		132	ビニールエーテル製造設備
		133	アクリルニトリル又はアクリル酸エステル製造設備
		134	エチレンオキサイド、エチレングリコール、プロピレンオキサイド、プロピレングリコール、ポリエチレングリコール又はポリプロピレングリコール製造設備
		135	スチレンモノマー製造設備
		136	その他オレフィン系又はアセチレン系誘導体製造設備（他の号に掲げるものを除く。）
		137	アルギン酸塩製造設備
		138	フルフラル製造設備
		139	セルロイド又は硝化綿製造設備
		140	酢酸繊維素製造設備
		141	繊維素グリコール酸ソーダ製造設備
		142	その他の有機薬品製造設備
		143	塩化ビニリデン系樹脂、酢酸ビニール系樹脂、ナイロン樹脂、ポリエチレンテレフタレート系樹脂、ふつ素樹脂又はけい素樹脂製造設備
		144	ポリエチレン、ポリプロピレン又はポリブテン製造設備
		145	尿素系、メラミン系又は石炭酸系合成樹脂製造設備
		146	その他の合成樹脂又は合成ゴム製造設備
		150	石けん製造設備
		151	硬化油、脂肪酸又はグリセリン製造設備
		152	合成洗剤又は界面活性剤製造設備
		153	ビタミン剤製造設備
		154	その他の医薬品製造設備（製剤又は小分包装設備を含む。）
		155	殺菌剤、殺虫剤、殺そ剤、除草剤その他の動植物用製剤製造設備
		156	産業用火薬類（花火を含む。）製造設備
		157	その他の火薬類製造設備（弾薬装てん又は組立設備を含む。）
		158	塗料又は印刷インキ製造設備
		159	その他のインキ製造設備
		160	染料又は顔料製造設備（他の号に掲げるものを除く。）
		161	抜染剤又は漂白剤製造設備（他の号に掲げるものを除く。）

付表9

改正後の資産区分		改正前の資産区分	
番号	設備の種類及び細目	番号	設備の種類及び細目
		162	試薬製造設備
		163	合成樹脂用可塑剤製造設備
		164	合成樹脂用安定剤製造設備
		165	有機ゴム薬品、写真薬品又は人造香料製造設備
		166	つや出し剤、研摩油剤又は乳化油剤製造設備
		167	接着剤製造設備
		168	トール油精製設備
		169	りゆう脳又はしよう脳製造設備
		170	化粧品製造設備
		172	写真フイルムその他の写真感光材料（銀塩を使用するものに限る。）製造設備（他の号に掲げるものを除く。）
		175	化工でん粉製造設備
		176	活性白土又はシリカゲル製造設備
		177	選鉱剤製造設備
		178	電気絶縁材料（マイカ系を含む。）製造設備
		179	カーボンブラック製造設備
		180	その他の化学工業製品製造設備
		197の2	その他の炭素製品製造設備 　　黒鉛化炉 　　その他の設備
		316	ろうそく製造設備
		320	木ろう製造又は精製設備
9	石油製品又は石炭製品製造業用設備	181	石油精製設備（廃油再生又はグリース類製造設備を含む。）
		182	アスファルト乳剤その他のアスファルト製品製造設備
		183	ピッチコークス製造設備
		184	練炭、豆炭類、オガライト（オガタンを含む。）又は炭素粉末製造設備
		185	その他の石油又は石炭製品製造設備
		354	石炭ガス、石油ガス又はコークス製造設備（ガス精製又はガス事業用特定ガス発生設備を含む。）
10	プラスチック製品製造業用設備（他の号に掲げるものを除く。）	307	合成樹脂成形加工又は合成樹脂製品加工業用設備
		308	発ぽうポリウレタン製造設備
11	ゴム製品製造業用設備	186	タイヤ又はチューブ製造設備
		187	再生ゴム製造設備
		188	フォームラバー製造設備
		189	糸ゴム製造設備

改正後の資産区分		改正前の資産区分	
番号	設備の種類及び細目	番号	設備の種類及び細目
		190	その他のゴム製品製造設備
		192	機械ぐつ製造設備
		307	合成樹脂成形加工又は合成樹脂製品加工業用設備
12	なめし革、なめし革製品又は毛皮製造業用設備	191	製革設備
		192	機械ぐつ製造設備
		193	その他の革製品製造設備
13	窯業又は土石製品製造業用設備	194	板ガラス製造設備（みがき設備を含む。） 溶解炉 その他の設備
		195	その他のガラス製品製造設備（光学ガラス製造設備を含む。） るつぼ炉及びデータンク炉 溶解炉 その他の設備
		196	陶磁器、粘土製品、耐火物、けいそう土製品、はい土又はうわ薬製造設備 倒炎がま 塩融式のもの その他のもの トンネルがま その他の炉 その他の設備
		197の2	その他の炭素製品製造設備 黒鉛化炉 その他の設備
		198	人造研削材製造設備 溶解炉 その他の設備
		199	研削と石又は研摩布紙製造設備 加硫炉 トンネルがま その他の焼成炉 その他の設備
		200	セメント製造設備
		201	生コンクリート製造設備
		202	セメント製品（気ほうコンクリート製品を含む。）製造設備 移動式製造又は架設設備及び振動 加圧式成形設備 その他の設備
		204	石灰又は苦石灰製造設備
		205	石こうボード製造設備 焼成炉 その他の設備

改正後の資産区分		改正前の資産区分	
番号	設備の種類及び細目	番号	設備の種類及び細目
		206	ほうろう鉄器製造設備 　るつぼ炉 　その他の炉 　その他の設備
		207	石綿又は石綿セメント製品製造設備
		208	岩綿（鉱さい繊維を含む。）又は岩綿製品製造設備
		209	石工品又は擬石製造設備
		210	その他の窯業製品又は土石製品製造設備 　トンネルがま 　その他の炉 　その他の設備
		326	砂利採取又は岩石の採取若しくは砕石設備
14	鉄鋼業用設備		
	表面処理鋼材若しくは鉄粉製造業又は鉄スクラップ加工処理業用設備	218の2	鉄くず処理業用設備
		232	金属粉末又ははく（圧延によるものを除く。）製造設備
		244	その他のめつき又はアルマイト加工設備
		245の2	合成樹脂被覆、彫刻又はアルミニウムはくの加工設備 　脱脂又は洗浄設備及び水洗塗装装置 　その他の設備
	鉄、原鉄、ベースメタル、フェロアロイ、鉄素形材又は鋳鉄管製造業用設備	212	純鉄又は合金鉄製造設備
		219	鉄鋼鍛造業用設備
		220	鋼鋳物又は銑鉄鋳物製造業用設備
	その他の設備	211	製銑設備
		213	製鋼設備
		214	連続式鋳造鋼片製造設備
		215	鉄鋼熱間圧延設備
		216	鉄鋼冷間圧延又は鉄鋼冷間成形設備
		217	鋼管製造設備
		218	鉄鋼伸線（引き抜きを含む。）設備及び鉄鋼卸売業用シャーリング設備並びに伸鉄又はシャーリング業用設備
		222	その他の鉄鋼業用設備
		234	鋼索製造設備
		237	くぎ、リベット又はスプリング製造業用設備
		238	溶接金網製造設備
		243	電気錫めつき鉄板製造設備
15	非鉄金属製造業用設備		
	核燃料物質加工設備	251の2	核燃料物質加工設備
	その他の設備	218	鉄鋼伸線（引き抜きを含む。）設備及び鉄鋼卸売業用シャーリング

改正後の資産区分		改正前の資産区分	
番号	設備の種類及び細目	番号	設備の種類及び細目
			設備並びに伸鉄又はシャーリング業用設備
		223	銅、鉛又は亜鉛製錬設備
		224	アルミニウム製錬設備
		225	ベリリウム銅母合金、マグネシウム、チタニウム、ジルコニウム、タンタル、クロム、マンガン、シリコン、ゲルマニウム又は希土類金属製錬設備
		226	ニッケル、タングステン又はモリブデン製錬設備
		227	その他の非鉄金属製錬設備
		228	チタニウム造塊設備
		229	非鉄金属圧延、押出又は伸線設備
		230	非鉄金属鋳物製造業用設備 　ダイカスト設備 　その他の設備
		231	電線又はケーブル製造設備
		231の2	光ファイバー製造設備
		232	金属粉末又ははく（圧延によるものを除く。）製造設備
		252	その他の金属製品製造設備
16	金属製品製造業用設備		
	金属被覆及び彫刻業又は打はく及び金属製ネームプレート製造業用設備	232	金属粉末又ははく（圧延によるものを除く。）製造設備
		244	その他のめつき又はアルマイト加工設備
		245	金属塗装設備 　脱脂又は洗浄設備及び水洗塗装装置 　その他の設備
		245の2	合成樹脂被覆、彫刻又はアルミニウムはくの加工設備 　脱脂又は洗浄設備及び水洗塗装装置 　その他の設備
	その他の設備	221	金属熱処理業用設備
		233	粉末冶金製品製造設備
		234	鋼索製造設備
		235	鎖製造設備
		236	溶接棒製造設備
		237	くぎ、リベット又はスプリング製造業用設備
		237の2	ねじ製造業用設備
		238	溶接金網製造設備
		239	その他の金網又は針金製品製造設備
		241	押出しチューブ又は自動組立方式による金属かん製造設備
		242	その他の金属製容器製造設備
		246	手工具又はのこぎり刃その他の刃物類（他の号に掲げるものを除

改正後の資産区分		改正前の資産区分	
番号	設備の種類及び細目	番号	設備の種類及び細目
			く。）製造設備
		247	農業用機具製造設備
		248	金属製洋食器又はかみそり刃製造設備
		249	金属製家具若しくは建具又は建築金物製造設備 　めつき又はアルマイト加工設備 　溶接設備 　その他の設備
		250	鋼製構造物製造設備
		251	プレス、打抜き、しぼり出しその他の金属加工品製造業用設備 　めつき又はアルマイト加工設備 　その他の設備
		252	その他の金属製品製造設備
		259	機械工具、金型又は治具製造業用設備
		256	食品用、暖ちゆう房用、家庭用又はサービス用機器（電気機器を除く。）製造設備
		230	その他の車両部分品又は附属品製造設備
17	はん用機械器具（はん用性を有するもので、他の器具及び備品並びに機械及び装置に組み込み、又は取り付けることによりその用に供されるものをいう。）製造業用設備（第20号及び第22号に掲げるものを除く。）	253	ボイラー製造設備
		254	エンジン、タービン又は水車製造設備
		259	機械工具、金型又は治具製造業用設備
		261	風水力機器、金属製弁又は遠心分離機製造設備
		261の2	冷凍機製造設備
		262	玉又はコロ軸受若しくは同部分品製造設備
		263	歯車、油圧機器その他の動力伝達装置製造業用設備
		264	その他の産業用機器又は部分品若しくは附属品製造設備
		278	車両用エンジン、同部分品又は車両用電装品製造設備（ミッション又はクラッチ製造設備を含む。）
		286	その他の輸送用機器製造設備
		295	前掲以外の機械器具、部分品又は附属品製造設備
18	生産用機械器具（物の生産の用に供されるものをいう。）製造業用設備（次号及び第21号に掲げるものを除く。）		
	金属加工機械製造設備	257	金属加工機械製造設備
	その他の設備	255	農業用機械製造設備
		256	建設機械、鉱山機械又は原動機付車両（他の号に掲げるものを除く。）製造設備
		258	鋳造用機械、合成樹脂加工機械又は木材加工用機械製造設備
		259	機械工具、金型又は治具製造業用設備
		260	繊維機械（ミシンを含む。）又は同部分品若しくは附属品製造設備

改正後の資産区分		改正前の資産区分	
番号	設備の種類及び細目	番号	設備の種類及び細目
		261	風水力機器、金属製弁又は遠心分離機製造設備
		263の2	産業用ロボット製造設備
		264	その他の産業用機器又は部分品若しくは附属品製造設備
		266	食品用、暖ちゆう房用、家庭用又はサービス用機器（電気機器を除く。）製造設備
19	業務用機械器具（業務用又はサービスの生産の用に供されるもの（これらのものであつて物の生産の用に供されるものを含む。）をいう。）製造業用設備（第17号、第21号及び第23号に掲げるものを除く。）	157	その他の火薬類製造設備（弾薬装てん又は組立設備を含む。）
		252	その他の金属製品製造設備
		256	建設機械、鉱山機械又は原動機付車両（他の号に掲げるものを除く。）製造設備
		265	事務用機器製造設備
		266	食品用、暖ちゆう房用、家庭用又はサービス用機器（電気機器を除く。）製造設備
		280	その他の車両部分品又は附属品製造設備
		285	航空機若しくは同部分品（エンジン、機内空気加圧装置、回転機器、プロペラ、計器、降着装置又は油圧部品に限る。）製造又は修理設備
		287	試験機、測定器又は計量機製造設備
		288	医療用機器製造設備
		288の2	理化学用機器製造設備
		289	レンズ又は光学機器若しくは同部分品製造設備
		290	ウオッチ若しくは同部分品又は写真機用シャッター製造設備
		292	銃弾製造設備
		293	銃砲、爆発物又は信管、薬きようその他の銃砲用品製造設備
		295	前掲以外の機械器具、部分品又は附属品製造設備
		310	歯科材料製造設備
20	電子部品、デバイス又は電子回路製造業用設備		
	光ディスク（追記型又は書換え型のものに限る。）製造設備	268の3	光ディスク（追記型又は書換え型のものに限る。）製造設備
	プリント配線基板製造設備	272の2	プリント配線基板製造設備
	フラットパネルディスプレイ、半導体集積回路又は半導体素子製造設備	268の2	フラットパネルディスプレイ又はフラットパネル用フィルム材料製造設備
		271	半導体集積回路（素子数が五百以上のものに限る。）製造設備
		271の2	その他の半導体素子製造設備
	その他の設備	174	磁気テープ製造設備
		268	電気計測器、電気通信用機器、電子応用機器又は同部分品（他の号に掲げるものを除く。）製造設備

改正後の資産区分		改正前の資産区分	
番号	設備の種類及び細目	番号	設備の種類及び細目
		270	電球、電子管又は放電燈製造設備
		272	抵抗器又は蓄電器製造設備
		272の3	フェライト製品製造設備
		273	電気機器部分品製造設備
21	電気機械器具製造業用設備	267	産業用又は民生用電気機器製造設備
		268	電気計測器、電気通信用機器、電子応用機器又は同部分品（他の号に掲げるものを除く。）製造設備
		270	電球、電子管又は放電燈製造設備
		272	抵抗器又は蓄電器製造設備
		273	電気機器部分品製造設備
		274	乾電池製造設備
		274の2	その他の電池製造設備
		278	車両用エンジン、同部分品又は車両用電装品製造設備（ミッション又はクラッチ製造設備を含む。）
22	情報通信機械器具製造業用設備	268	電気計測器、電気通信用機器、電子応用機器又は同部分品（他の号に掲げるものを除く。）製造設備
		269	交通信号保安機器製造設備
23	輸送用機械器具製造業用設備	56	縫製品製造業用設備
		254	エンジン、タービン又は水車製造設備
		256	建設機械、鉱山機械又は原動機付車両（他の号に掲げるものを除く。）製造設備
		275	自動車製造設備
		276	自動車車体製造又は架装設備
		277	鉄道車両又は同部分品製造設備
		278	車両用エンジン、同部分品又は車両用電装品製造設備（ミッション又はクラッチ製造設備を含む。）
		279	車両用ブレーキ製造設備
		280	その他の車両部分品又は附属品製造設備
		281	自転車又は同部分品若しくは附属品製造設備　　めつき設備　　その他の設備
		282	鋼船製造又は修理設備
		283	木船製造又は修理設備
		284	舶用推進器、甲板機械又はハッチカバー製造設備　　鋳造設備　　その他の設備
		285	航空機若しくは同部分品（エンジン、機内空気加圧装置、回転機器、プロペラ、計器、降着装置又は油圧部品に限る。）製造又は修理設備

改正後の資産区分		改正前の資産区分	
番号	設備の種類及び細目	番号	設備の種類及び細目
		286	その他の輸送用機器製造設備
24	その他の製造業用設備	62	その他の木製品製造設備
		156	産業用火薬類（花火を含む。）製造設備
		184	練炭、豆炭類、オガライト（オガタンを含む。）又は炭素粉末製造設備
		195	その他のガラス製品製造設備（光学ガラス製造設備を含む。） 　　　るつぼ炉及びデータンク炉 　　　溶解炉 　　　その他の設備
		239	その他の金網又は針金製品製造設備
		240	縫針又はミシン針製造設備
		252	その他の金属製品製造設備
		265	事務用機器製造設備
		270	電球、電子管又は放電燈製造設備
		281	自転車又は同部分品若しくは附属品製造設備 　　　めつき設備 　　　その他の設備
		289	レンズ又は光学機器若しくは同部分品製造設備
		290	ウオッチ若しくは同部分品又は写真機用シャッター製造設備
		291	クロック若しくは同部分品、オルゴールムーブメント又は写真フイルム用スプール製造設備
		293	銃砲、爆発物又は信管、薬きようその他の銃砲用品製造設備
		296	機械産業以外の設備に属する修理工場用又は工作工場用機械設備
		297	楽器製造設備
		298	レコード製造設備 　　　吹込設備 　　　その他の設備
		299	がん具製造設備 　　　合成樹脂成形設備 　　　その他の設備
		300	万年筆、シャープペンシル又はペン先製造設備
		301	ボールペン製造設備
		302	鉛筆製造設備
		303	絵の具その他の絵画用具製造設備
		304	身辺用細貨類、ブラシ又はシガレットライター製造設備 　　　製鎖加工設備 　　　その他の設備 　　　前掲の区分によらないもの
		305	ボタン製造設備

付表9

改正後の資産区分		改正前の資産区分	
番号	設備の種類及び細目	番号	設備の種類及び細目
		306	スライドファスナー製造設備 　　　自動務歯成形又はスライダー製造機 　　　自動務歯植付機 　　　その他の設備
		309	繊維壁材製造設備
		311	真空蒸着処理業用設備
		312	マッチ製造設備
		314	つりざお又は附属品製造設備
		315	墨汁製造設備
		317	リノリウム、リノタイル又はアスファルトタイル製造設備
		318	畳表製造設備 　　　織機、い草選別機及びい割機 　　　その他の設備
		319	畳製造設備
		319の2	その他のわら工品製造設備
		323	真珠、貴石又は半貴石加工設備
		325	前掲以外の製造設備
25	農業用設備	322	蚕種製造設備 　　　人工ふ化設備 　　　その他の設備
		368	種苗花き園芸設備
		別表第七	電動機
		〃	内燃機関、ボイラー及びポンプ
		〃	トラクター 　　　歩行型トラクター 　　　その他のもの
		〃	耕うん整地用機具
		〃	耕土造成改良用機具
		〃	栽培管理用機具
		〃	防除用機具
		〃	穀類収穫調製用機具 　　　自脱型コンバイン、刈取機（ウインドロウアーを除くものとし、バインダーを含む。）、稲わら収集機（自走式のものを除く。）及びわら処理カッター 　　　その他のもの
		〃	飼料作物収穫調製用機具 　　　モーア、ヘーコンディショナー（自走式のものを除く。）、ヘーレーキ、ヘーテッダー、ヘーテッダーレーキ、フォレージハーベスター（自走式のものを除く。）、ヘーベーラー（自走式のものを除く。）、ヘープレス、ヘーローダー、ヘードライヤー（連続式のものを除く。）、ヘーエレベーター、フォ

改正後の資産区分		改正前の資産区分	
番号	設備の種類及び細目	番号	設備の種類及び細目
			レージブロアー、サイレージディストリビューター、サイレージアンローダー及び飼料細断機 その他のもの
		別表第七	果樹、野菜又は花き収穫調製用機具 　野菜洗浄機、清浄機及び掘取機 　その他のもの
		〃	その他の農作物収穫調製用機具 　い苗分割機、い草刈取機、い草選別機、い割機、粒選機、収穫機、掘取機、つる切機及び茶摘機 　その他のもの
		〃	農産物処理加工用機具（精米又は精麦機を除く。） 　花莚織機及び畳表織機 　その他のもの
		〃	家畜飼養管理用機具 　自動給じ機、自動給水機、搾乳機、牛乳冷却機、ふ卵機、保温機、畜衡機、牛乳成分検定用機具、人工授精用機具、育成機、育すう機、ケージ、電牧器、カウトレーナー、マット、畜舎清掃機、ふん尿散布機、ふん尿乾燥機及びふん焼却機 　その他のもの
		〃	養蚕用機具 　条桑刈取機、簡易保温用暖房機、天幕及び回転まぶし 　その他のもの
		〃	運搬用機具
		〃	その他の機具 　その他のもの 　　主として金属製のもの 　　その他のもの
26	林業用設備	58	可搬式造林、伐木又は搬出設備 　動力伐採機 　その他の設備
		321	松脂その他樹脂の製造又は精製設備
		334	ブルドーザー、パワーショベルその他の自走式作業用機械設備
		別表第七	造林又は伐木用機具 　自動穴掘機、自動伐木機及び動力刈払機 　その他のもの
		〃	その他の機具 　乾燥用バーナー 　その他のもの 　　主として金属製のもの 　　その他のもの
27	漁業用設備（次号に掲げるものを除く。）	324の2	漁ろう用設備

改正後の資産区分		改正前の資産区分	
番号	設備の種類及び細目	番号	設備の種類及び細目
28	水産養殖業用設備	324	水産物養殖設備 　　　竹製のもの 　　　その他のもの
29	鉱業、採石業又は砂利採取業用設備		
	石油又は天然ガス鉱業用設備 　坑井設備 　掘さく設備 　その他の設備	330	石油又は天然ガス鉱業用設備 　　　坑井設備 　　　掘さく設備 ┌統合→その他の設備
		331	天然ガス圧縮処理設備
	その他の設備	326	砂利採取又は岩石の採取若しくは砕石設備
		327	砂鉄鉱業設備
		328	金属鉱業設備（架空索道設備を含む。）
		329	石炭鉱業設備（架空索道設備を含む。） 　　　採掘機械及びコンベヤ 　　　その他の設備 　　　前掲の区分によらないもの
		332	硫黄鉱業設備（製錬又は架空索道設備を含む。）
		333	その他の非金属鉱業設備（架空索道設備を含む。）
30	総合工事業用設備	334	ブルドーザー、パワーショベルその他の自走式作業用機械設備
		335	その他の建設工業設備 　　　排砂管及び可搬式コンベヤ 　　　ジーゼルパイルハンマー 　　　アスファルトプラント及びバッチャープラント 　　　その他の設備
31	電気業用設備		
	電気業用水力発電設備	346	電気事業用水力発電設備
	その他の水力発電設備	347	その他の水力発電設備
	汽力発電設備	348	汽力発電設備
	内燃力又はガスタービン発電設備	349	内燃力又はガスタービン発電設備
	送電又は電気業用変電若しくは配電設備 　需要者用計器 　柱上変圧器 　その他の設備	350	送電又は電気事業用変電若しくは配電設備 　　　需要者用計器 　　　柱上変圧器 　　　その他の設備
	鉄道又は軌道業用変電設備	351	鉄道又は軌道事業用変電設備
	その他の設備 　主として金属製のもの 　その他のもの	369	前掲の機械及び装置以外のもの並びに前掲の区分によらないもの 　　　主として金属製のもの 　　　その他のもの

改正後の資産区分		改正前の資産区分	
番号	設備の種類及び細目	番号	設備の種類及び細目
32	ガス業用設備		
	製造用設備	354	石炭ガス、石油ガス又はコークス製造設備（ガス精製又はガス事業用特定ガス発生設備を含む。）
	供給用設備 　　鋳鉄製導管	356	ガス事業用供給設備 　　ガス導管 　　　鋳鉄製のもの
	鋳鉄製導管以外の導管		ガス導管 　　その他のもの
	需要者用計量器		需要者用計量器
	その他の設備		その他の設備
	その他の設備 　　主として金属製のもの 　　その他のもの	369	前掲の機械及び装置以外のもの並びに前掲の区分によらないもの 　　主として金属製のもの 　　その他のもの
33	熱供給業用設備	369	前掲の機械及び装置以外のもの並びに前掲の区分によらないもの 　　主として金属製のもの
34	水道業用設備	357	上水道又は下水道業用設備
35	通信業用設備	343	国内電気通信事業用設備 　　デジタル交換設備及び電気通信処理設備 　　アナログ交換設備 　　その他の設備
		343の2	国際電気通信事業用設備 　　デジタル交換設備及び電気通信処理設備 　　アナログ交換設備 　　その他の設備
		345	その他の通信設備（給電用指令設備を含む。）
36	放送業用設備	344	ラジオ又はテレビジョン放送設備
37	映像、音声又は文字情報制作業用設備	363	映画製作設備（現像設備を除く。） 　　照明設備 　　撮影又は録音設備 　　その他の設備
38	鉄道業用設備		
	自動改札装置	369	前掲の機械及び装置以外のもの並びに前掲の区分によらないもの 　　主として金属製のもの
	その他の整備	337	鋼索鉄道又は架空索道設備 　　鋼索 　　その他の設備
		351の2	列車遠隔又は列車集中制御設備
39	道路貨物運送業用設備	340	荷役又は倉庫業用設備及び卸売又は小売業の荷役又は倉庫用設備 　　移動式荷役設備 　　くん蒸設備 　　その他の設備

付表9

改正後の資産区分		改正前の資産区分	
番号	設備の種類及び細目	番号	設備の種類及び細目
40	倉庫業用設備	33	冷凍、製氷又は冷蔵業用設備 　結氷かん及び凍結さら 　その他の設備
		340	荷役又は倉庫業用設備及び卸売又は小売業の荷役又は倉庫用設備 　移動式荷役設備 　くん蒸設備 　その他の設備
41	運輸に附帯するサービス業用設備	334	ブルドーザー、パワーショベルその他の自走式作業用機械設備
		340	荷役又は倉庫業用設備及び卸売又は小売業の荷役又は倉庫用設備 　移動式荷役設備 　くん蒸設備 　その他の設備
		341	計量証明業用設備
		342	船舶救難又はサルベージ設備
42	飲食料品卸売業用設備	1	食肉又は食鳥処理加工設備
		7	その他の果実又はそ菜処理加工設備 　むろ内用バナナ熟成装置 　その他の設備
		12	精穀設備
		15	その他の豆類処理加工設備
43	建築材料、鉱物又は金属材料等卸売業用設備		
	石油又は液化石油ガス卸売用設備（貯そうを除く。）	338	石油又は液化石油ガス卸売用設備（貯そうを除く。）
	その他の設備	218	鉄鋼伸線（引き抜きを含む。）設備及び鉄鋼卸売業用シャーリング設備並びに伸鉄又はシャーリング業用設備
		218の2	鉄くず処理業用設備
		360の2	故紙梱包設備
44	飲食料品小売業用設備	1	食肉又は食鳥処理加工設備
45	その他の小売業用設備		
	ガソリン又は液化石油ガソリンスタンド設備	339	ガソリンスタンド設備
		339の2	液化石油ガススタンド設備
	その他の設備 　主として金属製のもの 　その他のもの	369	前掲の機械及び装置以外のもの並びに前掲の区分によらないもの 　主として金属製のもの 　その他のもの
46	技術サービス業用設備（他の号に掲げるものを除く。）		
	計量証明業用設備	341	計量証明業用設備
	その他の設備	335	測量業用設備

第1章 耐用年数の調べ方

第2章 耐用年数の選び方

第3章 別表・付表の使い方

改正後の資産区分		改正前の資産区分	
番号	設備の種類及び細目	番号	設備の種類及び細目
			カメラ その他の設備
47	宿泊業用設備	358	ホテル、旅館又は料理店業用設備及び給食用設備 引湯管 その他の設備
48	飲食店業用設備	358	ホテル、旅館又は料理店業用設備及び給食用設備 引湯管 その他の設備
49	洗濯業、理容業、美容業又は浴場業用設備	359	クリーニング設備
		360	公衆浴場設備 かま、温水器及び温かん その他の設備
50	その他の生活関連サービス業用設備	48	洗毛、化炭、羊毛トップ、ラップペニー、反毛、製綿又は再生綿業用設備
		361	火葬設備
		364	天然色写真現像焼付設備
		365	その他の写真現像焼付設備
51	娯楽業用設備		
	映画館又は劇場用設備	366	映画又は演劇興行設備 照明設備 その他の設備
	遊園地用設備	367	遊園地用遊戯設備（原動機付のものに限る。）
	ボウリング場用設備	367の2	ボウリング場用設備 レーン その他の設備
	その他の設備 　主として金属製のもの 　その他のもの	369	前掲の機械及び装置以外のもの並びに前掲の区分によらないもの 　主として金属製のもの 　その他のもの
52	教育業（学校教育業を除く。）又は学習支援業用設備		
	教習用運転シミュレータ設備	369	前掲の機械及び装置以外のもの並びに前掲の区分によらないもの 　主として金属製のもの
	その他の設備 　主として金属製のもの 　その他のもの	369	前掲の機械及び装置以外のもの並びに前掲の区分によらないもの 　主として金属製のもの 　その他のもの
53	自動車整備業用設備	294	自動車分解整備業用設備
		338の2	洗車業用設備
54	その他のサービス業用設備	1	食肉又は食鳥処理加工設備
55	前掲の機械及び装置以外		

付表9

改正後の資産区分		改正前の資産区分	
番号	設備の種類及び細目	番号	設備の種類及び細目
	のもの並びに前掲の区分によらないもの		
	機械式駐車設備	339の3	機械式駐車設備
	その他の設備	352	蓄電池電源設備
	主として金属製のもの	353	フライアッシュ採取設備
		362	電光文字設備
	その他のもの	369	前掲の機械及び装置以外のもの並びに前掲の区分によらないもの 　　　　主として金属製のもの 　　　　その他のもの

第1章　耐用年数の調べ方

第2章　耐用年数の選び方

第3章　別表・付表の使い方

217

■ 付表 10　機械及び装置の耐用年数表（旧別表第二）

番号	設　備　の　種　類	細　目	耐用年数
1	食肉又は食鳥処理加工設備		9年
2	鶏卵処理加工又はマヨネーズ製造設備		8
3	市乳処理設備及び発酵乳、乳酸菌飲料その他の乳製品製造設備（集乳設備を含む。）		9
4	水産練製品、つくだ煮、寒天その他の水産食料品製造設備		8
5	つけ物製造設備		7
6	トマト加工品製造設備		8
7	その他の果実又はそ菜処理加工設備	むろ内用バナナ熟成装置 その他の設備	6 9
8	かん詰又はびん詰製造設備		8
9	化学調味料製造設備		7
10	味そ又はしょう油（だしの素類を含む。）製造設備	コンクリート製仕込そう その他の設備	25 9
10の2	食酢又はソース製造設備		8
11	その他の調味料製造設備		9
12	精穀設備		10
13	小麦粉製造設備		13
14	豆腐類、こんにゃく又は食ふ製造設備		8
15	その他の豆類処理加工設備		9
16	コーンスターチ製造設備		10
17	その他の農産物加工設備	粗製でん粉貯そう その他の設備	25 12
18	マカロニ類又は即席めん類製造設備		9
19	その他の乾めん、生めん又は強化米製造設備		10
20	砂糖製造設備		10
21	砂糖精製設備		13
22	水あめ、ぶどう糖又はカラメル製造設備		10
23	パン又は菓子類製造設備		9
24	荒茶製造設備		8
25	再製茶製造設備		10
26	清涼飲料製造設備		10
27	ビール又は発酵法による発ぽう酒製造設備		14
28	清酒、みりん又は果実酒製造設備		12
29	その他の酒類製造設備		10
30	その他の飲料製造設備		12

番号	設 備 の 種 類	細 目	耐用年数
31	酵母、酵素、種菌、麦芽又はこうじ製造設備（医薬用のものを除く。）		9年
32	動植物油脂製造又は精製設備（マーガリン又はリンター製造設備を含む。）		12
33	冷凍、製氷又は冷蔵業用設備	結氷かん及び凍結さら その他の設備	3 13
34	発酵飼料又は酵母飼料製造設備		9
35	その他の飼料製造設備		10
36	その他の食料品製造設備		16
36の2	たばこ製造設備		8
37	生糸製造設備	自動繰糸機 その他の設備	7 10
38	繭乾燥業用設備		13
39	紡績設備		10
40	削除		
41	削除		
42	合成繊維かさ高加工糸製造設備		8
43	ねん糸業用又は糸（前号に掲げるものを除く。）製造業用設備		11
44	織物設備		10
45	メリヤス生地、編み手袋又はくつ下製造設備		10
46	染色整理又は仕上設備	圧縮用電極板 その他の設備	3 7
47	削除		
48	洗毛、化炭、羊毛トップ、ラップペニー、反毛、製綿又は再生綿業用設備		10
49	整経又はサイジング業用設備		10
50	不織布製造設備		9
51	フェルト又はフェルト製品製造設備		10
52	綱、網又はひも製造設備		10
53	レース製造設備	ラッセルレース機 その他の設備	12 14
54	塗装布製造設備		14
55	繊維製又は紙製衛生材料製造設備		9
56	縫製品製造業用設備		7
57	その他の繊維製品製造設備		15
58	可搬式造林、伐木又は搬出設備	動力伐採機 その他の設備	3 6

番号	設 備 の 種 類	細 目	耐用年数
59	製材業用設備	製材用自動送材装置 その他の設備	8年 12
60	チップ製造業用設備		8
61	単板又は合板製造設備		9
62	その他の木製品製造設備		10
63	木材防腐処理設備		13
64	パルプ製造設備		12
65	手すき和紙製造設備		7
66	丸網式又は短網式製紙設備		12
67	長網式製紙設備		14
68	ヴァルカナイズドファイバー又は加工紙製造設備		12
69	段ボール、段ボール箱又は板紙製容器製造設備		12
70	その他の紙製品製造設備		10
71	枚葉紙樹脂加工設備		9
72	セロファン製造設備		9
73	繊維板製造設備		13
74	日刊新聞紙印刷設備	モノタイプ、写真又は通信設備 その他の設備	5 11
75	印刷設備		10
76	活字鋳造業用設備		11
77	金属板その他の特殊物印刷設備		11
78	製本設備		10
79	写真製版業用設備		7
80	複写業用設備		6
81	アンモニア製造設備		9
82	硫酸又は硝酸製造設備		8
83	溶成りん肥製造設備		8
84	その他の化学肥料製造設備		10
85	配合肥料その他の肥料製造設備		13
86	ソーダ灰、塩化アンモニウム、か性ソーダ又はか性カリ製造設備（塩素処理設備を含む。）		7
87	硫化ソーダ、水硫化ソーダ、無水ぼう硝、青化ソーダ又は過酸化ソーダ製造設備		7
88	その他のソーダ塩又はカリ塩（第97号（塩素酸塩を除く。）、第98号及び第106号に掲げるものを除く。）製造設備		9

付表10

番号	設 備 の 種 類	細 目	耐用年数
89	金属ソーダ製造設備		10年
90	アンモニウム塩（硫酸アンモニウム及び塩化アンモニウムを除く。）製造設備		9
91	炭酸マグネシウム製造設備		7
92	苦汁製品又はその誘導体製造設備		8
93	軽質炭酸カルシウム製造設備		8
94	カーバイド製造設備（電極製造設備を除く。）		9
95	硫酸鉄製造設備		7
96	その他の硫酸塩又は亜硫酸塩製造設備（他の号に掲げるものを除く。）		9
97	臭素、よう素又は塩素、臭素若しくはよう素化合物製造設備	よう素用坑井設備 その他の設備	3 7
98	ふっ酸その他のふっ素化合物製造設備		6
99	塩化りん製造設備		5
100	りん酸又は硫化りん製造設備		7
101	りん又はりん化合物製造設備（他の号に掲げるものを除く。）		10
102	べんがら製造設備		6
103	鉛丹、リサージ又は亜鉛華製造設備		11
104	酸化チタン、リトポン又はバリウム塩製造設備		9
105	無水クロム酸製造設備		7
106	その他のクロム化合物製造設備		9
107	二酸化マンガン製造設備		8
108	ほう酸その他のほう素化合物製造設備（他の号に掲げるものを除く。）		10
109	青酸製造設備		8
110	硝酸銀製造設備		7
111	二硫化炭素製造設備		8
112	過酸化水素製造設備		10
113	ヒドラジン製造設備		7
114	酸素、水素、二酸化炭素又は溶解アセチレン製造設備		10
115	加圧式又は真空式製塩設備		10
116	その他のかん水若しくは塩製造又は食塩加工設備	合成樹脂製濃縮盤及びイオン交換膜 その他の設備	3 7
117	活性炭製造設備		6
118	その他の無機化学薬品製造設備		12

番号	設　備　の　種　類	細　　目	耐用年数
119	石炭ガス、オイルガス又は石油を原料とする芳香族その他の化合物分離精製設備		8年
120	染料中間体製造設備		7
121	アルキルベンゾール又はアルキルフェノール製造設備		8
122	カプロラクタム、シクロヘキサノン又はテレフタル酸（テレフタル酸ジメチルを含む。）製造設備		7
123	イソシアネート類製造設備		7
124	炭化水素の塩化物、臭化物又はふっ化物製造設備		7
125	メタノール、エタノール又はその誘導体製造設備（他の号に掲げるものを除く。）		9
126	その他のアルコール又はケトン製造設備		8
127	アセトアルデヒド又は酢酸製造設備		7
128	シクロヘキシルアミン製造設備		7
129	アミン又はメラミン製造設備		8
130	ぎ酸、しゅう酸、乳酸、酒石酸（酒石酸塩類を含む。）、こはく酸、くえん酸、タンニン酸又は没食子酸製造設備		8
131	石油又は天然ガスを原料とするエチレン、プロピレン、ブチレン、ブタジエン又はアセチレン製造設備		9
132	ビニールエーテル製造設備		8
133	アクリルニトリル又はアクリル酸エステル製造設備		7
134	エチレンオキサイド、エチレングリコール、プロピレンオキサイド、プロピレングリコール、ポリエチレングリコール又はポリプロピレングリコール製造設備		8
135	スチレンモノマー製造設備		9
136	その他のオレフィン系又はアセチレン系誘導体製造設備（他の号に掲げるものを除く。）		8
137	アルギン酸塩製造設備		10
138	フルフラル製造設備		11
139	セルロイド又は硝化綿製造設備		10
140	酢酸繊維素製造設備		8
141	繊維素グリコール酸ソーダ製造設備		10
142	その他の有機薬品製造設備		12
143	塩化ビニリデン系樹脂、酢酸ビニール系樹脂、ナイロン樹脂、ポリエチレンテレフタレート系樹脂、ふっ素樹脂又はけい素樹脂製造設備		7
144	ポリエチレン、ポリプロピレン又はポリブテン製造設備		8
145	尿素系、メラミン系又は石炭酸系合成樹脂製造設備		9

番号	設備の種類	細目	耐用年数
146	その他の合成樹脂又は合成ゴム製造設備		8年
147	レーヨン糸又はレーヨンステープル製造設備		9
148	酢酸繊維製造設備		8
149	合成繊維製造設備		7
150	石けん製造設備		9
151	硬化油、脂肪酸又はグリセリン製造設備		9
152	合成洗剤又は界面活性剤製造設備		7
153	ビタミン剤製造設備		6
154	その他の医薬品製造設備（製剤又は小分包装設備を含む。）		7
155	殺菌剤、殺虫剤、殺そ剤、除草剤その他の動植物用製剤製造設備		8
156	産業用火薬類（花火を含む。）製造設備		7
157	その他の火薬類製造設備（弾薬装てん又は組立設備を含む。）		6
158	塗料又は印刷インキ製造設備		9
159	その他のインキ製造設備		13
160	染料又は顔料製造設備（他の号に掲げるものを除く。）		7
161	抜染剤又は漂白剤製造設備（他の号に掲げるものを除く。）		7
162	試薬製造設備		7
163	合成樹脂用可塑剤製造設備		8
164	合成樹脂用安定剤製造設備		7
165	有機ゴム薬品、写真薬品又は人造香料製造設備		8
166	つや出し剤、研摩油剤又は乳化油剤製造設備		11
167	接着剤製造設備		9
168	トール油精製設備		7
169	りゅう脳又はしょう脳製造設備		9
170	化粧品製造設備		9
171	ゼラチン又はにかわ製造設備		6
172	写真フィルムその他の写真感光材料（銀塩を使用するものに限る。）製造設備（他の号に掲げるものを除く。）		8
173	半導体用フォトレジスト製造設備		5
174	磁気テープ製造設備		6
175	化工でん粉製造設備		10
176	活性白土又はシリカゲル製造設備		10
177	選鉱剤製造設備		9
178	電気絶縁材料（マイカ系を含む。）製造設備		12

番号	設 備 の 種 類	細 目	耐用年数
179	カーボンブラック製造設備		8年
180	その他の化学工業製品製造設備		13
181	石油精製設備（廃油再生又はグリース類製造設備を含む。）		8
182	アスファルト乳剤その他のアスファルト製品製造設備		14
183	ピッチコークス製造設備		7
184	練炭、豆炭類、オガライト（オガタンを含む。）又は炭素粉末製造設備		8
185	その他の石油又は石炭製品製造設備		14
186	タイヤ又はチューブ製造設備		10
187	再生ゴム製造設備		10
188	フォームラバー製造設備		10
189	糸ゴム製造設備		9
190	その他のゴム製品製造設備		10
191	製革設備		9
192	機械ぐつ製造設備		8
193	その他の革製品製造設備		11
194	板ガラス製造設備（みがき設備を含む。）	溶解炉 その他の設備	14 14
195	その他のガラス製品製造設備（光学ガラス製造設備を含む。）	るつぼ炉及びデータンク炉 溶解炉 その他の設備	3 13 9
196	陶磁器、粘土製品、耐火物、けいそう土製品、はい土又はうわ薬製造設備	倒炎がま 　塩融式のもの 　その他のもの トンネルがま その他の炉 その他の設備	 3 5 7 8 12
197	炭素繊維製造設備	黒鉛化炉 その他の設備	4 10
197の2	その他の炭素製品製造設備	黒鉛化炉 その他の設備	4 12
198	人造研削材製造設備	溶融炉 その他の設備	5 9
199	研削と石又は研摩布紙製造設備	加硫炉 トンネルがま その他の焼成炉 その他の設備	8 7 5 10
200	セメント製造設備		13
201	生コンクリート製造設備		9

番号	設　備　の　種　類	細　　目	耐用年数
202	セメント製品（気ほうコンクリート製品を含む。）製造設備	移動式製造又は架設設備及び振動加圧式成形設備 その他の設備	7年 12
203	削除		
204	石灰又は苦石灰製造設備		8
205	石こうボード製造設備	焼成炉 その他の設備	5 12
206	ほうろう鉄器製造設備	るつぼ炉 その他の炉 その他の設備	3 7 12
207	石綿又は石綿セメント製品製造設備		12
208	岩綿（鉱さい繊維を含む。）又は岩綿製品製造設備		12
209	石工品又は擬石製造設備		12
210	その他の窯業製品又は土石製品製造設備	トンネルがま その他の炉 その他の設備	12 10 15
211	製銑設備		14
212	純鉄又は合金鉄製造設備		10
213	製鋼設備		14
214	連続式鋳造鋼片製造設備		12
215	鉄鋼熱間圧延設備		14
216	鉄鋼冷間圧延又は鉄鋼冷間成形設備		14
217	鋼管製造設備		14
218	鉄鋼伸線（引き抜きを含む。）設備及び鉄鋼卸売業用シャーリング設備並びに伸鉄又はシャーリング業用設備		11
218の2	鉄くず処理業用設備		7
219	鉄鋼鍛造業用設備		12
220	鋼鋳物又は銑鉄鋳物製造業用設備		10
221	金属熱処理業用設備		10
222	その他の鉄鋼業用設備		15
223	銅、鉛又は亜鉛製錬設備		9
224	アルミニウム製錬設備		12
225	ベリリウム銅母合金、マグネシウム、チタニウム、ジルコニウム、タンタル、クロム、マンガン、シリコン、ゲルマニウム又は希土類金属製錬設備		7
226	ニッケル、タングステン又はモリブデン製錬設備		10

番号	設 備 の 種 類	細 目	耐用年数
227	その他の非鉄金属製錬設備		12年
228	チタニウム造塊設備		10
229	非鉄金属圧延、押出又は伸線設備		12
230	非鉄金属鋳物製造業用設備	ダイカスト設備 その他の設備	8 10
231	電線又はケーブル製造設備		10
231の2	光ファイバー製造設備		8
232	金属粉末又ははく（圧延によるものを除く。）製造設備		8
233	粉末冶金製品製造設備		10
234	鋼索製造設備		13
235	鎖製造設備		12
236	溶接棒製造設備		11
237	くぎ、リベット又はスプリング製造業用設備		12
237の2	ねじ製造業用設備		10
238	溶接金網製造設備		11
239	その他の金網又は針金製品製造設備		14
240	縫針又はミシン針製造設備		13
241	押出しチューブ又は自動組立方式による金属かん製造設備		11
242	その他の金属製容器製造設備		14
243	電気錫めっき鉄板製造設備		12
244	その他のめっき又はアルマイト加工設備		7
245	金属塗装設備	脱脂又は洗浄設備及び水洗塗装装置 その他の設備	7 9
245の2	合成樹脂被覆、彫刻又はアルミニウムはくの加工設備	脱脂又は洗浄設備及び水洗塗装装置 その他の設備	7 11
246	手工具又はのこぎり刃その他の刃物類（他の号に掲げるものを除く。）製造設備		12
247	農業用機具製造設備		12
248	金属製洋食器又はかみそり刃製造設備		11
249	金属製家具若しくは建具又は建築金物製造設備	めっき又はアルマイト加工設備 溶接設備 その他の設備	7 10 13

付表10

番号	設 備 の 種 類	細 目	耐用年数
250	鋼製構造物製造設備		13年
251	プレス、打抜き、しぼり出しその他の金属加工品製造業用設備	めっき又はアルマイト加工設備 その他の設備	7 12
251の2	核燃料物質加工設備		11
252	その他の金属製品製造設備		15
253	ボイラー製造設備		12
254	エンジン、タービン又は水車製造設備		11
255	農業用機械製造設備		12
256	建設機械、鉱山機械又は原動機付車両（他の号に掲げるものを除く。）製造設備		11
257	金属加工機械製造設備		10
258	鋳造用機械、合成樹脂加工機械又は木材加工用機械製造設備		12
259	機械工具、金型又は治具製造業用設備		10
260	繊維機械（ミシンを含む。）又は同部分品若しくは附属品製造設備		12
261	風水力機器、金属製弁又は遠心分離機製造設備		12
261の2	冷凍機製造設備		11
262	玉又はコロ軸受若しくは同部分品製造設備		10
263	歯車、油圧機器その他の動力伝達装置製造業用設備		10
263の2	産業用ロボット製造設備		11
264	その他の産業用機器又は部分品若しくは附属品製造設備		13
265	事務用機器製造設備		11
266	食品用、暖ちゅう房用、家庭用又はサービス用機器（電気機器を除く。）製造設備		13
267	産業用又は民生用電気機器製造設備		11
268	電気計測器、電気通信用機器、電子応用機器又は同部分品（他の号に掲げるものを除く。）製造設備		10
268の2	フラットパネルディスプレイ又はフラットパネル用フィルム材料製造設備		5
268の3	光ディスク（追記型又は書換え型のものに限る。）製造設備		6
269	交通信号保安機器製造設備		12
270	電球、電子管又は放電灯製造設備		8

第1章 耐用年数の調べ方

第2章 耐用年数の選び方

第3章 別表・付表の使い方

番号	設 備 の 種 類	細 目	耐用年数
271	半導体集積回路（素子数が500以上のものに限る。）製造設備		5年
271の2	その他の半導体素子製造設備		7
272	抵抗器又は蓄電器製造設備		9
272の2	プリント配線基板製造設備		6
272の3	フェライト製品製造設備		9
273	電気機器部分品製造設備		12
274	乾電池製造設備		9
274の2	その他の電池製造設備		12
275	自動車製造設備		10
276	自動車車体製造又は架装設備		11
277	鉄道車両又は同部分品製造設備		12
278	車両用エンジン、同部分品又は車両用電装品製造設備（ミッション又はクラッチ製造設備を含む。）		10
279	車両用ブレーキ製造設備		11
280	その他の車両部分品又は附属品製造設備		12
281	自転車又は同部分品若しくは附属品製造設備	めっき設備 その他の設備	7 12
282	鋼船製造又は修理設備		12
283	木船製造又は修理設備		13
284	舶用推進器、甲板機械又はハッチカバー製造設備	鋳造設備 その他の設備	10 12
285	航空機若しくは同部分品（エンジン、機内空気加圧装置、回転機器、プロペラ、計器、降着装置又は油圧部品に限る。）製造又は修理設備		10
286	その他の輸送用機器製造設備		13
287	試験機、測定器又は計量機製造設備		11
288	医療用機器製造設備		12
288の2	理化学用機器製造設備		11
289	レンズ又は光学機器若しくは同部分品製造設備		10
290	ウォッチ若しくは同部分品又は写真機用シャッター製造設備		10
291	クロック若しくは同部分品、オルゴールムーブメント又は写真フィルム用スプール製造設備		12

番号	設　備　の　種　類	細　　目	耐用年数
292	銃弾製造設備		10年
293	銃砲、爆発物又は信管、薬きょうその他の銃砲用品製造設備		12
294	自動車分解整備業用設備		13
295	前掲以外の機械器具、部分品又は附属品製造設備		14
296	機械産業以外の設備に属する修理工場用又は工作工場用機械設備		14
297	楽器製造設備		11
298	レコード製造設備	吹込設備 その他の設備	8 12
299	がん具製造設備	合成樹脂成形設備 その他の設備	9 11
300	万年筆、シャープペンシル又はペン先製造設備		11
301	ボールペン製造設備		10
302	鉛筆製造設備		13
303	絵の具その他の絵画用具製造設備		11
304	身辺用細貨類、ブラシ又はシガレットライター製造設備	製鎖加工設備 その他の設備	8 12
		前掲の区分によらないもの	11
305	ボタン製造設備		9
306	スライドファスナー製造設備	自動務歯成形又はスライダー製造機 自動務歯植付機 その他の設備	7 5 11
307	合成樹脂成形加工又は合成樹脂製品加工業用設備		8
308	発ぽうポリウレタン製造設備		8
309	繊維壁材製造設備		9
310	歯科材料製造設備		12
311	真空蒸着処理業用設備		8
312	マッチ製造設備		13
313	コルク又はコルク製品製造設備		14
314	つりざお又は附属品製造設備		13
315	墨汁製造設備		8
316	ろうそく製造設備		7
317	リノリウム、リノタイル又はアスファルトタイル製造設備		12
318	畳表製造設備	織機、い草選別機及びい割機 その他の設備	5 14

番号	設　備　の　種　類	細　　目	耐用年数
319	畳製造設備		5年
319の2	その他のわら工品製造設備		8
320	木ろう製造又は精製設備		12
321	松脂その他樹脂の製造又は精製設備		11
322	蚕種製造設備	人工ふ化設備 その他の設備	8 10
323	真珠、貴石又は半貴石加工設備		7
324	水産物養殖設備	竹製のもの その他のもの	2 4
324の2	漁ろう用設備		7
325	前掲以外の製造設備		15
326	砂利採取又は岩石の採取若しくは砕石設備		8
327	砂鉄鉱業設備		8
328	金属鉱業設備（架空索道設備を含む。）		9
329	石炭鉱業設備（架空索道設備を含む。）	採掘機械及びコンベヤ その他の設備 前掲の区分によらないもの	5 9 8
330	石油又は天然ガス鉱業設備	坑井設備 掘さく設備 その他の設備	3 5 12
331	天然ガス圧縮処理設備		10
332	硫黄鉱業設備（製錬又は架空索道設備を含む。）		6
333	その他の非金属鉱業設備（架空索道設備を含む。）		9
334	ブルドーザー、パワーショベルその他の自走式作業用機械設備		5
335	その他の建設工業設備	排砂管及び可搬式コンベヤ ジーゼルパイルハンマー アスファルトプラント及びバッチャープラント その他の設備	3 4 6 7
336	測量業用設備	カメラ その他の設備	5 7
337	鋼索鉄道又は架空索道設備	鋼索 その他の設備	3 12
338	石油又は液化石油ガス卸売用設備（貯そうを除く。）		13

付表10

番号	設 備 の 種 類	細 目	耐用年数
338 の 2	洗車業用設備		10年
339	ガソリンスタンド設備		8
339 の 2	液化石油ガススタンド設備		8
339 の 3	機械式駐車設備		15
340	荷役又は倉庫業用設備及び卸売又は小売業の荷役又は倉庫用設備	移動式荷役設備 くん蒸設備 その他の設備	7 10 12
341	計量証明業用設備		9
342	船舶救難又はサルベージ設備		8
343	国内電気通信事業用設備	デジタル交換設備及び電気通信処理設備 アナログ交換設備 その他の設備	6 16 9
343 の 2	国際電気通信事業用設備	デジタル交換設備及び電気通信処理設備 アナログ交換設備 その他の設備	6 16 7
344	ラジオ又はテレビジョン放送設備		6
345	その他の通信設備（給電用指令設備を含む。）		9
346	電気事業用水力発電設備		22
347	その他の水力発電設備		20
348	汽力発電設備		15
349	内燃力又はガスタービン発電設備		15
350	送電又は電気事業用変電若しくは配電設備	需要者用計器 柱上変圧器 その他の設備	15 18 22
351	鉄道又は軌道事業用変電設備		20
351 の 2	列車遠隔又は列車集中制御設備		12
352	蓄電池電源設備		6
353	フライアッシュ採取設備		13
354	石炭ガス、石油ガス又はコークス製造設備（ガス精製又はガス事業用特定ガス発生設備を含む。）		10
355	削除		

第1章 耐用年数の調べ方

第2章 耐用年数の選び方

第3章 別表・付表の使い方

231

番号	設　備　の　種　類	細　　目	耐用年数
356	ガス事業用供給設備	ガス導管 　鋳鉄製のもの 　その他のもの 需要者用計量器 その他の設備	22年 13 13 15
357	上水道又は下水道業用設備		12
358	ホテル、旅館又は料理店業用設備及び給食用設備	引湯管 その他の設備	5 9
359	クリーニング設備		7
360	公衆浴場設備	かま、温水器及び温かん その他の設備	3 8
360 の2	故紙梱包設備		7
361	火葬設備		16
362	電光文字設備		10
363	映画製作設備（現像設備を除く。）	照明設備 撮影又は録音設備 その他の設備	3 6 8
364	天然色写真現像焼付設備		6
365	その他の写真現像焼付設備		8
366	映画又は演劇興行設備	照明設備 その他の設備	5 7
367	遊園地用遊戯設備（原動機付のものに限る。）		9
367 の2	ボーリング場用設備	レーン その他の設備	5 10
368	種苗花き園芸設備		10
369	前掲の機械及び装置以外のもの並びに前掲の区分によらないもの	主として金属製のもの その他のもの	17 8

小谷　羊太（こたに　ようた）

税理士。
昭和42年大阪市生まれ。平成17年開業税理士登録。
平成30年税理士法人小谷会計設立。代表社員税理士。
奈良産業大学法学部卒業後、会計事務所勤務を経て大原簿記学校税理
士課法人税法担当講師として税理士受験講座や申告実務講座の教鞭を
とる。現在は東京と大阪を拠点に、個人事業者や中小会社の税務顧問
を務める。

著書：
『法人税申告書に強くなる本』（清文社）
『実務で使う法人税の減価償却と耐用年数表』（清文社）
『実務で使う法人税の優遇制度と有利選択』（清文社）
『法人税申告書の書き方がわかる本』（日本実業出版社）
『法人税申告のための決算の組み方がわかる本』（日本実業出版社）
共著書：
『法人税と所得税をうまく使いこなす　法人成り・個人成りの実務』
　　（清文社）
『よくわかる株式会社のつくり方と運営』（成美堂出版）

税理士法人小谷会計ホームページ
　http://www.yotax.jp/

第２版　実務で使う法人税の耐用年数の調べ方・選び方

2019年12月16日　発行

著　者　　小谷 羊太 ©

発行者　　小泉 定裕

発行所　　株式会社 清文社

東京都千代田区内神田１－６－６（MIFビル）
〒101-0047　電話 03（6273）7946　FAX 03（3518）0299
大阪市北区天神橋２丁目北２－６（大和南森町ビル）
〒530-0041　電話 06（6135）4050　FAX 06（6135）4059
URL http://www.skattsei.co.jp/

印刷：亜細亜印刷㈱

■著作権法により無断複写複製は禁止されています。落丁本・乱丁本はお取り替えします。
■本書の内容に関するお問い合わせは編集部までFAX（06-6135-4056）でお願いします。
＊本書の追録情報等は、当社ホームページ（http://www.skattsei.co.jp）をご覧ください。

ISBN978-4-433-60889-7

法人税と所得税をうまく使いこなす
法人成り・個人成りの実務

改訂増補

税理士　小谷羊太　著
税理士　仲宗根宗聡

☆2019年12月発刊

法人と個人事業の相違点などを整理し、法人成り・個人成りの際のポイントを解説。法人税・所得税における双方のメリット・デメリット、個人事業の廃業、会社設立時に必要な書類と提出期限、事業用資産の取扱い、法人から個人へ移行する際のポイントについて対話形式でわかりやすく解説。

主要目次
- 序　章　法人税と所得税、そして消費税
- 第1章　個人・法人の所得
- 第2章　個人から会社へ
- 第3章　個人事業の廃業
- 第4章　会社設立時に必要な書類と提出期限
- 第5章　事業用資産の取扱い
- 第6章　法人から個人へ

■A5判296頁/定価　本体 2,400円+税

令和元年12月改訂　すぐわかる
減価償却資産の50音順耐用年数早見表

公益財団法人 納税協会連合会 編集部 編

耐用年数省令別表第一（機械及び装置以外の有形減価償却資産の耐用年数表）と同別表第二（機械及び装置の耐用年数表）に掲げられている建物・構築物・器具備品及び機械装置等を、具体的にその内容が理解できるように工夫・編集。

■B5判320頁/定価：本体 1,500円+税

☆2019年12月発刊

令和元年11月改訂
減価償却実務問答集

沢田佳宏　編　　付/別表第一を中心とした50音順耐用年数早見表

耐用年数の適用の取扱いや償却計算の細かな規定、特別償却制度等、減価償却に関する知識の習得と実務上、特に難解な耐用年数の判定を即座に行えるように、問題の起こりやすい事項を中心に厳選し、わかりやすく解説。

■A5判652頁/定価：本体 3,000円+税

令和元年版
減価償却資産の耐用年数表

公益財団法人 納税協会連合会 編集部 編

付/減価償却関係の法令と通達/特別償却の指定告示/減価償却関係の各種申請書及び届出書

「減価償却資産の耐用年数等に関する省令」の別表（耐用年数表）を種類ごとに収録し、耐用年数通達、減価償却関係法令、特別償却に係る告示など減価償却に関する規定を網羅・収録したもっとも使いやすい耐用年数表。

■B5判344頁/定価：本体 2,200円+税